苏霍姆林斯基教育经典丛书

怎样培养真正的人

[苏] B.A.苏霍姆林斯基 著

蔡 汀 译

教育科学出版社
·北 京·

U0694105

总序 I

　　瓦·亚·苏霍姆林斯基（1918—1970）是世界著名的教育家。20 世纪 80 年代，他的著作被引进到我国，一时风靡全国，教育研究者，中小学校长、教师对其表现出了极大热情，简直可以说是爱不释手。教育科学出版社就是最早引进苏霍姆林斯基著作的出版社之一。

　　20 世纪末，教育科学出版社策划出版了"20 世纪苏联教育经典译丛"，其中就收录了苏霍姆林斯基的教育经典著作，我曾经为这套丛书作序。在苏霍姆林斯基的教育经典著作中，《给教师的建议》发行了 200 多万册，创下了我国引进版教育理论图书出版的奇迹；《帕夫雷什中学》《怎样培养真正的人》《公民的诞生》《和青年校长的谈话》《要相信孩子》等也都成为常销书、畅销书。这一系列教育经典著作的出版，催生了人们对苏霍姆林斯基教育思想学习和研究的热潮。21 世纪初，教育科学出版社又策划出版了《苏霍姆林斯基选集（五卷本）》，更为系统地介绍了苏霍姆林斯基的教育思想，将我国对苏霍姆林斯基教育思想的学习和研究活动推向了新的高度。该套书先后荣获了"第六届国家图书奖"提名奖和"第三届全国教育图书奖"一等奖。

　　20 世纪 80 年代，在引进和介绍苏霍姆林斯基教育思想方面，国内多所大学以及教育研究所做出了自己独特的贡献，如北京师范大学外国教育研究所（现北京师范大学国际与比较教育研究院）、中央教育科学研究所（现中国教育科学研究院）比较教育研究室、华东师范大学比较教育研究所等，都曾组织研究人员翻译、介绍苏霍姆林斯基的著作，这为苏霍姆林斯基教育思想在我国的普及推广奠定了重要基础。

现如今，苏霍姆林斯基的育人成就和教育思想在我国教育界可以说是无人不知、无人不晓。几十年来，我国教育界对他的研究和借鉴可谓经久不衰。他对儿童的热爱、对教育事业的忠诚以及睿智的教育思想，一直鼓舞、激励着我国千百万教师不断改进教育教学工作，为培养一代代合格的社会主义人才而奉献自己的力量。我国的许多中小学开展了苏霍姆林斯基教育思想实验研究，取得了卓越成效。一大批苏霍姆林斯基式的优秀中小学教师也不断成长起来。

从 1948 年到 1970 年离世，苏霍姆林斯基一直执教于乌克兰帕夫雷什中学。在这里，他不仅实现了自己的教育理想，而且著书立说，详尽地论述了他的教育思想和实践经验。我最初读到《我把心给了孩子们》这本书时，心灵就受到了震撼。作为一名教师，最宝贵的品质莫过于热爱孩子、相信孩子、尊重孩子，把整个心灵献给孩子。苏霍姆林斯基对孩子火一般的热情，值得每一位教师敬佩！

改革开放四十多年来，各种外国教育思想如潮水般地涌入中国，但是我国中小学教师仍然念念不忘苏霍姆林斯基。他的事迹和思想，只要是教师，看了无不为之感动。这是因为苏霍姆林斯基的教育思想具有科学性、人文性、先进性、深刻性、丰富性。他懂得儿童的心，并用自己的满腔热忱浇灌儿童的心灵。

苏霍姆林斯基教育思想的核心是人道主义。"相信人，相信每一个孩子"是他的教育信条。他说："我认为，对人漠不关心是最不能容忍、最危险的一种缺点。"他又说："每一个儿童身上都蕴藏着某些尚未萌芽的素质。这些素质就像火花，要点燃它，就需要火星，……教育最最重要的任务之一，就是不要让任何一颗心灵里的火药未被点燃，而要使一切天赋和才能都最充分地发挥出来。"

苏霍姆林斯基毕生为之奋斗的教育目标是要培养真正的大写的人，使其得到和谐全面的发展。他认为，我们要培养的，不只是有知识、有职业、会工作的普通人，更是要培养真正的大写的人，就是有神圣的信仰、有高尚的精神生活、有理想、关心他人、关心集体、智力丰富、体魄健壮、懂得奉献、心地善良、有教养的人。在他看来，时刻不能忘记："有一样东西是任何教学大纲和教科书，任何教学方法和教学方式都没有做出规定的，那就是儿童的幸福和精神生活。"他说："我认为教育的理想就在于使所有的儿童都成为幸福的人，使他们的心灵由于劳动的幸福而充满快乐。"

苏霍姆林斯基非常重视学生的个性发展。他认为，学生不是抽象的而是具体的。学生的禀赋、才能、爱好和特长是各不相同的，要使它们充分发展，就要提供良好的条件。他说："教学和教育的艺术和技艺就在于揭开每个儿童的力量和可能性。"他在帕夫雷什中学不仅当校长，更主要是当教师。他从一年级教到十年级，在整个基础教育阶段始终陪伴在孩子们左右。他研究每一个孩子，根据每一个孩子的特点引领他们成为和谐全面发展的人。

苏霍姆林斯基的一生虽然短暂，但他充满智慧的教育理念和对教育事业的满腔热忱已然书写在人类的教育史上，永放光辉。

今天，在风云变幻的世界中、在多元文化的交汇中，更需要发扬苏霍姆林斯基的人道主义精神和爱的教育。正如联合国教科文组织 2015 年的报告《反思教育》中所说的：教育要尊重生命、尊重人类、尊重和平，为人类的可持续发展承担责任。

在我国教育迈入新时代的关键时期，教育科学出版社站在新的时代高度，以以往出版过的具有良好口碑的多部苏霍姆林斯基教育经典著作为基础，高标准重新策划编纂了这套"苏霍姆林斯基教育经典丛书"，我对此深表赞同。这套书不仅可以帮助广大教师全面系统地了解苏霍姆林斯基的教育思想，更有助于教育研究者们结合我国的国情和教育发展的实际，去推进教育改革，为培养新时代的和谐全面的创新人才提供有力的支撑。

教育科学出版社是一家专业集中度很高的教育出版社，在出版教育经典图书方面有坚实的基础和雄厚的积淀。我相信他们一定能够进一步整合优质资源，在内容的专业性、词语的精准性、语句的凝练性与生动性以及版式的精美化等诸多方面做进一步完善，为我国广大教师奉献一套了解、学习、践行苏霍姆林斯基教育思想的高品质图书。

2022 年 3 月 4 日

顾明远：我国当代著名教育学家，新中国比较教育学科奠基人，中国教育学会名誉会长，北京师范大学资深教授、博士生导师。

总序 II

　　20世纪80年代，随着改革开放帷幕的拉开，一批优秀的国外经典教育名著的陆续引进，极大拓展了我国教育理论工作者的视野。一方面，先前人们知之甚少的欧美国家的教育理论著作接连问世；另一方面，带着新鲜血液的苏联教育理论著作也重新出现在人们面前。彼时，刚刚成立不久的教育科学出版社，基于对苏联教育曾经且仍将对新中国教育产生深刻影响的敏锐判断，遴选苏联教育理论著作中的瑰宝，及时出版了一些苏联教育经典著作，引领了我国教育界学习苏联教育理论的热潮。20世纪末，教育科学出版社精益求精，将更多的苏联教育经典著作整合在一起，成功推出了"20世纪苏联教育经典译丛"，更是将学习、研究和践行苏联教育理论的活动推向了高潮。"20世纪苏联教育经典译丛"包括赞科夫的《和教师的谈话》、巴班斯基的《教学教育过程最优化》、苏霍姆林斯基的《给教师的建议》《帕夫雷什中学》《要相信孩子》等数十部经典著作。二十多年来，这些经典的教育理论图书对我国的教育理论研究及学校的教育教学实践产生了极大的影响。其中，发行量最大、影响力最为深远的，则非苏霍姆林斯基的教育著作莫属。

　　苏霍姆林斯基的教育理论与实践体系是一个具有无穷价值的教育思想宝库。这一体系虽根植于苏联，其影响却几乎遍及世界。苏霍姆林斯基全面和谐发展的教育理论与实践对我国基础教育界的影响尤为突出。他毕生强调的"以人为本"的和谐发展观、"育人以

1

德为先"的人学教育思想与实践对当今我国落实立德树人的教育根本任务极具借鉴价值。无论是诠释立德树人教育的实质含义，还是分析以人为本、德育为先、全面发展的教育目标，抑或是实施五育并举、五育融合，落实"双减"政策，我们都可以从这位教育大师的"活的教育学"中获得启迪。他坚持丰富人的精神世界，将道德高尚置于人的品质的首要地位；他主张德智体美劳五育必须相互渗透，告诫教师不仅要讲授知识，还要培养学生树立对知识的正确态度，强调学校里的学习不是毫无热情地把知识从一个头脑里装进另一个头脑里，而是师生间每时每刻都在进行的心灵的接触；他提出人格必须用人格来影响，教师的人格是进行教育的基石，学生是教师教育教学工作的一面镜子；他坚信自我教育是人全面和谐发展的重要动力，必须唤醒学生内在的学习愿望和憧憬幸福人生、争做好人的愿望；他思考家庭教育的意义与潜能，探究学校、家庭、社会的教育合力……。总之，在培养德行为先、全面和谐发展的人方面，苏霍姆林斯基的教育遗产是当之无愧的教育百科全书。

苏霍姆林斯基善于以通俗、精准、趣味、平实、触动人心的语言将自己的教育理念、教育主张和教育实践鲜活地呈现于著作中。研读他的著作，总有一种置身于教育现场，随时与其对话、产生共鸣的亲切感，我们用"常读常新""常读常悟"来概括读后的感受一点也不为过。翻开这些著作，就仿佛走进了大师的教育现场，按下了聆听手把手般的师徒辅导、教育解惑、教学答疑的"直播按键"。大量生动形象的案例及分析使人身临其境，仿佛在与大师共同思考、共同感受对教育的追求，对学生的热爱，对教师的认同，对人性的尊重。我们总能从中获得一些表达感悟的关键词：喜欢——其娓娓道来的生动描述令人喜欢上教育；思考——其议叙结合的丰富内容能促使人不由自主地思考教育问题；发现——其关于教育现象与本质的深入思考能让人发现教育中的问题和美；创造——其用经验与智慧建构的教育现场能引起人强烈的参与、对比、探究和创新的欲望……

苏霍姆林斯基的名字在 20 世纪 50 年代就已经走出苏联，走向了世界。半个多世纪以来，他的著作已经被翻译成 59 种文字，总发行量早已超过 500 万册。但就国际知名度而言，苏霍姆林斯基的名字无疑在中国是最响亮的，即使是在他逝世五十多年后的今天，他的名字在我国教育界依旧光鲜响亮，苏霍姆林斯基依然被推崇、被爱戴着。

2020 年是苏霍姆林斯基逝世 50 周年，按照国际版权公约，他的所有著作此后均进入公版。国内掀起了新一轮苏霍姆林斯基著作的出版热潮，其中夹杂着一些蹭热度、以追求高商业效益为目的、品质不高的图书，客观上给广大中小学教师选择高品质的苏霍姆林斯基教育著作造成了不少困惑。

基于新时代广大教育工作者研学苏霍姆林斯基教育思想热情持续升温的新形势，教育科学出版社及时做出研判，决定对原有的苏霍姆林斯基教育经典著作进行全方位升级。一方面，依托长期以来在苏霍姆林斯基教育著作出版方面的雄厚积累，进一步整合优质资源；另一方面，推出几部苏霍姆林斯基原著的最新译本，展示苏霍姆林斯基教育思想的更多侧面。所有这些工作将促成"苏霍姆林斯基教育经典丛书"的全新面世。感谢教育科学出版社为广大教育者奉献出一套符合我国教育发展时代节奏的、内容全面系统的，有助于广大教师学习、领悟、践行的苏霍姆林斯基教育思想的高品质的图书。

教育科学出版社不仅是国内最早出版苏霍姆林斯基译著的出版

社之一，而且也是创造苏霍姆林斯基教育著作中文版发行量之最的出版社。四十余年间，仅《给教师的建议》单行本就数次再版，发行总量已超 200 万册。这个数字本身不仅显示了苏霍姆林斯基教育著作对中国教育的影响力，同时也是对出版社高标准的图书编辑质量和高品质的图书出版水平的最好证明。

我认为，教育科学出版社出版的这套丛书不仅高度契合"弘扬教育学术，繁荣教育研究，传播国内外先进教育理念，促进中国教育改革与发展"的出版理念，而且充分体现出了教育科学出版社的责任担当与使命担当，为新时代中国教育改革的深入推进提供了聚焦现实、定位精准的教育服务和高品质的精神食粮，必须为这种"对使命负责、对学术负责、对专业负责、对读者负责"的举措点赞。我也和广大读者一样，热切期待全新的"苏霍姆林斯基教育经典丛书"早日出版。

毋需多言，苏霍姆林斯基教育思想宝库这份"活的教育学"富有强大的生命力，它可以留给历史、影响现在、启迪未来，它可以跨越时空、穿透教育、浸润心灵。

2022 年 3 月 8 日

肖甦：北京师范大学教授、博士生导师，中国教育学会比较教育学分会苏霍姆林斯基教育研究会会长，乌克兰"瓦西里·苏霍姆林斯基奖章"获得者。

前　言

　　《怎样培养真正的人》（共产主义教育伦理学）一书，是瓦·亚·苏霍姆林斯基在其晚年创作的。手稿留下了作者长时间艰苦细致的创作痕迹，即书稿内留下了多处修改、补充和未完成的篇章。根据手稿可以想象出苏霍姆林斯基的创作活动。此外，这次出版的是一部完整的著作，是教师向正在成长的一代人进行道德教育的教材。本教材对共产主义道德的重要原则进行了概括和系统化，不仅从教育学方面，而且从哲学、心理学和社会学方面对这些原则做了阐述。

　　在《怎样培养真正的人》一书中，苏霍姆林斯基分析了伦理学的主要问题，并向正在成长的一代提出了正确理解生活中具有社会意义的目的、需要、兴趣和追求的形成途径。苏霍姆林斯基有机地把伦理学范畴、善与恶、义务、奉献、尊严、荣誉、良心、自由、责任心、公民的觉悟、爱情、公共行为准则等纳入马克思列宁主义教育理论问题的结构之中，揭示了其在解决思想、劳动、智力、道德、美学、体育方面的发展、形成和教育问题上的意义。本书着重阐述教育伦理学的对象和任务：正在成长的一代孩子在道德关系组成的基础上及其在自发的或者专门组织的道德活动中如何形成道德意识。

　　本书的内容围绕培养真正的人这一主题展开，即培养人在精神上丰富、思想上充满信念、有崇高的道德、善于忠实地热爱祖国和强烈地憎恨敌人、捍卫我们社会主义国家的财富和作为个人财富的共产主义理想、能领略为崇高目标而活动的生活。书中把智力上的丰富同热爱劳动，把对世界美的认识同身体上的完美融为一体。

苏霍姆林斯基认为，教师应当在同学生的交谈中去揭示社会生活的目的，启发学生思考怎样做才是为共产主义思想和理想而斗争，什么是爱国主义、公民的世界观，如何掌握知识、进行创作。教师应与学生共同探讨诸如爱情、家庭、友谊、快乐这类有意义的问题。他认为这些有意义的问题是学生形成有社会意义的特性和品格的基础。

苏霍姆林斯基坚信，生活的意义就在于生活本身，在对其正确的理解和正确的组织之中，在辩证的相互关系、社会与个人目的的相吻合之中，也就是在为祖国、学校、亲人、父母履行义务之中，在做好事、获得个人幸福和快乐之中。苏霍姆林斯基在后来的记事本里曾写道："我的教育信仰就在于使人去为他人做好事，并发自肺腑地去做，成为好人这种愿望的表现是一种巨大的精神劳动，是精神力量的极大付出。在这里，我们同教育的最神圣不可侵犯的思想是相近的，即每一个受教育者都应有登上高尚道德精神高峰的决心，应有巨大的动力、高度的激情，应有一颗像丹柯①那样火热的心。使每个人拥有这一切，便是教育的意义所在。"

同苏霍姆林斯基其他许多著作的特点一样，《怎样培养真正的人》一书视角独特，是采用道德教诲（劝谕、训诫、教规、交谈）的形式写成的。其结构和内容，完全出自苏霍姆林斯基在帕夫雷什中学长期从事学生工作的经验，并得到了师生和家长肯定。他写道："在我们学校的教育工作中，多年来形成了同学生进行道德交谈的制度，并且定出了选题，编写了教师用的伦理道德教材和各种年龄的学生在学校和家庭里阅读的道德文选。"（苏霍姆林斯基：《全面发展的人的培养问题》，见《苏霍姆林斯基选集》5卷本，第1卷，基辅苏维

---

① 丹柯，高尔基的小说《丹柯》中的主人公。——译者

埃学校出版社，1979 年版，第 130 页。）苏霍姆林斯基有计划地在课堂上或在课外时间进行一些交谈，其内容包括思考、思维、分析以及书中和生活中的一些例子。所以，每一条教诲都具有完整的形式和意义。

教诲由两部分组成。第一部分是针对儿童、少年和男女青年讲的道德教诲，其道德思想包括在揭示某一道德范畴内容、概念、行为准则、个性、性格特征等训导之中。第二部分是思考。苏霍姆林斯基在关注教师、父母的同时，还深入思考了孩子的动机和行为的形成，以及道德意识通过善良和奉献思想形成的途径。这些思考写得惟妙惟肖：有推论，有分析，并且援引了人民的、历史的经验，教师自己的经验和同行的教育经验。

除少数情况外，本书大都体现了苏霍姆林斯基所提出的论述材料的基本原则。他的论断逻辑，就是要使一个人能从小就培养和发展在道德上具有初步思维和道德活动的能力。苏霍姆林斯基一直恪守着从年龄的角度来看问题的原则。交谈的目的、内容和意义都考虑到人的个性和精神需要逐渐形成的过程，即从孩子意识到"自我"、自己在生活中的地位，到自我完善、自我教育、获得自觉的公民觉悟感。所以，爱的教育问题、对亲人的尊重和忠诚、人需要人的教育、理解他人的不幸、敏锐、富有同情心等，在通篇问题中都占有很重要的地位。苏霍姆林斯基确信，孩子未来的道德发展，完全取决于父母、学校和教师在孩子的学生生活的头几年培养孩子具有同情心的能力到什么程度。这种富有同情心的能力，便是善良的基础，富有同情心，孩子做好事便成为一种自然的需要。学校和教师作为社会道德财富的主要传播者，能够而且应该在上述方面，同时在寻求理想方面给孩子以无可估量的帮助。苏霍姆林斯基认为，在这条道路上，教育工作者的主要任务就是培育正在成长的一代人具有良好的性格特点和道德习惯，如良心、忠诚、谦虚、无私、不向邪恶妥协、有坚定的信念，摒弃假仁假义、伪善、背叛、冷酷无情、卑鄙等不良行为。

以教育家之见，人的欲望的素养和爱，是人的本质的最高表现，也是对个性成熟和尊严的检验。所以书中有一整套关于培养青年要有深刻的人的情感、对家庭生活要有高尚道德态度的教诲和谈话。

苏霍姆林斯基深信，只有在具有发展性的道德意识、道德情感和信念的基础上，才能培养出作为道德教育最高表现形式的公民觉悟、崇高的思想和爱国主义，只有通过这种方法，才能形成社会主义祖国公民需要的精神体系。

苏霍姆林斯基认为，对孩子情感的影响是道德教育的主要内容。他在对孩子进行情感培养时，力求把教师、父母的话语同劳动活动、同道德上的锻炼、同美对孩子情感的影响、同孩子对求知欲、认识的欢乐的发展相结合。全书共有59条教诲，是由崇高的人道主义思想、人生的价值和独特性、每个人的独立性和才干的思想、对共产主义理想和为祖国的繁荣准备自我牺牲的强烈信仰的思想联结为一个整体的。

《怎样培养真正的人》的手稿，作者在世时没有出版。在他去世之后，该书才由基辅苏维埃学校出版社出了缩编本，后收入《苏霍姆林斯基选集》（5卷本）的第2卷里。作者期望看到自己的作品同《伦理学文选》一书刊登在一起，该书中的道德理想和准则都在《怎样培养真正的人》一书中得以发挥，并补充了许多事例材料。道德教育教科书同文选相结合，可以把书中的理论原则同生活的观察、故事、速写、民间寓言和传说结合在一起。

向读者推荐的这一出版物增添了许多没有发表过的档案材料。《怎样培养真正的人》一书中，省略了收进文选中的实例材料、童话、故事、寓言，只保留了作为作者全部论断逻辑基础的那些实例材料、童话、故事和寓言。本书的这种编排形式符合苏霍姆林斯基最初的意图。①

　　最后我想指出的是，苏霍姆林斯基那种令人信服、十分独特的叙事风格，在本书中鲜明地表现出来，使我们对内容的领悟更加多样化和多义化。书中带有作者本人的个性特征，他指出了自己同读者的交往方式和对道德高峰的认识。这些训诫和教诲并非刻板的教条。无论是在深入理解书的意图方面，还是在激励学生达到道德标准方面，都必须有教师的创造参与其中。

　　如果您是一位教师，在读这本书时，您会与苏霍姆林斯基的观点一致，思想共鸣，您的心灵对教育家热情洋溢的话会有所反响，那么，不论您在哪儿工作，无论是在偏僻的农村学校，还是在大城市里的学校，书中的材料都会对您日常的教育工作给予实质性的帮助。因为您同作者追求的是同一个目的——培养有高尚道德的人，"按照美的法则"创造人（马克思语）。

　　我特别想谈一谈苏霍姆林斯基涉及生命、死亡、爱情问题的那些系列谈话。这是道德教育中的特殊方面，正如教育家所说，这些方面需要小心谨慎地去对待。苏霍姆林斯基没有遵循通用的思想模式，他摆脱了思维的狭隘性，首次在苏联教育学中做了深入儿童内心深处的尝试，并认为这些问题是道德的基础。世界观、社会美学和人道主义等问题，都使每个儿童、少年、男女青年激动，但教育科学研究对此却不够重视。生与死的问题，几乎是教育上的一个空白，这个将人的生物本质和社会本质联系起来的问题，即使对苏霍姆林斯基本人来说，也只是刚刚接触。所以，进行这些谈话需要非常谨慎与仔细地去运用材料，应当考虑孩子的知识、理解力、感受状况。一个在自己的思维方式里无法对这些题目产生思考的教师，

----

①　作者在完成书稿后不久就与世长辞了。本书是根据作者的意图重新编辑、整理而成的。——译者

应该在工作过程中主动放弃这些题目。

本书中有某些重复和没有写完的材料，因为这本书是苏霍姆林斯基在生命的最后一年，也是最艰难的一年书写而成的。书中也有代表他整个创作特点的重复，因为他在创造和发展新思想和新论点时，所依据的往往是农村学校所特有的习惯性实际例证，或者，为了强调思想的重要性，他采用了同一类材料作为例子。至于那些没有讲完的材料，也向读者提供了自己创造的广泛的可能性，促使他们去探究和思考。

在本书的一些谈话中，引用了苏霍姆林斯基收进《道德文选》中的小故事和短文。

我希望每一位教育家、教育工作者、父母读完这本书之后，都能受到许多教益，获得新的思想以及有助于培养下一代新人的实际建议。

奥·瓦·苏霍姆林斯卡娅①

---

① 奥莉娅·瓦西里耶夫娜·苏霍姆林斯卡娅是苏联教育家瓦·亚·苏霍姆林斯基的女儿，乌克兰教育科学院院士，本书就由她编选而成。——译者

目　录

怎样才能使人成为有教养的人

本书是我在学校多年实践工作的总结。书名带有"真正的人"这几个字，意味着作者把教育过程本身看作是一种对理想的追求，即体现在理想社会完美关系中的那种对人的活生生形象的追求。共产主义教育伦理学的实质就在于教育者相信共产主义理想是存在的，是可以实现的，而且是可以达到的，教育者应当用理想的标尺去衡量自己的劳动。

想到"真正的人"的理想形象，我的眼前浮现出如下重要特点：

对共产主义社会的真实性和完美性，对人与人之间那种视为人类道德发展顶峰的共产主义关系，要有明晰的概念、深刻的理解；对共产主义理想美的感受应作为个人的执着追求；要善于珍惜祖国和共产主义社会那些神圣的事物，就像珍惜自己的心爱之物那样。换句话说，可以把这个理想的特点，看作是对生活的目的和意义的一种理解和感受，善于向自己提出"我为什么而活着"的问题并予以回答：是为了对生活的那种强烈的爱，为了追求崇高理想的一种活动。

个人精神生活中的公与私、大事和小事都要达成和谐的统一。

精神世界、精神利益与精神需求需要丰富。要善于珍惜和利用精神财富，要看到和发现它，并使之在个人的内心世界里人格化。真正的人，是具有和谐的、多方面精神生活的人。人的个性，只有在精神世界里才能得以表现和揭示、确立和反映，而这种精神世界必须是与最先进的世界观——共产主义世界观的思想与追求，是与人类的智能、美感、情感的财富与成果息息相关的。

人需要人，如同人需要精神财富那样。这种需要产生和发展的基础是人们在精神上的共同性，以及对拥有精神财富的共同追求。这种理想追求的创造则包含着我们教育活动的创造意义。只有确认自己心灵是美好的，并对同龄人、同志们、朋友们揭示这种美的时候，我才能认为自己是教育集体中的一员，才能找到志同道合者，与他们共同创造热爱人类的思想、智能和美感的财富。

肯定与否定和谐的统一，换句话说，要有强烈的爱，也要有强烈的恨，既要爱得深沉，忠贞不贰，也要恨之入骨，不可调和。理想的个性表现在精神活动中，表现在以积极的态度对待善与恶，表现在不仅能够看到善与恶，而且能积极地去关注周围所发生的一切。精神的力量，形象地说，好比鸟的翅膀，我们称之为思想上的坚强信念，没有肯定与否定和谐的统一，个性的核心——思想上的坚强信念则是不可思议的。一个真正的人，宁愿自己被杀头，也不会背叛自己的信念；时刻准备着为自己的信念而斗争，去捍卫它，当阶级的信念取得胜利时，个人的每一部分都在庆祝，这才是真正的人的思想本质。

在我们的时代，对世界上正在为人们的心灵，首先为年轻一代的心灵进行毫不妥协斗争的情况，要有深刻理解和亲身品评。在这场斗争中，与我们共产主义思想相对立的，不仅是凶恶的、残忍的和狂暴的，而且是奸诈的、狡猾的、善变的，就其本质来说，又是精明的、善于伪装成一切善良代表的敌人——帝国主义思想体系，也就是血腥仇视人类、一切都是买卖关系的"自由"世界的思想体系。有理想的人的重要特点之一，就是对思想、行为、相互关系、日常生活、人类欢乐有着阶级的嗅觉，这在目前来说尤为重要。

人要有自尊——自己要尊重自己，善于珍惜个人的荣誉、自己的名声，关心集体与同志们对自己的行为、精神世界的品评，不懈追求道德上的完美，感受崇高理想、高尚道德情操的魅力，要有今天比昨天更好的愿望。

人要有丰富的智力、创造的才能，追求在思维世界里生活；要有经常丰富和发展自己智慧的愿望。

人要有丰富的美的知识，敏锐地去发展对美的需要。

人要热爱劳动，以高尚的道德观念去对待劳动，要热心去做具体的工作，并努力追求劳动技能的完善。

人要有强健的体魄。

为了使道德理想变为现实，应当教会人正确地生活、正确地说话做事、正确地对待自己和他人。教师只有掌握了最精细的教育工具——道德科学、伦理学的时候，才能成为教育者。在学校里，伦理学是一门"实用教育哲学"。本书就包含了教育伦理学、共产主义教育伦理学的内容。

教育伦理学一个最重要的思想——就是奉献，就是在应该奉献、必须奉献之中揭示善的含义。"你们应该奉献""你应该奉献"这类话，每天都应在学校里被重复无数次。对奉献的理解和感受，则是道德文明和道德素养的奠基石。"我应该奉献"的信念，包含着作为道德理论的伦理学与伦理学实践的密切关系。奉献的思想，只有在奉献成为一种思维的方式、个人对待集体的方式、劳动和为社会服务的方式的时候，才会纳入儿童的心灵之中，变为他的理想。善的思想，只有在一个人把对善的追求与对恶的毫不妥协的斗争作为生活目的的时候，才会成为生活实践的方针、行为的准绳。只有在对理想有了追求的时候，共产主义教育理想才会变成现实的力量。学校里道德教育的实质，则在于教育者经常去唤起自己的学生们去追求理想，即应该奉献的思想。对美的感受、对理想的追求，应作为伦理学在道德和情感层面上奉献的核心。

著名教育学家帕·布隆斯基写道：真正的道德是对道德的追求（参见《帕·布隆斯基教育文选》）。学校生活中的道德必须成为道德实践，依我看，这正是把教学与教育统一起来的条件之一。关于这种统一，谈的相当多了，但尚未变成现实。只有在关于奉献、善与恶、道德财富的概念受到教师和学生们那热烈的激情鼓舞的时候，即受到忠诚与爱、毫不妥协的精神与恨、对理想的追求、同志与战友的相互关系的崇高精神鼓舞的时候，道德才会变成道德实践。

培养一个真正的人，教会他生活，则意味着教会他奉献。怎样才能把这种生活哲理灌输到我们教育对象的心灵中去呢？怎样才能培育出共产主义社会那种具有高尚道德情操的人呢？我们道德本身的那些道德标准，就是巨大的精神财富，这些精神财富应当灌输到少年的心灵中去。

我相信教育者的话语具有无比强大的力量。语言是一种最精细、最锐利的工具，我们的教师应当善于利用它去启迪学生们的心扉。这本书就是阐述用言语进行教育的一本书。书中揭示共产主义道德的准则，即具体的一些教诲和训导，例如怎样去生活、怎样去行动、什么是善与恶，——这一切都是"奉献"的本质。形象地说，只有当言语中蕴藏着追求道德理想种子的时候，言语才能成为道德教育的工具。言语教育是教育学中和学校中最复杂的、最艰难的东西。那种认为许多学校教育工作的缺陷是言语教育的论点是十分荒唐的。应该谈论的倒是另一点：关于言语教育的愚昧无知和个别教师不善于用言语进行教育的问题。我给自己提出这样一个目标，就是要使那些共产主义道德准则、真理与原则，充分体现在渗透着奉献的言语里。我对我的学生们要说的这些言语就是：怎样活着才能使你成为一个真正的人。这并不是为学生们编写出来的抽象的教诲。这些言语是从我的心灵里流淌而出，灌注到几代学生们的心灵中去的。

我认为教师的言语，是深信自己的观点、见解、世界观正确与美好的人，与那些渴望成为好人的心灵之间最必要、最细微的沟通。请注意，这里的沟通是指相信并渴望成为好人、力求今天比昨天更好两者之间的沟通。只有把这两者联结起来，才可能进行真正的教育。由此可见，只有您面前有接受教育的人，言语教育才是可能的。创造人的接受教育性，乃是道德教育的一条红线。

在我看来，要找到如何使人具备接受教育性这一问题的实际答案，形象地说，就像是已把乐器调好，等待着音乐家去弹奏那样。我们是在跟孩子们打交道，这一点时刻都不该忘记。即使是十六七岁的人，对我们教育者来说，同时也对父母而言，多半还是个孩子。

为使孩子能成为有教养的人，我认为有以下几点需要明白。第一，要有欢乐、幸福及对世界的乐观感受。教育学方面真正的人道主义精神，就在于去珍惜孩子享受欢乐和幸福的权利。

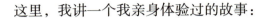

　　这里，我讲一个我亲身体验过的故事：

　　三年级女学生卓娅，今天早晨从家里出来时满面春风，高兴极了。原来，昨天晚上爸爸妈妈在她的床边坐了很久，讲了不少童话故事，在她想睡觉的时候，爸爸妈妈吻了吻她，对她说："愿你能梦见耀眼的太阳。"卓娅真的梦见了耀眼的太阳，还梦见一片像大海那般广阔的绿色草原、一朵朵黄色的蒲公英小花、嗡嗡叫的蜜蜂和在歌唱的云雀……

　　可是卓娅的同班同学米佳从家里出来时，却无精打采、闷闷不乐，一副心事重重的样子。原来，昨天晚上他的爸爸妈妈吵架了，吵了好久，妈妈哭了，米佳也久久不能入睡。后来他在梦中还梦见妈妈那双哭得泪汪汪的眼睛。

　　卓娅和米佳一同去上学。女孩高兴地在叽叽喳喳说着什么，米佳想去琢磨她说的话，以便驱赶苦恼的情绪，然而无济于事，男孩的眼前总是出现母亲那双充满泪水的大眼睛，他特别想哭。

　　突然，卓娅喊了一声："你看呀，米佳，仙鹤飞来了！一大群呢！……是春天来了啊，春天。你看呀，那些仙鹤是蔚蓝色的，它们多美呀！蔚蓝色的仙鹤，你看呀，米佳，你看呀！"

　　"不是蔚蓝色，是灰色的……"米佳小声地说。

　　"不是灰色，是蔚蓝色！奇怪，明明是蔚蓝色的，你怎么说是灰色的呢？"卓娅吃惊地说。

　　两个孩子都到学校里来了。卓娅走到我跟前说："在我们上学的时候，天空中飞来了一群蔚蓝色的仙鹤，可米佳说仙鹤是灰色的，难道仙鹤是灰色的吗？我亲眼看见是蔚蓝色的嘛。"

　　有时候孩子的问题，听起来很简单，可回答起来却相当难。教育不是万能的，它不能使一个人不受周围环境的影响而成为一个幸福的人。但教育必须保护孩子们心灵中巨大的、无可比拟的精神财富——幸福和欢乐。看到孩子的心灵遭遇了不幸，我们应当告诉自己：我们面前的人是孩子，首先应让他平静、安宁，帮他解除痛苦、不安和忧虑，然后再想办法给孩子带来生活的欢乐。这就是说，假如孩子没有感受到生活的欢乐，那么他们在任何时候也不会觉得仙鹤是蔚蓝色的。假如我们的孩子都能以乐观的情绪去看世界，假如他周围生活中的每一种现象都能向他展现出美丽、精致、柔和、温暖的色彩，他就会易于接受教育，就会贪婪地聆听你的每一句话。我了解一些孩子，他们之所以不能用大脑，也不能用心灵去理解道德美（关于这一点教师是向他们讲过的），是因为他们有着莫大的不幸。有时，在我们成年人看来完全是微不足道的一件事，却会给孩子带来巨大的痛苦。有一个五岁的小女孩，当她知道有人把她的洋娃娃放外面被雨淋透了的时候，她一晚上没睡，不言不语也不哭，只是在默默地忍受着痛苦。如果孩子长期孤独地忍受着自己的不幸，而没有得到同情和怜悯，那么他的心灵就会被一层冷漠的冰壳所覆盖。

第二，一个人只有在其童年和少年时期常常同大自然和人们打交道，并在这过程中使自己的心灵感受到不平静，表现出忧虑、柔弱、敏感、易受刺激、温柔、富于同情心时，他才会成为有教养的人。这里谈的是情感的素养，观察身边的人时，能亲身体会到他的欢乐和痛苦、不安和惊慌的那种高度发达的能力，感觉到孤独是一种可能落在人头上的巨大不幸的能力。

在谈到儿童心灵上的稚嫩、精细、敏感、柔弱时，我所指的不是懦弱和无能，而是坚强、勇敢、坚定地选择自己立场和自己观点的能力。但是，生活一次又一次使我相信这点：没有细致和柔弱的心灵，那种真正的心灵上的坚定、勇敢、对原则的忠诚是不可想象的。孩子们应当向他人的欢乐和痛苦敞开心扉。在这一点上有一个很重要的前提，那就是必须让孩子们跨进学校的门槛，成为受教育者。当我的孩子们开始在集体中生活的时候，我首先关心的就是让每个孩子都能做到把他人的不幸当作自己的最大不幸，把他给别人带来的欢乐看作是自己最大的欢乐和慰藉。

幼儿集体的教育者如同一个乐队指挥，乐队每个成员都应听从他的指挥，去创造他人的幸福；而自己作为集体中的一员，也必然能感受到公民的头等幸福。经常去关心他人的人，会成为十分敏感的人；他对包括自身在内的追求道德理想的言语、对自身美的创造会非常敏感。在孩子为他人创造欢乐的地方，教育者的话语会具有强大的威力。

为人们的幸福贡献自己精神力量的道德尝试会给予幼龄儿童非常重要的能力，仿佛使他能从旁的方面，以他人的眼光看到自己，感到自己心灵和行为的坦诚。凡是在童年能以自己的道德尝试感受过那种生活上最崇高的幸福的人——哪怕只是把自己心灵中的一点一滴奉献给他人，那么，即使在他独自一人的时候，也会是个正直的人，而也许这正是使人成为有教养的人的重要品质。

顺便说说，即使在完全消除犯罪社会根源的社会里，对犯罪原因现在仍有争论。如果对人心灵里所产生的最细微的心理过程不加分析，想解决这个问题是不可能的。只有当每个人能成为自己行为的主人的时候，只有当自己的良心变成严厉的裁判，人的自我羞耻要比在别人面前大得多的时候，犯罪现象才有可能被彻底消除。但是，请注意，良心、良知之所以能成为行为的卫士，为人们提供最有力的心灵守护，因为它们是在那些精神生活最薄弱的条件下成长出的勇敢，这种精神生活还包括人们的相互关系：友谊、同志爱、相互帮助。只有善于了解温柔、脆弱的人，才能成为坚强者。只有善于爱的人，才会懂得恨。

我始终关心的，首先是培养孩子接受教育的能力。孩子越小，大人给予他的欢乐越多，孩子为他人——同学、父母、老人所创造的欢乐就会越多，这点很重要。教育者一个极为重要的任务，就是唤起孩子具有情感上的敏锐性和注意力。

这是发生在一年级的一个故事。在春汛时期，一个黑眼睛女孩加利娅没来上学。河水泛滥挡住了她上学的路。如果老师不讲这个女孩的情况，就不会唤起其他孩子的善良情感，同班同学们就不会想起她。孩子对每一件事都应当放开眼界、运用智慧、敞开心扉。我带着孩子们一起朝春水泛滥、把加利娅和我们隔开的那条河走去。走着，走着，孩子们的同情心渐渐地被唤起。他们感受到自己同学的痛苦。他们虽然没有能力去帮助同学，但彼此之间的情感却加深了。孩子们一直在思考如何帮助同学。我们打算请人帮忙用小船能把加利娅载到我们身边来。大家来到春水泛滥的河边，一齐望着对岸。加利娅看见我们，开心地向我们用力招手。小船把女孩运过来了。春汛未退的两周，她就住在自己的女同学家里。这些天，我们都感到很幸福，但最幸福的是那些直接关心小女孩的人。

当孩子们遇到困难时，快乐就显得弥足珍贵。再没有比关心人的那种快乐更为高尚而强烈的了。那些充满这种快乐，被快乐融合到集体中去的儿童心灵，都会很好地领悟老师的话，接受他积极参加活动的号召、自我教育的教导和训诫。如果你的学生始终在关心着他人的快乐和痛苦，那么，你的教育从一开始就要把自我教育融合到一起。只有那种不是为自己活着的人，才能自己教育自己。

儿童的孤独，是学校生活最大的不幸之一，如同烈焰那样可怕。这既不奇怪，也不稀奇。有时教育者迷恋于摆样子的、外表动人的措施，却忘记了教育的本质——人的相互关系。

值得我们深思的是，智力的财富并非对大多数孩子失去诱惑力，而是疏于发展精神富有对孩子的诱惑力，没有让其准备好为他人的幸福而将自己的精神力量一点一滴地奉献出去。那种对精神财富的渴望，对智慧、思想、创造的渴望，只有在人已经知道什么是高尚，理解善的诱惑力和美的时候，才能产生出来。

我坚信，小学教育时期是最重要的一个时期，这个时期正是人需要受教育的一个界线，包括对人的需要形成的那个界线。正是在这个时期，应当去培养以他人幸福为目的的慷慨胸怀，而这种慷慨胸怀，恰是那种贪婪地对人的需要的反面。

第三，深深地信赖他人，能使人成为有教养的人。对孩子来说，首先要使道德原则成为无可争议的、不可违背的真理。形象地说，他应当感到自己的手掌握在无限信赖的那个人手中，那个在道德上是楷模的人令孩子珍视、敬重，而且受其崇高精神所鼓舞。当你看到有的教育者无能为力地摊开双手，用惊奇的话说"这个孩子是不可救药了，什么方法对他都不起作用了"，你会感到奇怪。其实，也没有什么可奇怪的，因为在这个难以管教的孩子身边，没有人给他以启迪，也没有人告诉他教育的真谛，没有人做出作为人类之美的行为使孩子惊奇、赞叹。是啊，世界上再没有什么能比人的品行更令人惊奇的了，如果这种人的品行能震撼刚刚会站立并发现世界的那个人的想象力的话。

每一个学生都应有鲜明的个性。35 年来苦苦寻求到的这一教育秘诀令我相信，恰恰在这点上，教育者的话成了他手中强有力的工具。当然，首先应是父亲、母亲、哥哥或姐姐的话。我们所有的关怀足足有一半是在使我们每个孩子去相信鲜明的个性上，当然这种个性要无愧于这个称号和信任。我们的这些关怀，首先反映在我们去培训父母把关怀每个孩子（从孩子的幼年起）当作自己的崇高使命，并把父母对子女的关怀看作是一项最重要的社会活动，这项活动就其重要性和复杂性而言，都是独一无二、无可比拟的。培养未来的父母，是我们学校伦理学最鲜明的特色之一。我们在培养父母的同时，又为未来一代的可教育性奠定了基础。毫不夸张地说，这是社会进步和道德进步的一种条件。

如果孩子丧失了对人的信任，或者根本不懂得什么是信任，他的心中就会产生消沉的情绪，有时甚至会发生悲剧。如果对真理丧失了信任，孩子不是变成一个凶狠毒辣、残酷无情的人，就是变成一个意志薄弱、假仁假义、两面三刀、爱说谎话的人。不信任的种子可以发出各种各样的坏芽来，还会使孩子变成道德上冷酷的人，道德价值对他来说也就不复存在了。他会很敏锐地发现，在他周围有着细微的不道德现象，罪恶渐渐向他靠拢，他仿佛要向谁复仇似的，也不按照人们教导的那样去行动了。班里有几个那样的学生，言语教育就会变成一纸空文。你们的学生中间有人可能丧失对人的信任，如果能及时发现这个危险，那么对整个教育事业来说是多么重要啊！教育者应当具备极高的敏锐性，去发现这种危险并预防它。及时发现正在堕落的人，不让他继续堕落下去。真正教育的哲理在于，对于那些不懂得信任人、失去了生活方向的人来说，教育者应该成为他们的支柱和指路灯。

教育者道德训诫的话语，只有在教育者有道德权进行教学的时候，才容易被接受。教育者自身应是一个真正的大写的人——能正确地去生活、热爱人们、高度保持自己的公民、爱国者、劳动者的品德。如果你的那些道德训诫的话语，是发自你内心的精神世界，是充满你的信念的崇高精神，那么，这些话语就会像磁石一样，对于那些不信赖人的人产生吸引力，而你也就会成为他们的支柱和指路灯。

第四，美能使人成为有教养的人（如果满足上述三个条件的话），确切地说，美的世界里的精神生活能使人成为有教养的人。进行道德教育，造就真正的人，就是在号召人们做一个美的人。因为道德理想本身就是人类一种高尚的美。他们一旦接受这种号召就会成为十分敏锐、易于接受教育的人，如果令人向往的道德理想能够使他变得高尚的话。美的世界里的精神生活，就是在体验、创造、保持周围世界里的美，即在自然界、人际关系中、特别是精神范畴里的美。美的世界里的精神生活会激起那种人的需要——成为美的人的需要，追求奉献的需要。孩子发现自己周围的美，并对这些美而感到兴奋、赞叹，就宛如在照镜子时，会观察到人的美。孩子对美的这种感受越早，对美的惊叹越精细，他的自尊感就越强。在为人们创造财富与欢乐的结合中，通过认识美，比如说，认识一朵小花的美、岸边色彩斑斓的小石子的美、红霞万道的美、婉转语调的美以及人们的行为美来认识自己。在这种结合中蕴藏着相当强大的教育力量，使教育者能获得一种神奇的才能，让孩子的心灵受到震撼，并振奋起来，如果孩子的心灵被痛苦、不幸、灾难折磨得有气无力的话。作为儿童欢乐的创造者——教师，恰好为幼小的儿童打开了通往美的世界的大门。

我的理想就在于使每个孩子能实实在在看到美，能经常感到语言和形象的美，让他们对美惊叹不已，并把美的东西化作自己精神生活中的一部分。在教育这个领域里，每颗心都在期望能亲身而且非常细致地体会到这一点。我们周围美的世界是无穷无尽、无边无际的。你要会开辟这个世界，使你的语言像音乐一样，在孩子们的心里演奏出美妙的旋律。要使你那些冥思苦想出的话语，成为孩子无与伦比的欢乐。如果你在学生的心中奏出语言的音乐，那么他就会变成你的受教育者。你的话，即道德的教诲已深入到他心灵中最隐秘的角落，唤起做一个美的人的愿望。有一点极为重要，就是使你的每一个学生的精神生活里，都会有使美大放光彩、对美惊奇以及在美面前有股喜悦的成分。

下面是我的一个学生的故事。

春天来了。土地里冒出一根绿茎。它长得很快，不久就分出两片小叶。小叶渐渐地长大，中间长出一个小芽来。每天早上，我和托利亚都要去看看它以后会长成什么样。有一天大清早，我们突然发现：那个小芽向旁边的一片小叶低垂着，开出白色的小铃铛——是铃兰花的小铃铛。小花的美使托利亚感到惊奇。他目不转睛地盯着铃兰花。这时，男孩伸出手要去掐花。"你为什么想去掐铃兰花呢？"我问托利亚。"我非常喜欢它，它很美……""很好，不过在掐之前，你说说它有多美。"我说。托利亚看了看铃兰花的小铃铛，它们好似一朵朵白云，又像小白鸽的翅膀，或者什么非常美的东西，托利亚都感受到了，就是一下子难以形容。他站在铃兰花旁，被花的美所陶醉，默默地站在那里。就在这一刹那，有一句话像音乐一般在他的心灵里回荡。托利亚想到了在平常似乎极不起眼的一句话——美的奥妙无穷。他轻轻地说：

"多像雪花……，多像银铃铛……""你长吧，小铃铛。"小男孩又轻轻地说道。

这时我作为教师感到很幸福。我的理想，就是使每个孩子对美的感受都能提高到这个高度。这的的确确是道德发展的高度之一。

对美的感受能在少年心灵中迸发出一种极其敏捷的力量，使之成为刚毅果敢、宽宏大量、心地善良而又十分热忱的人。如果一个人在他的童年时代没有领略到人的心灵美的话，他就不可能成为有教养的人。教会孩子用惊叹的目光看人，应成为学校教育的基础。我认为，学校只有从认识人的心灵开始去认识世界，并在这种认识的基础上形成信念，而最主要的是培养爱与恨的才能，只有在那时学校才能算是真正的学校。实际上，培养真正的人，就是用人的精神美使人变得精神高尚，正是那种高尚的精神，才会促使儿童去思考：我是什么样的人？ 我活在世上是为什么？要善于对自己年幼的学生讲这番话，对青少年讲人的精神美，这是伟大的艺术、伟大的教育才能。应当这样去做：培养自己的学生，从学生们的幼年起就让他们的心灵受到精神美的阳光哺育，使他们的心灵变得纯洁、细微而敏锐，并易于接受道德上的教诲；在捍卫学生们的行为方面，良心永远是一个敏锐的哨兵。有良心的人、心地善良的人（可惜，不知为什么有人总回避这些词），只有在英雄主义、勇敢、对信念的忠诚、为理想和思想准备献出生命的那种美面前表现出惊叹的精神，只有在那种情况下才会培养出这样的人。有了这种惊叹的精神，才会创造出那种心灵上的细腻，正由于这种心灵上的细腻，语言才会成为教育的强大工具。

少年心灵中产生出的巨大美感，我则把它称之为惊叹精神。人的精神美使我和我的学生们变得高尚的同时，也使我们成为思想上的志同道合者。人的精神美扎根于少年心灵之中，会使他们对人的信赖变得高尚起来，这种信赖是人的最高幸福，即成为在精神上美的人。

这就是必须使人成为有教养的人之原因所在。但是，就像人们经常弹奏的乐器那样，它们的声音会变得更加优美和更富表现力，人对教育的敏锐性（成为有教养的人的能力），会在人经常受教育时逐渐提高。

现在我要把话题转到一些具体问题上来，这些问题组成了共产主义教育伦理学方面的谈话内容。

1

真正的人应当什么样 ①

你作为一个人来到这个世界上，但你还要成为一个大写的人。真正的人要有一种精神——人的精神，这种精神会在信念与情感、意志与追求之中，会在对待他人和自己本人的态度上，会在分明的爱与憎，在善于看到理想并为之而奋斗方面表现出来。

人要有一种精神。在这一真谛之中，我看到整个道德教育的一条红

▲ 本书作者世界著名教育家苏霍姆林斯基

---

① 原著只有编号，标题系作者的女儿卡娅所加。——译者

线。我竭力追求使教育在每一个学生身上树立作为人的自豪感，树立为共产主义理想而斗争的战士那种高尚品格和英勇精神，那种革命者、创造者、思想家的精神。

在我所著的《道德文选》一书中，有一组短篇小故事，这些故事都有一个中心思想：人首先是一种精神力量。在谈到人们对思想的无限忠诚的同时，我竭力把勇于追求思想的种子注入儿童的心灵中去。这些故事将终生铭刻在他们的记忆里。

道德上的高尚的精神力量，始于对神圣事物的一种信仰。我力求做到使每一个孩子在其童年时代的思想意识之中，都能确立对我们的祖国、人民那种道德上的神圣事物的信仰，而且这种信仰是牢不可破的、毫不动摇的、坚定不移的。没有任何信仰的人，不可能有精神的力量、道德的纯洁，也不可能有英勇的精神。对神圣事物的信仰，会给予儿童一些非常宝贵的精神品质：他们能看到和感受到社会生活的大世界，并渴望在这个世界里生活。对我们的意识形态那种神圣事物有信仰的人，定会具有鲜明的爱憎分明的才华。

每一代参加少年列宁主义者组织的孩子们，都听我讲述过那个在法西斯侵占时期牺牲的、年仅十岁的少先队员尤拉的英雄故事。

我认为有一条特别重要的教育准则，就是使每个人从童年起就生活在富于道德财富的世界里，即在我们的思想意识、我们的祖国、我们的历史和人民的世界里充满丰富的精神生活。小公民精神生活的本质，应当体现在对人的美和思想美的惊叹、赞美上，应当充满对崇高精神的追求，并渴望成为一个真正的爱国者、真正的战士。凡是生活在道德财富世界里的人，自幼就会感到自己是祖国的儿子。

2

怎样培养需要人的情感

　　人不可能单独一个人生活。一个人最大的幸福和欢乐之一就在于与他人交往。你的每一步、每一句话，你的每个眼神，甚至你目光一闪或者一抬手，这一切都会在别人的心目中留下反响。

　　与人接触就会留下痕迹，会铭刻在心。一个人必然离不开别人，再没有什么能比发现人的世界而使人感到喜悦了。

　　孩子们每天都在校园、走廊里、教室里彼此碰面。他们彼此目光相遇，将自己的秘密传递给对方，他们互相争论、分担欢乐与忧愁，有时候也会产生很多矛盾。这些生活琐事往往会影响人与人之间的关系。教育者们，不要忘记去了解这些关系，这可是你首要的天职啊。你的每个学生怎样看别人，他在别人身上发现了什么，他在别人心目中留下什么，别人又在他心目中留下什么——这比他是否完成今天家庭作业更为重要。就其实质而言，教育就是长期地去培养儿童理解"人是最宝贵的财富"这一真谛。这种理解，不是为了去满足个人的需求，不是为自己，而是为他人。教师教育智慧的重要表现，就是去培养自己的学生具有需要人的情感，培养他学会做一个忠实于别人的人。

　　人的精神生活的重要范畴之一就是对人信守义务。如果一个人在童年、少年、青年早期都没有成为一个可爱的学生，如果他不愿意为他人的快乐而奉献出自己的精力，那他就谈不上是个爱国者，也谈不上对信念和理想的忠诚。本书会多次重复提到义务、奉献。教育者的任务，就在于使他的每个学生，能在童年就获得个人与他人交往之中的那种奉献的道德经验。一般地说，要避免空谈那些热爱人们的词句，而多做一些实际的事情，满腔热忱地投入生活中去，主动去创造欢乐，这些应当成为道德教育的准则。如果孩子做好事是为了显示自己，帮助同学先考虑的是炫耀自己和受到夸奖，那么这是很危险的。报道好人好事的稿子在墙报上经常涌现，人人都会注意到少先队中队竞赛中的那些好人好事。那些伪君子们，冷酷的、无怜悯心的人都会从中受到教益。教育的理想就在于使孩子们自发地为他人奉献自己的精神力量，并把这种奉献作为一种隐秘的、不可侵犯的东西藏在心间。需要人的那种情感，按其本身特性来讲，是最为羞怯的情感之一。列夫·托尔斯泰甚至把爱国主义的情感认为是羞怯的情感（参见《列夫·托尔斯泰全集》）。

有一次，我们到森林中去玩。林中树丛茂密，有的地方只有一条狭窄的小道。有一个男孩走路时被绊了一下，险些跌倒，恰好这个地方的路旁有一个坑。我们都停住了脚步。我向孩子们建议："咱们把坑填上吧，这个坑就在路的旁边，多危险啊！""可是，我们再也不会到这里来了，我们干吗要去填它呀？"孩子们的这个问题迫使我对多样的利己主义陷入了沉思。从事教育孩子35年以来，我目睹了许多事件，利用这些事件就是为了教孩子们去学会怎样为他人而活着。有关这些事件的故事，都给孩子们留下了深刻的印象。

道德教育的理想，就在于使小公民厌恶并且不去跨越侮辱人格的那个界线。应该说，对他人的生活采取冷漠的态度、对只为自己而活的思想采取不闻不问的态度，这对少年的纯洁心灵来说，如同娇弱的身体组织经受不住烧红的铁那样，会产生难以治愈的伤痛。你们的学生在童年和少年时期不应该是悠然自得、不管天下事的人，只有视天下事为己任的人，青年时期才会懂得尽义务，才会做个有觉悟的公民。我一向认为有一点极为重要：那就是让每一个学生都能在他的童年时代就体验到那种为天下之忧而忧的心情。每当儿童减轻他人的生活负担时，他就会体验到一种幸福，只有在那时，快乐才会使童年变得高尚起来。

有一次，一位老教师给我寄来一封令人忧虑的信。信中说：

在海边的一个小镇子里有个十岁的小女孩叫伊拉。她得了重病，卧床在家。伊拉在患病之前读书写字样样行，可现在她被局限在窗内的世界里，每天只能隔窗远望那大山的风光，听着大海那没完没了的波涛声。小女孩唯一的亲人就是奶奶。可奶奶一上班，就只能把她丢在家里，一连就是好几个小时。伊拉原先很爱画画，可是现在她不仅拿不动画本，也握不住笔了。书一天只能看上两三页……。小姑娘本来很喜欢看有关鸟类、动物类的童话故事，可现在也很少看了……。我把这些讲给孩子们听，拿出一张照片给他们看，告诉他们照片上那个有着一双深沉大眼睛的姑娘就是伊拉。

我想让我的孩子们都感受到：人不论在什么地方生活都会有艰难困苦。要懂得，每一个人都是人类的一分子，我国人民的一员。哪怕有一个人在受苦受难，在孤独中死去，那么最不起眼的不幸也会来敲家门，这个家的名字就是人类。

我和孩子们给伊拉写了一封信。我想方设法让每个孩子都能把自己的心里话和自己的情感倾注到这封信里。同时，我还编写了一篇关于云雀的童话。信和童话一并寄到那个温暖如春的海滨小镇里。几天后，我们收到伊拉奶奶写来的信。信中话语不多，还夹有伊拉说的几句。这封信令我们高兴，又使我们难过。我的孩子们特别关注奶奶谈伊拉如何生活的事儿。他们明白了这个小姑娘的生活该有多么艰难，她表现出了多么大的毅力和勇气，她的内心世界该有多么丰富。出乎意料的是，他们发现伊拉的画和在画上写的几句话，简直就是一首小诗。这使每个孩子都想画点什么给小女孩伊拉寄去。于是我们便寄去了一沓画，我还给小姑娘伊拉写了几个童话故事。

几年来，我的学生们一直都在关心着那些在生活上有着艰难困苦的人。

3

何谓珍惜生活的幸福

　　要珍惜生活的幸福。这种幸福只有人可以理解，只有人才能享受得到。这种无限的幸福的海洋，宛如无限的空气海洋一样展现在每个人的面前，然而就像在空气充足时没有任何一个人去想到它那样，很少有人去思索生活的幸福。

　　为了真正地去珍惜生活的幸福，我们需要高尚的、细致的、全面的精神上的修养，智力、心灵、意志的修养。我可以毫不夸张地说，在把人从所有的经济奴役的桎梏中解脱出来的社会里，培养珍惜幸福生活的能力，才会成为一个最重要的道德问题。形象地说，这宛如扬起自我教育风帆的风；没有这股风，人就会看不到生活目标，停止发展自己。

　　假如每一个生命力强的人都明白，展现在他们面前的财富是那么的丰富，那就拿吧，用吧；假如大家都十分珍惜这些财富，那我们社会里的人，用高尔基的话说，就会像星星对星星那样（参见《高尔基全集》）。

　　孩子能否成为理解和体验人对生活、幸福、欢乐、人身不受侵犯的伟大权利的思想者，在很大程度上取决于我们这些家长们、教育工作者们，因为正是我们在时时处处与幼龄儿童那敏锐的、坦诚的心灵相接触。凡是与教育有关系的人，都应当聪明地拉着孩子的手带领他们步入人的世界，而不要蒙上他们的眼睛，使他们看不到人世间的欢乐和痛苦。要理解这样一个真理：我们来到人世，又会离开人世，而且再也不会回到人世；世界上有最大的欢乐——人的诞生，也有最大的痛苦——人的死亡。真正理解这一真理，才会使人成为聪明的思想家，成为一个在智力、精神、心灵和意志等方面都富有教养的思想家。人的那种高尚品格的细根已深深扎入这一真理之中。具有高尚的品格的人，才不会受到任何社会经济动荡的威胁，因其幸福多半取决于人自身的那种高尚品质。

愿你的学生能理解这一道理，愿孩子们都能成为小小哲学家。有一点特别重要，就是使孩子常常去思索时间的永恒性和不可逆性的秘密，去思索人生有伟大的一面，同时还有脆弱的一面。要教会孩子们去观察和理解生活，首要的条件就是让孩子理解并感受到生活的美、幸福和欢乐，使普希金的"我想活着，就是为了去思索和受苦"这一明哲思想能在每个幼小心灵之中展示出隐秘的高尚品格的一角（参见《普希金选集》）。

每到静静的夏季，我喜欢和我的学生们一起坐在草原的山岗上看日落。我们已经连续三天来到草原上聆听鸟叫，不过，总有一种更奇异的东西吸引着我们的注意力。就在第三天，在太阳落向地平线的上方，我们看见蔚蓝色的天空中有一朵轻纱般的白云。前天、昨天、今天，都有一模一样的白云。

"老师，您说，我们这三天都能看见那朵白云，它们是同一朵白云吗？"米什科问道，这个黑眼睛小男孩非常好奇，他一贯感受力强并且爱思考。

"不，不是同一朵云。昨天的不是前天的那朵云，今天的也不是昨天的那朵云。"

孩子们思索起来了。火红的太阳正向地平线落下去。落日的余晖，宛如一条条细细的深红色的彩带，刹那间只剩下一点点微光，再往后连微光也不见了。

"老师，"爱思考的蓝眼睛小女孩瓦利娅问道。"前天和昨天的那朵白云都跑到哪儿去了呢？"

只要去冲击儿童思维的源泉，就会从中涌现出一个个新鲜的问题。每当一个个问题激荡着我的心时，我就会想：怎样培养人的这种精细的本领，即善于珍惜生活的欢乐呢？善于观察到幸福，就只在于看到你在大地上行走，你的脸被骄阳烤得火辣辣的，汗水模糊了你的双眼吗？就只在于到了晚上，在劳累了一天之后，你高兴地直了直腰，看到自己手掌上的茧子，而在浅灰色的天边，出现第一颗突然升起的星星吗？善于观察和感受到生活的幸福，是教育学上最精细的问题之一。在社会主义社会里，个别人的道德反常、道德变态（而这些反常和变态暂不会给人带来巨大损失），除了他们不善于去珍惜生活的幸福、自由劳动的幸福、丰富多彩生活的幸福，即人们交往的幸福，除了不善于在自身确立真正的人的品格之外，再没有别的原因了。

要教孩子学会观察、思考、发现和惊叹。愿你的学生都能发现和领悟到这一真理，即一个人自生下来那天起，每天都在生长、在发育、在成熟、在变老，每一天他都在有节奏地生活，变得聪慧、经历丰富，每一天都在给这些无与伦比的财富增添一些新的东西。

有一次，我同孩子们一起走到一个旧池塘边。我对孩子们讲："在我还是小孩子的时候，这么说吧，我当时就像你米什科那么大，那时候这里的池塘可深咧。噢，这里还长着一棵高大的橡树……"

"难道您当时就是那么大的孩子吗？"米什科吃惊地问。

"可您是位老人，头发都已经斑白了呀！"

"那是从前……，我在这里洗过澡，还在这个树根下捉过鱼虾……"

"那个男孩子到哪里去了呢？"瓦利娅一边问，一边拉住我的手。瓦利娅、米什科，还有其他的孩子们都在吃惊地看着我。真的，那个男孩子到哪里去了呢？是啊，他们也会长大成人的……。这些小孩子们都到哪里去了呢？

一个孩子越早思考这些问题，他因珍惜人的价值和个人的幸福而对生活和劳动产生的思考和感受就越多。

决不能使孩子免受生活本身带来的种种不可避免的困难的打击，而应当激起他对自己生活的思考。

六岁的卡佳有"两个"奶奶，一个奶奶叫卡捷琳娜，另一个叫马林娜。其实她只有一个奶奶——卡捷琳娜，而马林娜则是卡捷琳娜奶奶的母亲，也就是曾祖母。她俩虽已年迈，却都很善良，而且都爱卡佳，对卡佳来说，她们都是奶奶。春天，卡捷琳娜病了，病了很久，到了夏天就死了。送别奶奶的时候，卡佳哭了。卡佳旁边的马林娜奶奶一边哭一边念叨着：

"我那心爱的孩子哟，他们要把你带到哪儿去哟？让我到哪儿等你哟，到哪儿能看到你哟，我的孩子。"

卡佳在送葬后问妈妈：

"妈妈，难道我的奶奶卡捷琳娜也是孩子吗？"

"是孩子，是孩子，每个人在停止呼吸之前，都是孩子。"

从孩子悲痛的眼睛里可以看出卡佳的思想是沉重的。这时候如果不悲痛是不可理解的。应让孩子知道生活里不仅有欢乐，而且有悲痛。

您应当教会学生意识到每个人（无论是吃奶的婴儿，还是百岁老人）都是人类的孩子。我认为有一点很重要，就是培养孩子带着满腔热情去敬爱老人，让他感受到失去这个人是一种不可弥补的个人痛苦。这种达到顶点的痛苦，也会在儿童面前展现出一种生活的幸福。这种痛苦不仅不会使人不幸，反而会使人变得聪明，使人学会真正地珍惜幸福。

没有心灵上的修养，智力上和意志上的修养是不可想象的。只有在人能敏锐而聪慧地体会到他周围的一切，处处有着与人交往、与自然界交往的欢乐，有紧张劳动的欢乐、掌握知识的欢乐，到那时人才会具有情感上的修养。如果您想培养真正的人，那您就应竭力使您的学生在他的童年和少年时代把兴趣的中心放在做人上。孩子的一种生活幸福的表现就是渴望知识。他知道得越多，他就越想知道。还有一点很重要，就是使每个孩子都能对拥有丰富生活经验的人——奶奶和爷爷有敬慕之情。这绝不是微不足道的细节，而是修养方面最重要的一条规律。

作为教育者，您卓有成效地发挥使自己学生渴望知识的才能越精妙，他意识到生活、思考、感受带给他的幸福就越多。但对学识渊博的人来说，这句话的含义更为广泛。在我们教育工作系统中，有一个培养会思考、会感受、会体验的人——有学识的人的专门大纲。这个大纲源于自然界里的智力生活，可供在十年内理解森林、花园、河流、湖泊的美，以及理解春季的复苏、秋季的凋萎、冬季的黄昏、夏季的黎明的美之用。这是教育上最复杂、最精细、使人痛苦而又欢乐的一个范围，在这个范围里，心灵上的文化修养和对生活必胜的渴望得以形成。请注意，只有这样的学生——他屏住呼吸去看正在吐露的柳树芽，就像去看自然界里的伟大奇迹那样，他才会理解到观察和领悟这种奇迹的幸福，也只有这样的学生才会向教师提问："前天和昨天的那朵白云跑到哪儿去了呢？"我力求做到使每个孩子都能热爱大自然，在劳动中积极努力地去与大自然打交道。

4

何种见解能够培养出成熟的思想

　　你不会永远是个孩子，你要善于思考这一真理的深刻含义。我们来到这个世界上，起初无疑是个小孩子，为长大成人后能在这片大地上留下痕迹，像个真正的人那样度过自己的一生。地上有蠕虫、母鸡、犍牛，可它们的生活与人的生活相差甚远，如同蠕虫的虫穴、鸡窝里的栖架、牛栏跟宇宙飞船的船舱相差甚远、无法相比一样，因为船舱里有一种求知的思想在搏击着想去认识宇宙。人的生命是非常短暂的。但愿你不会虚度年华，能尽快地成为精神上成熟的创造者——思想家、劳动者。人总是要死的。人虽有一死，但人的精神将永垂不朽，之所以永垂不朽，就在于你造福了他人。

　　这是一条最细微、最聪慧的哲理。我深信，如果一个人宛如观察人类不朽链条的一环那样，去观察同代人的生活，他在精神上就会逐渐成熟起来。不过，要使孩子意识到明天他将是成人，应当做好充当物质财富和精神财富创造者的准备，就不那么容易了。同时，一点也不能减少儿童世界那纯洁无瑕的乐趣。我认为非常重要的是，教师要善于委婉地、细致地、非强制地去启发孩子，使他懂得在生活中应当做些什么，联系到精神生活方面哪种劳动、哪种义务能塑造他的个性，使他不愧为公民、劳动者、思想家、父亲、丈夫。这里提示尤为重要的一点，教师要耐心地提示，而不是喋喋不休地说教，哪怕是一个小小的提示都会唤起儿童意识中丰富的思想。

　　当我把我的学生领进我私人的图书馆里的时候，我认为那时才是我同我的学生精神交往唯一可能、唯一顺利和幸福的时刻。这是孩子第一次与我精神生活最重要的源泉相识。我在几间房子里、走廊里都摆上了书架，从地板直到天花板有成千上万册图书……

有个男孩名叫科利亚，性情文静，特别不爱表现自己，恰恰使我不安的是，他太温顺了，他过于勤恳地去完成我在课堂上、在我们学校里所提出的要求……。"思想上的连锁反应"在孩子的意识中慢慢地发展着。我给这个男孩一本书读，他当时正在三年级读书。这本书是法国作家马洛写的《无家可归的人》。男孩得到这本书非常激动。当时我们谈得很开心，我们一边谈，一边朝我的图书馆走去。

"这些书您都读过了吗？"男孩吃惊地问道。

我高兴的是，我在他的提问当中听到"惊奇"的声音。科利亚时不时地停在书架旁，时而取下一本，时而又取下另一本。他想知道这些书都是讲什么的。他一再重复着自己的问题。我回答他说：

"这里书很多。每一本我都读过了（大约有 300 册）。个别书我读了好几遍，现在我正在一本接一本地重读。你看，这里足足有两排书架。这些书对我来说，好比乐师跟他的小提琴，不接触自己心爱的乐器他能活下去吗？我每天不读上几页，有时不读上几行，是无法活下去的。有一些作家的名字你已经熟悉了，有一些以后你会知道，比如荷马、莎士比亚、雨果、歌德、海涅、席勒、卢斯塔维里、普希金、谢甫琴柯、果戈理、屠格涅夫、托尔斯泰、弗兰科、乌克兰英卡、契诃夫、高尔基……。我图书馆里的图书约有 4000 册我已经全部读完了，还有 1000 册左右没有读……"

"那其余的，您还没有来得及去读，是吗？"

"是的，剩下的，我还没有来得及去读。"

吃惊的科利亚看了一下图书。我看到他眼神里流露出一种新思想。

"这怎么办呀？"科利亚小声地问道。"剩下许多书没读……"

我的心由于高兴激荡起来，我发现这个男孩意识到了：人的周围有着知识财富的海洋，可他甚至连一小部分也未了解。

使每个学生头脑里都能有这个想法是多么重要啊！正因如此，我力求做到使所有的学生都能按自己的方式获得这个想法。如果您想使您的学生明白他一生中需要掌握什么样的精神财富的话，那您就把他领进您自己的智力生活世界中去吧！让他把您看作是一位正在面对浩瀚的大海思索的、勇于探索的航海家吧！让他把您看作是奉献自己毕生精力也研究不完那未知领域的一部分，但仍大无畏地踏上征途去求知的博学家吧！

观察、直接感受精神财富，体验人所创造出的伟大，所有这一切都有助于我去帮助自己的学生，使他们的思想成熟起来，使学生自觉地认识到就在现在、就在今天，应当开始那项终生要做的艰巨的工作。这种认识，对于"学习、掌握知识是终生的事业"这一信念的形成有非常重要的作用。而且，你在童年、少年时代越勤奋、越认真地去学习，成熟之后，你所得到知识的欢乐、掌握思想的欢乐就越多。有的少年，总想破万卷书而没有来得及去读书，总想去体验那许许多多有趣的和必要的事情而没有来得及去认识，为此会有一种惋惜之情。这样的少年，当他步入青年早期和成熟期之后，就会认识、感受和体验到这一点。他会思考自己成年后的前程，会有意识地去计划自己的未来。

假如您想使孩子意识到他明天就是一个成年人，而且以这种想法逼迫他对照自己，去检验自己的力量的话，那您就要明确地告诉他一个人应当怎样去度过自己的一生。

有一块赫马拉田，是一片肥沃的可耕田，面积足有200亩。从前，这里一片荒芜，遍地是沟沟坎坎的黏质土。拖拉机手伊万·赫马拉在这里工作了许多年，他栽种了防护林，每年运来上千吨肥沃的淤泥，把坑坑洼洼的地方填平了。几乎没有人认为这块地能治理好，但这位勇敢的人却始终坚信。他在这里一干就是20年，终于把这块地变成了沃土。因此人们都把这块地称为"赫马拉田"。

孩子们，你们要思考自己的命运啊！只有那种向前看、懂得在有生之年应该怎样做的人，才可能成为真正的人。劳动是大地上一切智慧和美的基础。劳动使人逐渐成熟，劳动创造男人和女人。只有劳动才会使人产生对未来的责任感。

5

怎样培养孩子的精神力量

　　要教会孩子成为一个精神上坚强、勇敢、不屈不挠的人。一个人的精神力量是无穷的。人若是不能去克服那些艰难困苦，他就不能默默地去饱经风霜、历尽艰辛；正是由于能克服，人才会成为战胜困难的胜利者，成为一个强者。当你感到困难不可克服，产生畏难情绪的时候，就会选择走轻松的下坡路。人最怕的是吝惜自己，对自己吝惜，是一种意志薄弱的表现，它甚至可以使强者变成弱者。做一个弱者，不会有好运；做一个弱者，不会有快乐。他不懂得生活真正的幸福，理想对他来说是不可理解的，也难以实现。弱者会产生利己主义和胆怯行为。你越是历经艰难，你是个人的那种思想就越鲜明，产生人的自豪感的心灵一角对你说起话来就越响亮；如果你对自己大发怜悯之心，那么，你那心灵一角可能永远沉默无语。对满腹牢骚、灰心丧气、软弱无能、缺乏信心的行为，我们应该持毫不留情、决不容忍、决不吝惜的态度。

　　请记住，有时会出现这种情况，一个人在他已经丧失体力的时候，精神力量可以使他产生新的体力，作为一个战士，他仍能继续活下去。

　　怎样把这一道理传给孩子，怎样使它成为孩子个人行为的准则呢？这里首先重要的是，使我们每一个学生从小（无论在思想意识里，还是在感情世界之中）就对精神力量确立"一往情深"的态度，厌恶和蔑视懦弱现象，向往和敬佩精神上的不屈。没有否定的情感，就不可能有肯定的情感。对待许多事情的态度都取决于你在少儿时期是否就已确立对意志薄弱、性格懦弱、满腹牢骚、怨恨自己的蔑视态度。一个人在童年时期能进行精神上的自我教育、自我认识、自我锻炼，善于要求自己、指导自己是非常重要的。精神与肉体是不可分的。精神力量能唤起肉体的力量，使肉体的耐力同细微而温柔的情感融为一体。有一点始终使我感到吃惊，就是儿童的体育，无论在理论上，还是在实践上，往往与孩子个性形成的任务相脱离，这种脱离是不应被允许的。体力上的紧张必须去触动精神范畴，并激起个人对自身精神力量采取一种积极的态度，只有在那种条件下，人才能获得自我修养的才能。

　　我想再一次着重指出，在一个人的幼年就进行精神力量的锻炼是非常重要的。您若是错过了幼年时期对孩子的锻炼，那您就错过了一切。绝对不能允许一年级学生们头脑里产生："我们还小""我们可力不从心""这对我们可太难啦"等念头。其实，孩子不愿想到和感觉到，自己是软弱的、需要保护的。时而说他还小，需要你去保护，时而说应当使他避免遭受不幸和危险，这是您头脑里所抱定的一种态度，可在儿童的头脑里和心里的想法是：我应当是坚强的人、勇敢的人；不应让别人来保护我，我应当去保护别人；世界上有很多比我弱的人，我应当是他们的保护者。这里有一条很重要的教育准则：要使一个人的童年时期能对自己做出了似乎做不出的事而千百次地感到惊奇，即对自己的精神力量感到惊奇。只有在这种惊奇之下，他才会彻底地去蔑视懦弱和意志薄弱。只有对自己的精神力量产生惊奇的人，才能对自己的意志薄弱感到羞愧，才不会表现出软弱。生活中被人称为厚颜无耻的那种现象，就是"他还小"这种念头长久地印入儿童思想意识之中的苦果。

怎样教孩子懂得奉献

人应当奉献。我们生活的全部意义就在于我们应当尽自己的义务，应当奉献，否则就无法生活。

你生活在社会里，时时处处要与他人接触，你的每一次满足，每一种欢乐，都是与他人为你付出精神上和物质上的力量、操劳、忧虑、焦急和思念息息相关的。假如没有人的奉献，生活会变得杂乱无章，即使大白天你也无法出门。彻底懂得与严格履行你对他人的义务，这便是真正的自由。履行的义务越多，你从人的真正幸福——自由的无穷尽的源泉中吸取的东西就越多。如果你试图把自己从奉献中解脱出来，你将会变成放任自流的奴隶。如果你所做的事，不是你应当做的、必须做的事，你就会开始变得精神空虚、道德败坏和堕落。要警惕人在精神上沦为奴隶。假如你不能严格地控制自己的欲望，不能使自己的欲望服从于奉献，那么你就会变成一个意志薄弱的人。

在奉献上，一个人总有某些方面是逊于他人的。人世间总有一些人生活轻松些，一些人则艰难一些；一些人快乐多一些，一些人则少一些；一些人好一些，一些人则差一些。人的奉献的哲理，恰恰就在于使人能看到并以内心判断出你应该在什么地方去奉献和在什么地方你应该得到他人的奉献。假如我们大家能很好地揭示出人际关系的微妙，每个人能从内心深处互相尊重，那么，在精神生活中就会出现普遍的和谐。从日常生活中那些看起来无意义的举动，比如说，你在电梯里、电车上给上了年纪的人让个座位，到对他人的生活、命运和未来（这些都与你自己的命运相连），都能尽自己做人的伟大责任。总之，在生活的各个方面，奉献将是你聪慧的主宰者。如果丧失奉献精神，起初你会成为一个渺小的自私自利的人，然后会变成卑鄙的人，再往后会成为一个叛徒。请记住，上面已谈到的那种人的最大不幸，就是从忘记义务开始的，起初似乎在小事情上，然后就会在重大的事情上也把义务抛之脑后。

　　要善于同孩子们谈奉献，这一点在教育上和做人的哲理方面的重要性是难以估量的。关于奉献这一点应当经常讲，这里教师的教导是必不可少的。使孩子们养成奉献的习惯，意味着首先要教会孩子去观察生活，观察人们，观察你周围的那些事物，理解你周围的在某种程度上与你有关的一切，而且不仅仅要去理解，还要用心灵去感受，这样才能成为一个不能容忍冷漠的人，才能去鄙视麻木不仁，去痛恨无礼行为。

　　我和孩子们一起到学校果园去旅行，我们走在乡村的路上，我们乘坐火车朝着暖洋洋的海滨开去。一路上，我们每时每刻都处在人际关系的世界里，我时时处处感到，自己的教育使命就在于要同孩子们谈奉献，要教会小孩子在一举一动中应当怎样奉献。

▲ 苏霍姆林斯基和孩子们在果园里观察果树

　　我们在果园里看到了一根被大风折伤了的苹果树枝，可以看出这不是人为折损的，但我们不能视而不见，从旁边漠然地走过。就在似乎一切都无人觉察的那些地方，义务感反而特别重要。孩子们可能冷冷地看了看悬在空中的树枝，匆匆而过——这是冷漠的一课。一个人在童年上的这种课越多，那他的利己主义、卑鄙行为和背叛行为的危险性也就越大。我们停了下来，把受伤的树枝包扎好，孩子们既感到高兴，又感到不安——就是说，他们在世界上所碰到的一切并非都是顺利的。这便是奉献的一课。随时随地都可能有这样的课。比如，我们在乡村大街上行走，看见一位老大娘在商店旁边哭泣，我们如果从她身边走过去，就是冷漠的一课。然而我们停下来，了解一下出了什么事，并去帮助老大娘（她很不幸：她用来买面包的钱丢了）。我们每人把去看电影的十戈比拿了出来，捐给老大娘，老大娘亲吻了孩子们。

　　没有比尽义务的幸福更幸福的事了。孩子们都感到一种莫大的欢乐，但这不是需要的欢乐。当你在人际关系的海洋里细心而又敏锐地漫游时，你会时时处处看到有人在奉献。起初孩子们会放弃某种欢乐，但是他们获得的却是一种完全特殊的奉献的欢乐。

　　如果您善于开阔孩子们去看现实生活的眼界，会发现现实生活能鲜明地体现出人的奉献精神。如果这种种事实能使孩子们感到吃惊，使他们深思，那时，你们那循循善诱的话语，便会投入到儿童心灵的深处，就像种子落到沃土里那样，将会生出苗壮的幼芽来。

孩子应该怎样理解自己对他人的义务

如果你只去做你想做的事，如果你只是为了获得满足才去发挥你的积极性，那么，在你的生活中将不会有任何珍贵而神圣的东西，因为你不理解什么是爱，什么是忠诚，你的愿望是鄙俗而贫乏的，而那种没有崇高愿望的生活则必然空虚而凄凉。奉献是培养人的崇高愿望的唯一学校。每个人都应该达到这个高度，那时的一举一动都受义务的支配，做出那些初看起来似乎是不可思议的、不可能完成的事，表现出强大的精神力量。那种爱的幸福、忠诚与依恋的幸福，是来之不易的一种幸福。这种幸福只有靠奉献和尽义务才能获得，才能理解。

也许有的读者会觉得这些哲理对孩子来说未免太难了。其实不然，即使是十岁的孩子都能理解其中的每句话、每种思想，甚至七岁的孩子也能明白个大概。但是，这种情况只能发生在相互关系好的条件下，而且通过这种关系彼此都认识到应当奉献。就像音乐不会感动聋人那样，有关人的奉献那些崇高的话语也不可能被精神上孤独的人理解。

我认为教育的一个重要目的，就在于使每个人在童年时代就能体验到人对义务的最高追求的魅力和美好。教育的理想就在于使每个人去追求自己的顶峰，不要迷失通往顶峰的方向，更不要从旁而过。只有精神力量才能使人成为真正的人。

我对好几代学生讲述过《瓦西里卡是怎样诞生的》，这是关于一个男孩的勇敢行为的故事。我讲这个故事，其目的就是使我的每一个学生都能去追求精神力量的高峰。

对瓦西里卡来说，三岁的小妹妹娜塔莎成了这样的人。男孩为了这个在世界上对他来说比一切都宝贵的小娃娃，已达到自己精神紧张的顶点。有一次，娜塔莎在集体农庄的磨坊旁玩耍，磨坊是一个高大的石头建筑物，建筑物的侧面有一个供人攀登的梯子。娜塔莎顺着梯子向建筑物的屋顶爬去。她爬到屋顶上往下看，害怕得大喊起来。当时，爸爸妈妈都不在家。瓦西里卡从窗户里看到正抓着一片瓦的妹妹，急忙顺着梯子扑向屋顶，瞬间来到妹妹的身边。可是他没有办法和妹妹一起爬下来。瓦西里卡便千方百计地扶住妹妹，在屋顶上坐了很久，等爸爸回来。

每个人都能在童年早期就体验到这种幸福——得到亲人体贴的幸福，这是多么重要啊！童年时期所表现出来的精神的伟大，乃是人的修养的一个阶梯，登上这个阶梯，人便开始理解自己的义务。教育的哲理和艺术就在于使每个人都登上这个阶梯。

劳动、冬季旅行、军事游戏对培养坚毅、耐心和不屈不挠的性格特别重要。一个十岁的男孩可以在冬天走上几公里。孩子们在冬季旅行和军事游戏时会非常兴奋地构筑雪堡垒、冰工事——所有这一切都需要付出巨大的努力和耐心。对孩子的精神力量有着真正魔术般作用的是集体中的相互关系。集体是个性修养的强大推动力。集体对软弱无能、意志薄弱、好哭的鄙视，激发了每个人健康的精神力量。但是精神力量的集体评价，只有在集体战胜困难的那个时候才有可能生成。

培养精神力量和对软弱无能的鄙视，是与培养善良、敏锐、细心和温柔的性格不可分的。真正的精神力量，表现在人的善良、敏锐和宽宏大量上。只有善良、宽宏大量才能使人成为坚强的人。不要怜悯自己，要善于怜悯别人，"要去怜悯那些不幸的人"（参见《托尔斯泰全集》）。

8

应在哪些行为之中表现出义务感

在我们的社会里，正在践行"人是最宝贵的财富"这一原则。社会主义给予每个人去确立和积极表现个性的权利，给予每个人有创造性的劳动、有丰富的和不可侵犯的精神生活的权利，给予每个人以幸福、自由、欢乐，以及拥有爱情、传宗接代、建立家庭的权利。但是这些权利，若是没有义务和具体的责任——作为公民、劳动者、有文化素养的人、儿女、父母的义务和责任，则是不可思议的。如果不尽义务而只是享受幸福生活，最终将成为一个被人谴责或令人遗憾的人。权利与义务的和谐，个人幸福与为他人的幸福和利益而劳动的和谐，是社会主义社会的道德理想。只有在这种和谐的情况下，人才能成为真正幸福的人。

一个人精神高尚的根本就在于把应当付出个人幸福看作一种信念。首先应付出的是劳动、精神力量、对公共利益的关心等。我亲身体会到一个人在童年时代就应当确信这一点：如果他只是物质和精神财富的需求者，那他很快会成为一个精神上贫乏的人。

在一代代学生准备成为少先队员的时候，我们总要到一块荒芜的草地上去旅行一次。孩子们站在一个小山坡上，去看那枯萎的灌木林，灌木林后面有几株橡树，树后面是一片田野，小山谷延伸到一块被太阳晒得热辣辣的空地，再往远看是一座村庄。这里，就在这块荒凉的地方，许多年前曾经有一个很深的池塘，池塘里有鲤鱼和鲫鱼，池塘边长着许多柳树。从前从村子里的人可以乘小船出来，一直划到这绿荫如盖的橡树底下。这里的橡树很多，树林里还有松鼠。不知发生了什么事，为什么池塘不见了呢？

这是一个古老的哈萨克村庄。据说在征服此地后，扎波罗热人在若尔特耶沃德城郊挖了这个池塘，并在池塘边定居下来。但人们发现池塘渐渐被淤泥给填满了。村民们商议后决定：凡是来池塘洗澡或者来岸边欣赏美景的人，都应该装一桶淤泥，运到山谷斜坡以外，倒在田里。现在，那里的土地很肥沃，土地上有一层厚厚的淤泥。人们始终遵循这个规定。在岸边的柳枝上挂着木桶，成年男子使用大木桶，儿童使用小木桶，只有怀抱着孩子的母亲们，不用付出劳动就可以享受欢乐和愉快。池塘一年比一年干净，一年比一年更深。可是，不知从哪儿来了一家子人，家里有父母和四个儿子、两个女儿。他们在村口的池塘边落了户。这家大人也好，孩子也好，从春天到秋天都在池塘里洗澡，却没有一个人动一下木桶。起初人们似乎没有注意到这一点，可是后来，人们发现，许多青少年也学着那样做：只去洗澡，不担淤泥。老年人劝说青年人：你们怎么能这样做？可青年人回答：既然有的外来户可以这样，我们为什么不能这样。坏榜样同样引人模仿。许多人在黄昏之后去洗澡，为的是不让人看见……。老人们摇头叹息，可又毫无办法。挂在树枝上的木桶干裂了，而后又消失了。老规矩被人们渐渐遗忘。每个人都想：这个池塘够我这辈子用的了……。但是池塘渐渐淤塞了，变成了一个泥潭，杂草丛生，鲤鱼和鲫鱼也不见了。起初春季到来时，池塘里还能存住水，后来春季也存不住水了。池塘消失了。每个人都想：应该重新去挖一下，但别人不比我更应该去做吗？直到现在这个村的居民仍然处于缺水的境地。井很深，水很少。夏季，人们拿着桶去第聂伯河取水，他们带着木桶边走边念叨着：取水去吧。水贵如油啊！

再没有什么比利己主义更可怕的了，再没有什么比为自己的懒惰辩解更有害的了。

社会主义——人的幸福的源泉，是向每一个人开放的，但决不允许有人只求从源泉里尽可能多地去汲取，而忘记净水除淤泥。每个人都应当去关心公共的福利，在此基础上才能表现出真正的公民觉悟。决不能把公共的福利想象成是一个用砖砌成的建筑物，那里的每一块砖都是每个家庭可以任意索取的幸福，这样的建筑物是不会牢固的。社会的幸福不是把每个家庭个体的幸福机械合成建筑起来的。我力求使孩子们懂得：假如每个人都去想："够我这辈子用就行了"，那么，这个深水池塘就会变样。个人对公共福利的根源的这种关切以及对个人幸福有赖于社会幸福的这种关切，就如同把个人福利的砖块浇筑在公共幸福的坚固建筑物上的水泥一般。一个人在童年、少年、青年早期时代就应当用自己的双手去开拓公共幸福和福利源泉，并去保护它。我认为特别重要的一点，就在于使孩子们从童年开始去报答社会所给予的福利、欢乐和幸福。对孩子们来说，社会的福利应当成为每个人的福利。

朝南方向有一块贫瘠的山坡地。我对孩子们讲：这块地方可以建一个葡萄园。这里将会是一块鲜花盛开的漂亮园地，这将是一件有益的事情。我们为人们建葡萄园，将来把果实赠送给病人，以便使我们的劳动给人们带来快乐。

于是，我们开始了繁重的劳动。挖坑、担肥沃的淤泥、除莠草。为人们带去快乐的理想鼓舞着我们。所有人的脑子里都呈现出一串串汁水饱满的葡萄。每个孩子都盼望着实现这一理想，这也成为他们个人的兴趣。葡萄园比他们的洋娃娃、红鬃马① 都可贵……

在我们劳动了几年后，荒芜的山坡变成了葡萄园。当我们把累累的果实送给有三个儿子牺牲在前线的老母亲时，孩子们体验到无比的快乐。要让每个孩子都感受到这种快乐，并且使他们懂得那些东西是从哪里来的，应当怎样去感谢社会的给予。

---

① 一种玩具。——译者

9

人的诞生是最大的快乐

　　人类最大的快乐就是人的诞生。要知道，你的诞生，是你父母最大的快乐。每年当你生日到来时，他们总是激动地回忆着在你出生的时候他们是什么样，你第一声啼哭是什么样，你说的第一句话又是什么。每个人来到世上，不仅是繁衍的后代，而且是任何东西无法比拟的财富，其本身体现出祖国光荣、伟大、强盛的源泉。人的诞生，是人民的未来，父母的欢乐。

　　孩子的心灵纯洁、品德高尚，以及在孩子群里那种有道德的童真关系取决于他对新生命诞生的态度如何，取决于对待孕妇、特别对待自己的即将当产妇又要做妈妈的母亲的态度如何。我们不仅要培养孩子对待人的诞生那种高尚的态度，而且还要培养孩子成为未来的父亲和未来的母亲。

　　在乌克兰有一个村庄，这里把一个人的诞生看作是共同的节日来庆贺，而学校在对这种事情的教育上起了积极的作用。我主张要常对青少年们讲一讲在第聂伯河岸边那个小村子里发生的事，并把它编入我那本题为《拖拉机为什么沉寂了》的文选里。

　　在一个好的家庭里，孩子同兄弟姐妹精神交往的需要能得到充分发展。在只有一个孩子的家庭里，和谐的情感教育则略逊一筹。对他人的关怀，往往是从关怀自己的兄弟姐妹开始的。血缘关系的情感是培养和发展孩子们富有同情心、关心人和对人体贴的基础，对姐姐们来说，这是培养具有母亲般的关怀的第一所学校。孩子，特别是女孩子，甚至会期待婴儿的诞生，这标志她们的道德发展达到了特殊阶段。如果家庭在期待着新生儿，我们则把这点看作是无与伦比的、促进孩子道德自由发展的极有利的条件。从期待新生儿诞生这一刻起，可以说在孩子的精神生活中，特别积极去表达自己的真正的人的本质时期业已开始。在和个别父母谈话时，我们建议：如果想使家庭里有着奉献和爱的关系，尊敬和责任的关系，那么父母就要做孩子们的父母，而不是一个孩子的父母，愿孩子都能有兄弟或姐妹，至少有一个兄弟或一个姐妹。

小弟弟或小妹妹的出生，为家庭道德自由的发展，为弟弟妹妹、哥哥姐姐和父母关系的和谐发展创造了最有利的条件。

无论是同小孩的交谈中，还是就这些非常细致的问题在给父母们的建议中（这些建议只有在完全相互信任和同家庭进行多年工作的条件下才是可能的），我们所遵循的，是使哥哥或姐姐把新生儿问世这件事当作生活中值得庆幸的大事，使他亲身体验到，这件事是一种道德上的高尚行为，使他们都感到：现在我面前有了新的义务，我已不仅是父母的儿子了，而且是弟弟妹妹的哥哥。如果学校去帮助父母，提醒他们可以对孩子说些什么，不该说些什么，怎样回答他的问题，那么，这件事就会作为伟大的道德纯洁之举内化到他的精神生活中去。

有一个令父母和教师常常感到不安的一个问题：怎样向孩子们解释他们出生的秘密呢？有些人认为，应当讲那个有关鹳的童话；有些人相信，如果对孩子讲清全部真相或者几乎全部真相会更好；还有人则认为，最适当的回答是："你还小，等你长大了就会知道的。"看来，从道德方面来说，讲鹳的童话是最适宜的，因为这是艺术形象，它能表现出人民的智慧和诗意，也能对我们生活中隐秘的东西和孩子那敏锐的心灵表现出关怀。给孩子讲美的童话吧，讲善良的鹳的童话吧，而他也会当作童话去理解它、相信它。在隐秘的、不可侵犯的内心深处，人应当有富有诗意的思维——否则我们就会掉进粗鲁和世俗里边。家里有新人诞生的孩子，会产生一种激动人心的手足情感，让孩子在纯浪漫主义的童话中使自己的求知欲得到满足。这不仅不会有任何危险，相反，只有这种方法才能培养出纯洁的心灵。我专门为学龄前的孩子和低年级小学生编了一个关于人的诞生的童话。

"好，我来讲一个童话故事。"

"奥莲卡，你问你的弟弟是在什么地方诞生的，从哪儿来到你身边的，为什么你的妈妈成了他的妈妈，你怎么成了他的姐姐，他又怎么成了你的弟弟。好吧，孩子们，听我给你们讲一个世界上最真实的童话。你们往天上看，东方正泛着红光，太阳快出来啦。在那遥远遥远的地方，就是在可爱的太阳夜间休息的地方，有一片极美的开满鲜花的大地。噢，太阳马上快到这里了。红彤彤的鲜花在这里长年盛开，一条清澈见底的小溪在山谷中潺潺地流淌。奥莲卡，可爱的太阳给天下的母亲们，也包括你的妈妈在内，每人一束鲜花。当母亲想要儿子或女儿的时候，她就在想象：我会有个什么样的孩子呢？终于她的愿望实现了，在那束鲜花丛中，生了一个男孩或女孩。一个新的生命在母亲的想象之中和太阳的金色光线之下诞生了。婴儿躺在鲜红的花瓣之中，伸着一双小手在微笑，噢，他想投入母亲的怀抱。就在这时，从鲜花盛开之地飞来一只鹳，鹳长着银色的翅膀、碧绿的眼睛。鹳把婴儿抱起来，送给母亲。这是她心爱的孩子，是她在自己的想象中爱抚地把他孕育出来的。奥莲卡，可爱的太阳塑造了你，你也是按照你妈妈的意愿想象出来的。而那只神奇的银色翅膀的鹳又飞回去了，因为世界上有很多很多的母亲，而每一位母亲又都有自己的想象……"

使孩子对待新生命，甚至还在新生命没有出世的时候能持有一种爱护、关怀、热烈的态度，这就有赖于父亲与母亲的智慧了。

10

美是培养敏锐性的强有力手段

　　在童年和少年时代，就要善于表现心灵上的勇敢和忘我精神，把自己的精神力量都投注在在你看来似乎是外人的身上。只要与丧失幸福或在痛苦中煎熬的人相伴，你那颗心就会感到不安。生活中的疾苦往往并不需要大喊大叫、表露在外的。但你要善于倾听和感受那种默默的痛苦，因为这种痛苦是无止境的。

　　培养敏锐性最强有力的手段是美。美是顶峰，从顶峰上可以看到那些没有理解和感受到的美的东西，可以看到那些从来没有看到的喜悦和崇高的精神。美是照耀世界的明亮之光，借助这束光，你能看得见真相、真理和善良；在光照之下，你会体验到一种献身和毫不妥协的精神。美能教会你认识邪恶并与其进行斗争。我把美称之为心灵的体操，是因为它能矫正我们的精神、我们的良知、我们的情感和信念，使它们始终保持正确的方向。美是一面镜子，在这面镜子面前，每个人都能看见自己，同时也能知道应如何对待自己。

　　理解和感受美，是自我教育的伟大源泉。

　　感受和体验美，对美的事物的追求，对丑恶现象难以容忍——这一切都要求在智慧上是发达的、细致而敏锐的。只有将智慧和美融为一体，才会拥有高尚的道德情操。假如人没有思想，美就不可能在人面前展现生活的伟大及人类自身的伟大。只有当美同真理、同人道、同对邪恶毫不妥协的精神融为一体的时候，它才会显示其高尚的本质。

　　我向每一代孩子们，在他们的精神发育已允许向他们揭示高尚道德情操本质的时候，才去讲述法西斯占领时期我国土地上发生的事件。有一位盖世太保军官，在刑讯室里残忍地折磨一些苏维埃人一整夜之后，清晨回到家兴致勃勃地看着日出，感受新的一天之美，然后到花园去浇灌玫瑰花……。这种对美的态度在孩子们的心灵之中激起了恐惧、极端厌恶和仇恨。孩子们相信，不会有笼统的美、笼统的喜悦情怀，有的只是与邪恶和仇视人类相对立的那种理想的品格高尚的世界，而只有在这个世界里，美才是强大的教育者。我们生活在这个世界上，美无时无刻不在激荡着我们的心，正因为如此，关于美的那些教诲才具有实际的力量，没有美的教育，就不可能有完整的教育。在社会主义社会，美的力量之所以是实际的，那是因为我们的社会拥有真理的伟大源泉——世界上人与人之间那种最公正的关系。

我认为很重要的一点，就是教会孩子去观察美，同时去思考美和人的高尚品格。思维、理解、思考在情感的磨炼中起到了非常重要的作用。我带着孩子们到池塘边迎接霞光，在那里给他们讲一个名叫《老牛与小山雀》的童话故事。

我有一整本关于美的童话集。这些童话最主要的特点，就是启迪孩子们思考美的事物，培养他们形成对自然界、人及其行为美的观点和信念。《老牛与小山雀》这个童话促使孩子们去思考：美只会对聪明的人和会思考的人展现出来。

这是一篇关于蒲公英的童话故事。

一天，一棵蒲公英在绿草丛中突然盛开出一朵太阳般鲜艳的蒲公英花。所有的绿色小草都注意到它，并问："这是什么花呀？怎么这样美呀？"蒲公英骄傲地说："我是世界上最美的、唯一美的花。"就在这时，其他成千上万朵鲜艳夺目的小花突然盛开了，小草们转身去欣赏身边盛开的那些小花，却把第一个开花的蒲公英给忘了。听到这个童话故事之后，孩子们陷入了沉思，他们得出了这样的结论：真正的美是与谦虚、高尚的品格分不开的。

跟孩子们谈美的话题，应当深思与谨慎。也许，在谈论美时，运用任何粗浅的方式都不会带来那么大的害处，而运用不谨慎的言辞却可能带来不良的后果。

美似乎在打开人们观察世界的大门。长期在美的世界里熏陶，一旦遇到坏的、丑恶的东西，就会突然觉得不能容忍。教育的目的之一，就是用美把邪恶和丑恶现象赶跑。一般地说，我们应当敏锐地观察孩子们心灵中产生出的不理解的东西，要珍视与培养孩子们心灵上这些细微的举动，把它们变得有目的性。美能加速这种变化，使不明确的、无意识的思维变为良心的呼声。

美与懒怠、游手好闲、虚度年华是格格不入的。学校教育伦理学就在于让认识和理解美去唤起孩子们不安、焦虑的情感，让他们想方设法使周围的一切变得越来越好。美的思维应当唤起孩子对于那种由于冷漠、懒怠、漠不关心所带来的环境有一种不舒适、坐立不安之感。我们从孩子的童年早期就让他们懂得：讲台上不铺漂亮的桌布、地板上布满灰尘、墙角里有蛛网，在这样的地方上课是不可思议的。

我认为对自然界美的感受，积极去创造美的东西，是对青少年心灵的一种极其重要的训练，是使人力求看到人的美及其心灵美，力求去确立人自身那种美的东西并蔑视懦弱、畏缩、意志薄弱所不可缺少的东西。

11

怎样教孩子摆脱痛苦

在人的生活中，除了幸福之外，还会有痛苦、不幸、困难、绝望、惶恐不安。幸福就像太阳，它一视同仁地给幸福的人以光亮；不幸就像阴影，它形式多样，每一个不幸的人的不幸都截然不同。人类最可怕的痛苦，就是战争和死亡。此外，还有两种痛苦：其一，做一个丧失民族气节的，背叛伟大而神圣的祖国、制度和苏维埃人民的叛徒；其二，做一个把自己的孩子置于脑后的、不高尚的、冷酷无情的父母，以及把自己的父母置于脑后的、不高尚的、冷酷无情的儿女。

人生不幸之中最大的不幸，是丧失勇敢之心，成为一个畏葸不前的胆小鬼、可怜虫。一旦丧失了勇敢之心，你就可能丧失一切，包括你的荣誉、自尊、他人的信任，还包括你出身的家族，甚至你的姓名。更重要的是，你还可能会背叛你的祖国，因为从胆小到背叛只差一步。我们必须像珍惜公民、父母、荣誉、品格那样，坚定不移地、英明果断地去珍惜勇敢之心。

人生还有一大不幸是孤独。你一个人孤苦伶仃，人们都不与你往来，向你投来蔑视的目光，甚至把你遗忘。与人们保持精神上的联系，以十足的热情与他人共事，为他人的快乐而欢欣鼓舞，为亲人的不幸而苦恼，这才是那种如同清新的空气一般的幸福。这种幸福，多半在一个人失去它的时候才会理解到。教育的哲理就在于使一个人越是更多地拥有幸福，就越珍惜这种幸福，而且使他怕孤独就像害怕发臭的监狱那样。

人类最可怕的不幸，就是精神空虚。这意味着一个人在心灵之中没有任何神圣的事物可言，也没有什么可以值得他去珍惜的了，眼前也没有什么值得敬佩的东西了；生活上没有任何追求，从何谈起准备去冒枪林弹雨，抛头颅、洒热血而奉献自己的生命呢？又怎么会放弃一切福利去忍受艰难困苦呢？

一个人只有在懂得没有什么比自己的生命更为宝贵，当他为了某种东西而对违背他的理想（他准备为之献身的理想）的势力充满仇恨和毫不妥协精神的时候，只有那时他才会真正地珍惜生命。

一个人如何对待自己和他人的痛苦、不幸、苦难、绝望、惊慌和心灵上的创伤，都在其思想的内核，以及对善恶的态度、对理想的态度上反映出来。对我们教育者来说，应该培养学生深刻地去理解和感受痛苦和不幸的多种多样。一种痛苦能使人高尚起来，得到锻炼，另一种痛苦会使人们感到羞愧；一种痛苦能使人失去尊严、蒙受耻辱，另一种痛苦需要人们高高地昂起头来承受。我的教育理想，就在于那种使人坚定地和勇敢地去迎接和忍受那种能使人高尚的痛苦；对于那种损害尊严、蒙受耻辱的痛苦、使人空虚的不幸，我是持毫不妥协、不能容忍的态度的，在我们生活中绝不应有那种痛苦和不幸。

战争，是全人类的痛苦、全世界的灾难。对于战争，在人的心灵中除了诅咒和憎恨外，再也不会有别的什么了。但是，既然我们生活在这样的世界里，我们的每一个公民都应当有战争的准备。不但在身体上有所准备，最重要的，是要在精神上、道德上有所准备。我认为共产主义道德教育的任务之一，就在于使我教育的学生成为善良、温柔、敏锐的人，有高尚情感的人，并时刻准备着去消灭敢于侵犯祖国神圣边疆、和平劳动、人民安宁、美好生活的敌人。但这无论如何并不意味着我们应当从孩子的童年起就教他们去杀人，在他们幼小的心灵中种下残忍的种子。事情就是这样复杂而微妙。

在精神上要有同残酷的、无人性的敌人进行英勇斗争的准备，则要求我们的学生具有勇敢、坚定、善良、敏锐、热忱的精神，而不是残忍、缺乏人性的性格。残酷的人永远是胆小鬼，而善良、热忱的人永远是勇士，是宽容而勇敢的人。

在伟大卫国战争年代的一次战斗中，我有幸看到这样一种举动，在我看来，这种举动明显地反映出我们教育的理想，人们对待痛苦与欢乐、生与死的理想。

战争爆发了，战士们发誓要把法西斯匪徒从我们热爱的国土上赶出去。敌人在残酷地抵抗，我们的战士要穿过森林去进攻，法西斯的炸弹和地雷在我们的路上爆炸。

在一棵树叶繁茂的白桦树下，有一位年轻的苏军战士，年龄在18岁左右，他来自西伯利亚，名叫尼古拉·波利瓦诺夫。他把手提机枪架在白桦树上，向敌人射击。白桦树上住着一窝小鸟，鸟巢在机枪旁边颤抖，鸟妈妈躲在鸟巢旁边，它的眼珠时而转到战士身上，时而转到从鸟巢里向外张望的雏鸟身上。一个地雷在近处爆炸了，弹片击中了树枝，树枝连同鸟巢掉在那长期堆积的绵软的落叶上。鸟妈妈飞了起来，焦急地叫着，在雏鸟上方飞来飞去，可那些雏鸟很小，只会张开小嘴，苦苦地啼叫。

这里的敌人退却了，可战斗仍在附近的山丘那边进行。尼古拉·波利瓦诺夫从树上取下手提机枪，架在白桦树干上。他走到雏鸟跟前，小心翼翼地拿起树枝，从树枝上取下鸟巢，把它固定在白桦树的另一根树枝上。他还从背包里取出一根细绳，捆住鸟巢，为的是使鸟巢掉不下来，他甚至还做了一点伪装，让小鸟看不见细绳。当时，尼古拉微笑着说："我知道这种小鸟，如果它发现人在鸟巢中搞什么名堂的话，就有可能丢下雏鸟不管。"当这位战士带着机枪回到激战的地方时，鸟妈妈飞到鸟巢边，跳到自己的孩子身边。

就在那一天，尼古拉在白刃战中用匕首杀死了一个法西斯军官。而在傍晚，平静时刻到来时，他讲了西伯利亚自己家乡的鸟的故事，他的眼里充满柔情。

教孩子理解这个故事，就是为了使他们成为勇敢的人。有许多孩子遭受过痛苦，这种痛苦使他们有权高昂起头来——他们的父亲是在前线牺牲的。任何时刻我都不会忘记，在那些年代集体生活里的那种崇高道德气氛。在那时，孩子们把流泪和哭泣当作一种耻辱。

这是1948年的事。我那时给孩子们讲过一个故事。故事里有一个小女孩，她有一位善良的、和蔼的父亲。每当父亲下班归来，总要抱起她，走到桌前。他们坐在桌旁，父亲便在一大张纸上画起童话中的小鸟来。后来父亲上了前线，在战斗中牺牲了。

在我那个班里有个小女孩名叫卓娅。我在讲着这个故事时，发现卓娅哭了。刹那间我意识到了：噢，卓娅想起了自己的父亲。她也有一个善良的、和蔼的爸爸，也给她画过画，不过画的不是小鸟，而是松鼠和大马……。至今这些画还在家中珍藏着。"卓娅，你为什么哭了？"邻桌的同学玛莎问道。卓娅仿佛从梦中醒来，叹了一口气，低声地说："我的脚趾冻坏了……"她想成为一个坚强的人。

绝不能忘记道德教育还有重要的一面：那就是少年们、男女青年们都应该发自内心地去理解和感受到，如果儿子、兄弟、父亲由于背叛祖国而玷污了自己的家族、自己的家姓、自己祖先的荣誉，将会给家庭带来多大的痛苦。

蔑视背叛的种子，应该在孩子处于敏锐时期播撒下去，这个时期正是人的精神在各个方面都在塑造深刻自我的时候。我绝对相信，只有当一个人在其童年早期就已学会感受和认识对肮脏行为的蔑视和厌恶，才会在幼小心灵中确立那种道德上对自己的严格要求。

我多年来观察到，我那篇关于胆小鬼——祖国的叛徒的故事在小学生们的心灵中留下了多么深的痕迹。这篇故事名叫《永久流浪者》。故事里讲了一个从战场上可耻地逃跑了的年轻战士。这篇故事结合了现实与童话，使人终生难忘。十年、二十年前毕业的学生，如今还记得这个故事，他们不仅把它当作一个有趣的故事，而且把它看作鞭策自己成为祖国忠实爱国者的警示。

令我高兴的是，我的学生们都憎恨虚伪和胆怯。我认为一个极为重要的教育任务，就在于使每一个孩子从小就发展对人（可爱可亲的人）忠诚那种道德上细微而强大的特点。从小就具有这种忠诚品格的人，将来才会成为忠实的丈夫、可敬的父亲。我们社会的很多不幸，其根源往往出自家庭生活的圈子。一个小孩，他刚刚意识到自己的存在便受到了伤害。也就是说孩子刚刚进入世界就痛苦地意识到自己是不被人需要的，诞生本身就是一个令人遗憾的误会，这种情景是多么可怕啊！我之所以把人与人之间的背叛行为看作是最大的不幸——儿童的不幸、全社会的不幸，原因就在这里。这种不幸是不应该存在的。要敢于去爱并做个忠实的人，这对我们的社会基础、社会制度同样重要，正如对祖国的忠诚一样重要。

我力求使我的每个学生在童年时代就能体验到巨大的道德成果（共同参与减轻他人的不幸、痛苦和灾难）的美妙和魅力。从学校教育的第一天起，我就教孩子们把自己的精神力量贯注在他人身上，在他人身上看到自己。精神上与人们交往的细腻感受需要培养，要使孩子相信，采取冷漠的态度对待他人是最大的耻辱，精神上参与则需要劳动、操心、不安，有时还必须放弃某些福利和限制某种愿望。在精神上参与影响他人命运的事件，这是使愿望养成守纪律习惯的最好的学校。在孩子的童年我就去培养这种细腻发展的参与才能，我称之为"镜子"，人从这面镜子里能看到自己，我称之为"窗户"，通过这扇窗户，能见到自己的精神。

我们打算到郊区进行一次有趣的旅行，已经准备好多天了，相信那里会给我们带来许多快乐和满足。一切都已准备就绪，可突然发生了一件意外的事。一年级学生加利娅的父亲得重病住进了医院。怎么办？可否让孩子们丢下别人的不幸遭遇不管，尽管旅行带来的快乐也会把他们的脑子里关于加利娅的思绪挤掉。但是，这就意味着在孩子们的心头上"冻结"一层冰。不行，决不能这样做。我向孩子们解释，加利娅正在承受着家庭的巨大不幸，如果我们去旅行，她会怎么想呢？孩子们很难放弃自己的愿望，但他们懂得，他们的快乐是以丢下他们的女同学的不幸不管为代价的。他们知道，世界上有这种人，假装看不见别人的不幸，去做使个人快乐的事，然而这种人是可耻的，不配称作人。假如我准许学生们在这种情况下去旅行，我就将在每一个孩子的心灵里埋下一颗不幸的种子——孤独。于是我给他们上了另一堂课，即精神上的慷慨奉献、愿望上养成守纪律以及人的共同参与课。

对待一位同学的不幸，整个集体都转过身去不理不睬，再没有比这种利己主义更糟糕了。相反，集体去参与，就会避免孤独，人就会限制自己的愿望，就会渴望去参与。

教育工作特别重要的一面，就是防止青少年精神空虚、行为轻率，因为这是最大的不幸之一。信仰神圣的东西，信仰理想，这是刚毅、勇敢、不屈不挠的精神，和生活充实、真正幸福最细最深的根源之一。

凡是有崇高精神的地方，就会出现真正的人。应当把一种思想作为一条红线贯穿到人们的所做、所为、所思、所想以及所感受到的一切中去。这种思想，就是指在这个世界上有比你和我的生命更珍贵的东西——祖国的生命；有比你和我的个人利益更高贵的东西——祖国的利益；只有当祖国是幸福的，你和我才能是幸福的。决不容许使学校里的整个精神生活，没有深深地渗透对我国人民走向幸福艰难之路的不安认识；决不容许学校和我们教育的每一个人精神生活的脉搏，不去反映祖国的忧虑和不安。应该使有关全民的思想，尽可能早地成为每个人的个人忧虑和不安，这是教育中最复杂的秘密之一。我认为教育艺术和教育技巧，就在于使低龄儿童生活在伟大思想的世界之中，借此去理解伟大，并从实际行动上成为伟大的人。就其本质说，一切都在于思想教育，也就是说，人的生活完全处在思想世界之中。

然而，怎样才能使思想世界里的生活变成为道德实践呢？

现在，我们接触到一个最细微的，甚至可以说是最难以琢磨的问题，那就是只有在对真理持正确态度的时候，真理才会培养人。一旦知识不去激发人的火热激情，一旦知识不再给人带来斗争精神，那么，知识就会失去应有的教育作用了。教育者最怕这些冷冰冰的、"通知"式的真理。反映祖国的过去、现在和未来的那些知识，应当使人的个人情感和感受充满勃勃生机。只有在这种条件下，历史的丰碑才能再现，才能成为与我们这些朝气蓬勃的共产主义建设者并肩战斗的强大巨人。对于祖国命运的认识，永远应当成为对于真理的思考，而正是在这些思考之中，能认识祖国命运的人的个人命运才应占有一定地位。只有在那种情况下，思想才会成为人的个人观点，人才会有同情、蔑视、爱和恨等情感；各种不同的小路，都会通向自己的家、自己的命运，这就是思想世界里的生活。在人的精神世界里，那神圣而坚固、无比珍贵，任何东西无法替代的、无与伦比的命运——祖国的命运便一点一滴地形成了。而且，在理解祖国的命运变得比个人生命还要珍贵之前，对在我国大地上发生过的和正在发生的事，对我国人民所创造的那些东西，应当千百次地用心灵去感受其中的痛苦和艰辛。这并不是说个人生命不值分文，而是因为只有自觉地把个人的命运同祖国的命运联系起来时，人才会意识到自己的伟大。只有将个人的命运融入祖国的命运之中的时候，人才会真正地展示出自己的才华，才会真正地珍惜自己的荣誉、自尊心，珍惜家庭、家族、姓名的尊严。

所有这些细微的、日常的、看起来不显眼的教育工作，正是为丰富和充实少年心灵的一种创造，即防止心灵空虚的一种创造。

12

理解亲人的痛苦能提高道德敏锐性

要善于感觉身边的人，要善于理解他人的心，要善于从他人的眼里看到复杂的精神世界，诸如欢乐、痛苦、不幸、灾难等。你要想到并感觉到，你的行为举止会直接影响到他人的精神状况，不要让自己的行为举止使他人痛苦、受辱、不安和心情沉痛。要善于支持、帮助和鼓励有痛苦的人。要记住，这类痛苦也有可能降临到你的头上。

千万不要做冷漠的人。冷漠，会使心灵僵化，麻木不仁。冷漠的人，就是精神上盲目的人。在伦理学上有个概念叫作愚昧无知，这是在道德方面极端无知的人的一种恶习。愚昧无知的人不能理解，也不能感受到他人的精神状况。他会把盐撒在他人心灵的伤口上；他会拿起粗木棒子抡到只能用手轻轻触摸的地方；他会在需要安静的地方把泥靴踏得咚咚响；当需要轻轻地、悄悄地踮起脚从这扇门走入的时候，他却会破门而入；在大家闷闷不乐的时候，他却会开怀大笑。要学会这样自我教育，不仅使自己不成为道德方面极端无知的人，而且要去憎恨他人愚昧无知的行为。

关于人的痛苦问题，本书会不止一次谈到，因为感受和理解自己亲近的人的痛苦能提高道德敏锐性、品德和人性。假如我们大家都善于从他人的眼睛里，从细微的、乍一看察觉不到的手的动作之中，从人的步履、呼吸，从人观察世界的目光中看到痛苦，那么，生活中的痛苦一般地说就会少得多。

我高兴地回忆起我的一个班，我跟这个班整整生活了十年，我们一同去田野、草地、牧场，不仅去劳动，而且去观察人，从中学会观察人的心情、观察人的痛苦和苦难，为的是日后能帮助人。噢，有几个妇女站在一处交谈，其中有一位大娘（后来我们才了解到她的名字叫叶莲娜）立刻映入孩子们的眼帘，她双手交叉在胸前，望着远方……

"她在看什么呢？没什么东西可看呀，"蓝眼睛小姑娘奥莉娅轻轻地说，"她心里可能有什么不痛快的事……"

后来我们了解到这位妇女的坎坷经历。她的丈夫、儿子、兄弟先后在前线牺牲了，小女儿又得了重病，已经在床上躺了好几个月了。战后不久，她的妹夫从医院回来了，失去了双足……。我们跟叶莲娜大娘交上了朋友。她对孩子们恋恋不舍，期待着孩子们能够再来。当时我所关心的，是尽可能使我们发自内心的关怀没有表现出一丁点儿不妥当的地方。孩子们越是去关心他人的欢乐和痛苦，他们的目光就越敏锐，他们感受到初次相遇的人的心灵就越细腻。

有一天，一群孩子跑到我跟前，焦急地报告说，在学校附近的一条长凳子上坐着一位老大爷，他的眼里充满悲伤和绝望，简直不想活下去了。孩子们跟老人家聊过后才知道，原来他的老伴去世了。

对人要有感受，首先要理解他行为举止的动机。孩子的许多行为举止，在我们成年人看来是该受到指责的，可往往是由于受到了心灵上那种高尚激情的促使。如果你不明白、没有发现这种激情，你就有可能扑灭那小小的、不易发现的人类高尚品格的火花。

需要花费多年的工夫才能教会教师和家长成为能对孩子的欢乐、痛苦、恐惧敏感的人。要弄清儿童的情感，则意味着要按照对待成人的态度去对待孩子，要给他带来安慰，帮他消除恐惧，教他成为一个温和而又富有同情心的人。当孩子感受到大人们（父亲、母亲、爷爷、奶奶）理解他的精神状况之后，他就会成为温和的人，对善良敏锐的人。我把这一点称之为富有教养性，也就是孩子对您善于理解他的状况的回应。假如大人们不理解孩子，对他心中的想法、激情，有时甚至是慷慨激昂的情绪采取冷漠态度的话，孩子就会变得凶狠、残酷，甚至可能有意做出坏事来。罪犯是冷漠的产物，许多令人痛心的事实使我相信了这一点。培养一个孩子，形象地说，就好像演奏优美动听曲调的乐队一样。教师的语言和观点应当成为美妙而令人迷醉的音乐。您不要认为这乐曲声中，只有特别甜美的乐声。不，一个真正音乐大师的感情和感受的音域是很宽的，其中还有指责、责备、委屈、愤怒和毫不妥协，但所有这些感情都渗透着真实和理解。道德上未受到坏影响、没有败坏的孩子会敏锐地感受到这些。

当孩子心中有痛苦的时候，就特别需要理解和关心。我们专门告诫父母们、爷爷奶奶们，要会识别孩子的种种痛苦。形象地说，要能看透孩子常常企图掩盖自己痛苦的那种伪装。让父母成为那种具有教育上的敏感的人，是我们教育的一个基本思想。

如果孩子的心灵被刺伤过，你要去珍惜、保护自己的孩子，要给予孩子快乐，我们不仅提出了建议，而且讲了在具体情况下该如何做。无论是我们教育者，还是家长们都应记住，在孩子的心灵里留下痛苦，不给予安慰，会使他的心灵变得粗鲁，最终会使他变得冷酷无情，尤其是当他看到别人心灵上的痛苦得不到帮助和安慰的时候，更是如此。有时，那种埋入孩子心灵深处的痛苦，会长期使孩子疏远大人，会形成孤僻、冷漠、不信任他人的性格。

然而，要训练敏锐性，培养富有同情心、热情诚恳，并不意味着总是去安慰和抚爱。假如儿童看到恶事之后，态度仍然平静，或者只是感到惊奇却无其他举动，那么，他心中的恶意可能恰在此时固定了下来，那种惊奇也会随着时间的流逝而消失。

有一天，四年级学生维佳的母亲发现自己的孩子放学回来后，显出焦急不安的样子。母亲从他的眼神里看到了困惑不解的神情。她问：出了什么事？

孩子回答："我看见父亲给我家亲戚尼古拉叔叔拉去了一车玉米。这件事儿，谁都不知道，可我知道。难道父亲能这样做吗？这样干要坐牢的……"

　　母亲没有去训斥儿子，相反，她对儿子说："这是犯罪，决不能默不作声。你已经是少先队员了，如果你亲眼见到有人偷集体农庄的财产，你能不吭声吗？去找你爸爸，对他说：如果玉米留在尼古拉叔叔家，我要报告警察局，全都讲出来。这样做还能救你爸爸。如果他不回心转意的话，他会完蛋的。"

　　母亲的这一番话，宛如一股春风吹到了孩子的耳边，使孩子的心中激荡起来。

　　维佳走到父亲跟前，照着母亲的话一五一十地说了出来。父亲用惊讶的目光看着儿子，仿佛头一次看见他似的。父亲慌了，他意识到儿子已经不是没有思想的小孩子了，而是一个小公民了。他没有别的办法，只好把卸到尼古拉叔叔院子里的玉米再装上车运到集体农庄仓库去。

　　如果对小孩心中的每一种激情，成年人都能聪明地、敏锐地、认真地予以回应的话，那么，孩子本人也会变得聪明、敏锐，并对自己严格要求，当他一旦知道身边有人痛苦，或有人做了坏事的时候，他就决不会袖手旁观。

　　我们同学生家长们不止一次地探讨过：应从何下手培养真正的人呢？到哪里去寻找锻炼人的心灵使之不屈不挠的烈火呢？应当促使孩子们具有怎样的精神上的激情，才能使他们去憎恨恶、蔑视冷漠和冷酷无情呢？这一切当中最主要的，显然是使培养人成为学校中一门主要课程。

13

怎样教孩子正确对待死亡

　　人生最大的不幸，是死亡。死亡与人本身的本质是对立的。当人认识到时间、空间的无限之后，会特别苦恼地感到他的生命是何等短暂。人的机体同其他生物一样会衰老和死亡，然而，我们看到人死，想到人死时，不可能像看到干枯的橡树或者一条老狗死去那样平静。人总是要死的，这可以解释和理解，但不能听命于死亡的摆布，因为人所具有的无与伦比的精神也会随着死亡而逝去，这则意味着人类一个小小分子的死亡。不理解死，便难以理解生，理解生活的欢乐，理解人在大地上每走一步所应负的责任。

　　死亡会夺取每个人的生命，也包括我，因为我同全人类是一个整体，所以任何时候也不问丧钟为谁而鸣！它也会为你而鸣。[①] 人不仅应当善于正确地生活，而且应该像个人那样正确对待死亡。

　　人应当以自己的整个身心、自己的精神、自己的斗争去否定死，而同时去确立生。理解死亡，并非是在死亡面前下意识的恐惧，而是对人的永生的颂歌。人总是要死的，而人类将永存。应当把死亡当作人生的最大的痛苦去理解，要像珍爱最珍贵的、无与伦比的宝物那样去热爱和珍惜生命。否定死亡，则意味着否定生命充满创造劳动的欢乐。

　　如果一个人不能正确对待死亡，他就根本谈不上具有完全合乎条件的

---

① 作者引用文艺复兴时期的英国诗人多恩（1572—1631）的一句话。美国作家海明威把这句话拿来用作自己小说《丧钟为谁而鸣》的书名。

道德修养。为了充分阐述我本人的思想观点、教育观点和教育思想，我要再一次地重申，从道德伦理方面去理解死亡，是真正的乐观主义，是热爱生活、善于珍惜生命、爱护生命的一个最重要条件。多年来的教育工作经验令我相信，孩子若能同成年人一起把死亡当作一种不可避免的不幸来理解，他就能从成年人那里得到一种对所向无敌的生命力的乐观主义信念。

我绝对相信，遭遇亲人的离世，儿童的心灵那种不幸的感受，不仅会唤起生活的欢乐，使他渴望生活，而且能以新的目光综观世界。带着惊奇的目光发现自己活着的真正价值，发现感受到、看到的那些东西的真正价值，他便会对生活的欢乐和认识的欢乐有一种满足感。只要人对于死亡有了正确认识之后，就不会向它妥协，而会毅然奋起抗拒它、反对它，努力以自己对生活的热爱去创造生活的欢乐。而最主要的一点，是把死亡当作一种最大的不幸去理解，则教会孩子懂得珍爱人、爱护人的生命、爱惜人的心灵。

亲人总要有离别的时候（而这种离别对任何人都是不可避免的），让孩子把亲人的离别当作对人的精神的初次考验，是多么重要！新生的一代和将近离世的一代之间渗透着爱、忠诚和记忆的这种精神上的联系，则是爱国主义最深刻的根源之一，是人类的高尚品格的道德基础。

把这种沉痛不幸当作任何东西都无法弥补的不幸来理解，就会发现人心中的感受。这种感受，哪怕似乎是最无恶意的举动都有可能使他难受不已，都会刺伤他的心，使他遭受沉重的打击，甚至让他失去生命。

当孩子们碰见死亡现象，具有高度教育素养的教师会把孩子们的智慧和情感的力量引到认识生活中的闪光点上来。

小学二年级教室里正在上绘画课。突然有人敲门。教师把门打开一看，是一位哭得泪汪汪的妇女，她是学生娜塔莎的母亲。

"打扰您了，"娜塔莎的母亲对老师说。"您准个假吧，娜塔莎的奶奶去世了。"

"孩子们，告诉大家一件非常不幸的事，娜塔莎的奶奶去世了。"

　　娜塔莎跟妈妈走了，而教师把余下的两堂课都用来讲了死者的生平，给孩子们展现了村子里的一些人具有的那种勇敢的、不屈不挠的精神力量的光辉一页。

　　应当让孩子们体验到那种个人的痛苦，就是说，当一个人死去后，应当得到的不只是家里人对他的怀念。我认为非常有必要在班上举行有关已故的爷爷奶奶们的座谈会。就像太阳映照在一颗露珠里那样，人民的命运也能反映在每一个人的命运之中。在点点滴滴的美的面前，感受不到赞叹和狂喜，就绝不可能理解大海的伟大。

14

人应当对自己的先辈充满敬意

要珍重与尊敬地去纪念死去的人。凡是心中没有过去的人，他的心中就不可能有未来。每一个人都是一个特有的世界。每一块墓碑下都有一段世界史（参见《海涅选集》）。要善于认识这个特有的世界，要珍惜人的独特性，尊重人的个性，要把人的美（这种美创造了你，使你的思想和情感提高到了人类智慧的高度）永存在自己的记忆之中。墓地是人类的圣地，要善于保护这一圣地。在缅怀先辈的日子里到墓地去吧！这对于培养你的公民觉悟和你的良心都是至关重要的。即使你没有任何一个亲人葬在那里，也要到那里去，为的是去学会珍惜心中的荣誉和先辈的智慧。亲人的坟墓，就是你心灵的一面镜子。忘记亲人的墓，就意味着你是一个冷漠无情的人。

当我的每一代学生能够理解人的重要价值的时候，我都要对他们讲《应当做个什么样的人》的童话。通过讲这个童话，我极力使孩子们理解道德的伟大价值：人生在世，不仅是一个有思想有感情的人，而且是代代相传永恒链条中的有生命的一环；这一环是逝去的一代一代与未来的一代一代的连接。一个人越是深切地缅怀自己的父亲、祖父、曾祖父，他就越能深刻地感到自己对未来的责任。这是由于人在自己的父亲、祖父、曾祖父身上看到了自己的生活、自己的荣誉和自己品格的根源，正是因为有了父辈的荣誉，才会有英雄的今天。现在，我们拥有伟大的祖国，所以我们应当加倍珍惜她、保卫她，时刻准备着为祖国的独立，为祖国的共产主义理想而献身。

我们曾经跟父母们谈起对长辈的尊敬问题。如果父母们不能理解对长辈的爱，那么就一定会结出自己道德上愚昧无知的苦果。

一点点的欺骗和口是心非，都会使孩子从头到脚堕落下去，都会使他变成虚伪和卑鄙行为的"大水洼"，这就是一条道德上的准则。因此，我们极力主张，不仅是父母们，还包括向往当父母的年轻人，都应当在自己的头脑里牢牢确立这条准则。

在孩子面前做个诚实的人，这是最有力的、最令人信服的一条道德教诲。这里并非谈的是一切的真理，而是谈体现对即将去世和已去世的一代充满敬意的美。这种美使孩子的内心充满无私关怀的崇高精神。这种无私的情感，将唤起崇高的道德思想和理想，促使孩子去深思神圣的真理和原则，这些真理和原则，是善良与美的永恒的、严格的保护者。在孩子敞开的心灵面前，不仅要无私，而且要让这种无私反映在你对待神圣祖国、人民、家庭的态度上，这是我们培养父母和未来父母的教育体制中一条占有重要地位的教诲。

应该铭记在心的是，教育者、父母们对孩子道德敏锐性的关怀，对孩子领会长辈教诲的关怀，应当特别明智。应当发展和加深孩子们身上的这种细腻的人的品格。但愿孩子们能将我们对孩子们所讲的这一切，尤其是那些人们的形象铭刻在心中，永不忘却他们的名字。

15

怎样教会孩子善于理解人的悲痛

如果你的爷爷或奶奶去世了，你要知道，这意味着你自身的一小部分也死去了，你应当表示哀悼。在爷爷或奶奶死后的哀悼时期，你不应该去俱乐部、电影院或其他娱乐场所，良心会这样悄悄地向你提示。在哀悼的日子里，家里不该放响亮的、供娱乐用的音乐。一个九年级学生的爷爷去世了，在送葬之后，他立即去踢足球，有的朋友还夸奖说：嘿，真是英雄，他家里有人死了，可他还那么坚强。这个少年是个没德行的人，是个野蛮人，他的行为举止，并不证明他在精神上的坚强，反而证明他过于愚昧，证明了他在道德上的无知。

母亲、父亲、兄弟、姐妹离世，这是难以慰藉的痛苦，是任何东西都无法弥补的损失。这种不幸，不仅要求你心中永远铭记死者，而且还要求你必须成为一个坚强的人。

我不得不再一次补充说明：这并非是某种禁欲主义的说教。这是对活着的人精神生活的充实和美的关怀，对思想和情感上高尚品格的关怀，对精神上激情的纯洁的关怀，对忠于我们共产主义道德理想的关怀，对永不忘却的、神圣的祖国和家乡的关怀，以及为我们社会的神圣的东西准备献出生命的精神的关怀。这也是对共产主义世界观的关怀，是对乐观主义的观点和信念的关怀，是对人与人之间真正的爱的关怀。

我认为重要的一点，是让一个人从他的童年早期开始就要确立某种非常重要的信念，即人要有一种顶天立地、不屈不挠的精神，但同时由于人有精神生活，他同样需要敏锐、柔弱和轻微的脆弱。

不久前，在我们州的一个村子里发生了这么一件事。乍一看来，可能算不了什么事儿，可在其中包含着深刻的道德含义。一对青年夫妇决定给自己唯一的儿子——五岁的谢廖沙办生日晚会，他们邀请了很多客人，客人中大都是熟人，每个人都带来了生日礼物。可他们唯独忘记邀请爷爷了……。爷爷很久之前就为自己的孙子准备好了生日礼物（木雕的鹳）。晚上，在苹果树下举行庆祝生日盛会的时候，爷爷却坐在自己的小屋里，呆呆地看着那只木鹳。第二天早晨，有人发现爷爷死了，侧身躺在枕头上，脸上带着泪痕。

生活中往往会发生这样一些事，这里可以毫不夸张地说，这些事仿佛就是在大声疾呼，告诉我们教育者对亲人养成敏锐、关怀、温情的态度是非常必要的。不管教育工作搞得多么好，总有一种危险伴随而来，而且这种危险是任何时候也躲闪不及的。

我认为有一点最细微的，我要说是最优美的少年心灵中的"手术"，那就是用语言去触及心灵（确切些说，是多次触及），使其确立一种信念，即人的死不仅仅是生的过程的熄灭和终结，而应当把它看作是一代传一代生命不熄的称之为继承性的那个过程中无与伦比的事件。谁能真正理解这一过程的本质，谁就会发现自己的每一个举动都会触及人的心灵。一个人不是把死去的父母简单埋入土中，就叫作安葬的。安葬这个有意义的俄语词中，包含有深刻的道德含义。安葬意味着保存、保护、珍惜。把活生生的人的精神注入你的整个身心中去的那种人的死亡，将激起一种思维和情感，既使你个人感到重大不幸，也将在你的悲痛之中反映出人民的痛苦。

16

人生下来是为了在自己身后留下痕迹

人生下来，并不是为了像无人问津的尘埃那样无影无踪地消失，人生下来是为了在自己身后留下痕迹——永久的痕迹。

一个人首先要使自己留在人的心中。我们常说的不朽就在于此。我们活着，就是为了让儿子或女儿牢记住自己，就是为了活在他们的精神和劳动之中。人最大的幸福和生活的意义就在于此。如果你想留在人们的心中的话，那你就去培养自己的子女吧。培养人，这可是最重要的社会责任。

人的道德品行如何，取决于他在父母身上所看到的生活意义的最大化到什么程度。我们有一个重要的教育使命，就是使我们所造就的人，不仅对自己今天的行为负责任，而且对未来的行为负责任，而未来的行为就是指活生生的人的那种智慧、情感和信念，其根基还得靠目前去奠定。在姑娘们成年之日，也就是在她们年满16岁的时候，我通常会给她们讲一个乌克兰的民间传说《谁是世界上最高明的大师》。

我力求使孩子们在学校学习期间，都能掌握一门细微而又复杂的本领——善于观察自己。使每一个人在少年时代就要考虑到：我在人们中间、在劳动中、在朝气蓬勃的年代里能留下什么呢？哪怕留下我身上小小的一滴，只要能注入人类生活永恒的海洋里就好，可这一滴是什么呢？

这一点的必要性何在？在这方面怎样进行教育工作呢？

为了使孩子们学会观察自己，首先应当教他们学会观察生活。要会观察人，要理解和感受到人们中间的美，并对这种美感到兴奋而赞叹，把自己与所看到的、理解到的人对比一下，就如同把自己的品格同认为是楷模的人的那些品格衡量一下。

给青少年们讲一讲生活的经历，我认为这点是非常重要的。

青年们，你们要投身到生活中去。你们那如同八九点钟的太阳一般的生活就要出现在你们面前，它刚刚升到地平线上，美好的将来就在前头。现在需要你们去种地、盖房子、修桥、饲养牲畜，为从温暖的地方飞来的鸟而感到高兴，为每一棵嫩绿麦苗的命运感到担忧；你们要去远征，如果有敌人来犯我国神圣的边疆，你们就要对准敌人开枪。你们的心灵、智慧、天赋的一部分将会留在这一切之中。但是，只有为了人才可能完完全全将自己的心血奉献出来。

请不要忘记，你们将来也会做父亲和母亲。当父亲和做母亲，需要具有最复杂的劳动智慧。这是劳动，劳动，而且是成千上万次的劳动。假如你是位父亲（我现在对你，就像对未来的父亲那样），在听到新生儿的哭声时，你应当心里发紧。假如你是位母亲（我现在对你，就像对未来的母亲那样），你不得不在痛苦中生出儿女。你们要记住，生活道路是漫长的，你们必须携带从青少年时期得来的更充足的财富，你们需要这些财富，还有一个目的，就是去造就人。

这里有一个关于游手好闲者的民间故事。

有一个人很爱唱歌，喜欢玩乐，不愿长久地待在一个地方，时不时地便从碧绿的田野搬到鲜花盛开的草地，又从鲜花盛开的草地搬到绿草如茵的小树林。他的儿子刚出生，他就把摇篮吊在橡树枝上，然后坐在那里唱歌，可他的儿子不是一天天在长，而是每时每刻都在长。他从摇篮里跳出来，走到父亲跟前说：

"爸爸，请您告诉我，您亲手做了些什么事？"

父亲为儿子能说出这样聪慧的话感到非常吃惊。他想了想，怎样对儿子说呢？儿子在等待，父亲沉默不语，也不唱歌了。

儿子看着高大的橡树问：

"也许，这是您栽的橡树？"

父亲低下了头，沉默不语。

儿子把父亲领到田地里，看着饱满的麦穗问：

"也许，这麦穗是您栽培出来的？"

父亲又一次低下了头，还是沉默不语。

儿子跟父亲一起来到一个深池塘边，儿子望着映在水中的蓝天，说道：

"父亲，您能说上一句名言佳句吗？……"

可这人不仅什么都不会做，也不会说名言佳句。只是低着头，沉默不语。就这样，父亲变成了谎花草。这种草从春天到秋天，都在开花，可就是不结果，也不打籽。

青年男女们，你们可要当心啊，别像谎花草那样走进生活。那样走进生活将是最大的痛苦。如果你虚度年华，碌碌无为，在儿女面前，在人们面前你会感到羞愧的。

我常常对青少年们讲那些已故的令人爱戴、受人尊敬的人的故事，极力去呼唤他们热烈地去追求能在地球上留下一个鲜明的痕迹的想法。

怎样教会孩子热爱自己的父母

在父母面前，你永远是个孩子，即使你到了五六十岁，你的父母已七八十岁甚至九十岁了，你还是他们的孩子。你的每一步，你的每一个举动，无论是好是坏，都在父母心目中引起欢乐或痛苦、幸福或难受的反应。要记住，你就是你父母生活的意义、生活的目的、生活的甜酸苦辣。在无限的爱你的时间之中，他们有时竟忘记会有那么一天，为了给你们带来物质的（感觉到的和具体的）生活欢乐而使自己的全身精力耗尽，而他们所余之力只够去爱你了。你要懂得，作为子女的责任，就是要报答父母，报答他们对你的关怀，报答他们对你的无限的爱和忠诚；而且你应当用同样的关怀、爱和忠诚去报答父母。孩子对父母应尽的责任，是决不能用任何尺子来衡量的，也是决不能用任何数字来计算的。

怎样才能把这种教诲浸润到少年的心灵中去呢？这涉及人们生活中最关键的一个问题——相互奉献。形象地说，这种教诲好比种子，我们成年人（父母们和老师们）应去开拓这块种子田。人最微妙的一种本领，就是善于爱。爱能打开人身上最隐秘的源泉，让潺潺的流水中涌出生气勃勃的善来。爱也有可能把儿女的心变成干涸的荒野。这一切都取决于相互关怀、相互奉献，以及那种爱渗透到什么程度。在有相互奉献的时候，那些关怀父母的话语，才会进入到少年们的心田。

父母与子女间相互关系中最可怕的东西，就是父母那种轻率地满足物质快乐的"供养"与孩子精神上、生活上的空虚和贫乏，即不善于去爱。

父母们应像怕火那样害怕孩子的脑子里深深印入他总是对的、他做的一切总是好的那种念头。这种念头是精神上麻木不仁的源泉。这种念头可能会彻底砍杀相互奉献的精神；有了这种念头，小孩子迈出自己的第一步时就会想到：大家为他是应该的，而他为别人是不应该的。有了"我"所做的一切都是好的、"我"总是对的这种念头，就会结出利己主义的苦果，这种苦果将终生毒害着人的整个身心。善于去爱，意味着不容许出现这种念头。

没有任何东西能比人的爱更为复杂的了。人的爱，是一束最温柔，而同时又是最朴实、最美丽、最不显眼的小花，它有个名字叫道德。您在爱自己孩子的同时，要教他们学会去爱您；您不教会这点的话，等您到了晚年，会痛哭流涕的。依我看，这是做父母最重要的一条哲理。只有在这一哲理成为需求的那个地方，形象地说，在儿童意识的土壤里，儿童才会去耕耘准备播下对父母的爱的种子。

▲ 苏霍姆林斯基和他的母亲

怎样才能教会孩子们去热爱自己的父母呢？孩子从小就应学会观察人们。要学会懂得，每个人都有权享受欢乐、幸福，个人世界不受侵犯。我认为非常重要的是要预防孩子精神上的寄生生活。他应该明白，夺去别人的欢乐是可耻的；把自己的欢乐建立在别人的痛苦之上是背叛行为。有一条非常微妙的教育任务，就是培养孩子去蔑视乍看起来不易察觉的背叛行为，并对此进行本能的、毫不妥协的斗争。实际上究竟应该怎样做呢？孩子拥有无穷的才能，善于将自己的心灵奉献给他人。父母应当教他学会同情、感受、怜悯他人。在家庭生活里，没有什么能比孩子在精神上去参与需要合作才能完成的各种事情这一点更为重要的了。

妈妈每天对自己的七岁儿子说："尤拉，走，我们给爷爷重新铺床。"儿子高兴地响应母亲的召唤——这是多么聪慧而又富有远见的召唤啊！母亲跟儿子一同去给爷爷铺床，既造就了真正的公民，同时又关怀了自己的长辈……。渐渐地，尤拉养成了每天劳动的习惯。现在，不是妈妈提醒尤拉应该给爷爷铺床了，而是尤拉提醒妈妈了。

这就是教会孩子去怜悯、感受、同情的意义所在。我不只是对父母们讲这一点，也是对孩子们讲的。应当向他们解释、指明应该怎样参与家庭的精神生活。应当激励他们，使他们充满崇高精神，教会他们把自己的精神力量同成年人的精神力量连接起来。儿童心灵中的任何一种高尚的活动都是来之不易的。这种活动有时是很微弱的、不易察觉的。应当鼓励它，因为它能帮助人在对待人与人的关系中表现出自己。

怎样培养父辈和孩子们之间的和谐关系

　　世界上有父母和孩子们。你的父亲和你的母亲，也是他们的父亲和母亲的孩子。人类种族代代相传，这是我们生活的伟大智慧。人世间几代人——年老的一代、创造力旺盛的一代，还有刚刚出生仅仅开始意识到自己存在的新一代，同时生活在这个世界里。我们的生活，除了许多其他关系外，还有代与代之间令人激动的关系。你属于新一代，你就像那高高升起在地平线上的太阳，到中午还相当遥远。生活对你来说，就像那一望无际、迷人、美妙、清新而同时又是谜一般的田野。面对生活，你充满力量和彩虹般的希望。在你面前有两代人，一代对你来说有如太阳当顶，一代有如夕阳西下。一个人是要死的，而一个民族是永存的。之所以永存，就在于代代相传。历代的智慧都在书中保存下来，载入史册；就是人们为你所创造的那些人民的精神财富，也都在老一辈的记忆里、行为中保存下来。无论你成了什么人物或将来会成什么人物，你都必须敬重老一辈。你要记住，你的爷爷或你的父亲那求知、聚精会神、深思而同时又是困惑的目光怎样使你感到惊叹。这目光，仿佛专门去注视你的心底似的，是一种焦急、不安的目光。你的爷爷和你的父亲渴望从你身上看到他们自己，他们在深思怎样才能从你身上再现自己，而且使你能够在自己身上塑造出自己的东西，他们有权这样看你。

　　尊重、敬慕老一辈，这是我们生活的法则。之所以应当尊重老人，是因为他们比你聪明，精神上比你富有。

　　在跟长辈交往的时时刻刻，都要善于向他们学习。千万不要自以为是，过于自信。不要以为你多年轻，精力如何充沛，你能肩负何种重任。要知道，有些事只有老年人才能胜任，因为老年人积累了几代人的智慧。老年人的意志和话语，对我们大家来说就是一条条法则。

这些教诲在培养两代人之间（父辈与孩子们之间）的和谐关系上起到了非常重要的作用。我认为有一点十分重要，就是使少先队员们和共青团员们都能理解老一辈的智慧价值。向青少年们揭示这种思想，即共产主义道德在使人高尚的同时，还能教会珍惜人多年来所积累的一切，这是非常重要的。

在你未将自己的激情传输给年轻一代时，不应让任何一种明哲思想悄然消逝，不应让任何一种深刻的道德信念熄灭；这并非是书本里，而是生活本身所提出的教育真谛，其中含有多么深刻的明哲思想啊！

国内战争年代里发生过什么战役，你可能已经读过了。但是，无论从哪本书里，你也汲取不到战士们饥寒交迫去攻打敌人、相信共产主义理想必胜的那种永不熄灭的激情。这种信念的新鲜血液是注入不到那些字里行间的，只有在人的身上才能感受到它。

那些有如太阳已近地平线的老年人，正是学生们最聪明的老师。每当他们讲到祖国的神圣时刻，总是把爱和恨的火焰、战士的激情灌输到少年心灵中去；他们的每句话，都是即将离别的教导和赠言。正由于这样，在那些人口里讲出的话语，应当说是最主要的、最重要的话语。孩子们遇见老一辈人时，仿佛是走向道德信念的热火中。孩子们要敬慕这种人，在他们面前要脱帽，深深地鞠躬、敬礼。

我们尊敬的并不是白发本身，而是白发以外的东西，所以老年人应受到普遍的尊重和敬慕。有时也会有例外，但普遍的规律是：人的年龄越大，他从自己身上，从自己的心灵里给世界留下的东西就越多，他所具有的精神对新生一代就越有崇高价值。

我从事教育工作多年，经验告诉我，对那种由于素养低下、情感不文明而产生的不能容忍的行为领会与体验得越深，对长辈的敬重感就越强烈。因此在我们的道德教育中规定出了"十不准"。遵守这些规定，则被认为是集体事业中的荣誉和美德；而违反这些规定，则被认为是可耻的，道德上是愚昧无知的。

这"十不准"如下：

① 在大家劳动的周围，不准袖手旁观。在你清楚地知道长辈正在干活而不允许你休息的时候，游手好闲、沉湎于种种娱乐，都是可耻的。

② 不准嘲笑老年人，这是对人最大的不尊敬。对老年人只应说尊敬的话。世界上有三种东西，即爱国主义、对妇女的真诚之爱和对老年人的尊敬，无论在何种条件下都不应该被嘲笑。

③ 不准同尊敬的人、成年人，尤其不准同老人进行争吵。对于长辈们的建议，匆忙表示怀疑其真实性，这种人是不配称有理智和通情达理的。如果你有什么疑问，想说的话到嘴边最好先停一下，考虑考虑，做出判断后再去请问长者，以免惹长者们生气。

④ 不准因为自己没有某种东西而表示出不满。尽管可能你的同龄人有这种东西，而你的父母又没有关注到这一点，即使这样你也没有权利向自己的父母要求什么。

⑤ 不准逼迫父母给你连他本人都不肯给自己的那种东西。如餐桌上最上等的食品、高级糖果、高级衣服等。要学会谢绝礼物，如果你知道在别人送礼之中也有送你的礼物，你父母谢绝了，你也要谢绝。你想拥有某种特权的思想是危险的，这是毒害你心灵的毒药，对这种毒药表现出不能容忍的态度，则是你最大的幸福。

⑥ 不准去做长辈们所谴责的事，不论是当着他们的面也好，还是背着他们也好，都不准去做。要用长辈们的观点（他们是怎么考虑的）来审视自己的行为。任意纠缠、无端企望长辈们注意自己，提出种种显示自己的要求，对这一点是特别不能容忍的。母亲和父亲是从来不会忘记你的，你不在他们面前要比你在他们身边想你要多得多。你要记住，母亲和父亲有自己的精神世界，他们有时也想独自一个人待在这个世界里。

⑦ 不准将年长的亲人，特别是你的母亲丢下不管，如果在她身边除了你，没有别人的话。在欢乐的节日里，任何时刻都不能让她一个人独

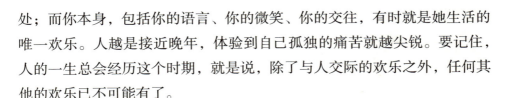

处；而你本身，包括你的语言、你的微笑、你的交往，有时就是她生活的唯一欢乐。人越是接近晚年，体验到自己孤独的痛苦就越尖锐。要记住，人的一生总会经历这个时期，就是说，除了与人交际的欢乐之外，任何其他的欢乐已不可能有了。

⑧ 不准不经长辈们（特别是爷爷）的允许和劝告就启程赶路；不要在他们向你发出一路平安的祝愿之前，不留下祝福的话就不辞而别。

⑨ 不准不先请长辈们坐下，自己就先坐下吃饭。只有道德无知的人，才会像只顾解除自己饥饿的牲口那样去吃，而且担心在场者要抢走属于自己的那份食物。人吃饭，不只是为了解饿，不只是新陈代谢生理活动的需要，人们坐在一起共同进餐，桌上可以进行有趣的精神交流。如果你善于劝说老年人同你共享一份食物，你就给他带来了更大的欢乐。

⑩ 在成年人、上了年纪的人，尤其是妇女站着的时候，不准你坐下。同长辈相遇时，你应当首先问候他，不准等长辈先跟你打招呼；告别时，要祝他们身体健康。在这些礼貌的规矩里，含有深刻的、内在的本质，即对别人的尊重。不善于尊重他人，你就如同一个对着大海那美丽的波浪吐着唾沫的浪子。大海还是那般雄伟且美妙，你的唾沫丝毫玷污不了它，只会玷污你自己。

这"十不准"的实施，要求我们更多地关注整个教育过程的和谐。凡是那些应当受到尊敬的人才能受到尊敬。只有那些去照亮道路的人，才有可能成为指路灯。在学校对家长的工作中，我们对"怎样使年轻一代成为值得尊敬的人"这一问题予以特别注意。我们的个人品行，我们的思想方法，我们彼此间的关系以及社会的道德价值，这一切，形象地说，就是调准孩子们信念的一种"音叉"。

我们的每一句话，对孩子们来说，都带有真理的含义，问题就在于他们以什么样的行动来对待我们的话。如果我们的话与行为举止脱节，我们就会培养出两面三刀的人，也会把整个老一代人装进被扭曲的镜子里。不尊重别人的孩子，就不可能尊重真理。

培养尊敬爷爷奶奶的情感

晚年不可能是幸福的。说"幸福的晚年"的人就是不尊重事实。到了晚年只能有安宁或是不幸。在大家都尊敬老年人的时候，他会是安宁的。如果大家把他忘掉，使他孤独，他会感到不幸。

要记住，你将来也会老。仔细端详爷爷奶奶，几十年后，你也会成为他们那样。珍惜爷爷奶奶的健康吧，他们已步入晚年，所剩的岁月比你要少得多。

爷爷奶奶在家里，要被置于受人尊敬的地位。如果有一个复杂而又难办的事要解决，应先让爷爷奶奶发言。在跟他们谈自己的欢乐或自己的痛苦时，不必害羞，也不必担心。他们会用生活的哲理使人的欢乐大放异彩，而这种欢乐会使你感到倍加幸福。他们善于肯定人身上的精神力量。你能注意倾听他们的建议，这件事本身对他们来说就是一件莫大的欢乐。如果爷爷奶奶不在你家里住，要给他们写信。在人晚年的时候，特别珍惜别人没有忘记他这一点。在节日里，要向爷爷奶奶祝贺。被人忘记意味着一般的不幸，在晚年被人忘记，则更加不幸。如果人感到有人把他忘记是因为他们知道他快死了，那么这个人就会产生他周围的人都是残酷无情的念头。爷爷奶奶对你说什么、教导什么，要仔细去听。他们有这个权利。假如你充分地尊重老人的智慧，生活中由于无知、自信、轻率而产生的那种青少年的蠢事就会少得多。

如果爷爷奶奶去世后留下了他们的心爱之物，你应该神圣地珍藏它们，要传给自己的子孙，作为纪念一代一代流传，因为这也是一部人民的生动历史。

我再一次重申：我们培养孩子们对年老一代的尊重情感，不管你们付出多少心血都是不够的，这是一个非常细微的道德关系问题。

我们奉劝年轻的父母们和未来的父母们懂得这一思想：最小的一代和最老的一代精神上的交流，对孩子道德观念的形成具有十分重要的意义。如果这种精神上的交流不断地发展和巩固，我们做父母的就不必担心自己的孩子了。这种交流的本质，必须包含着老一代人去激起孩子们有生活欢乐的思想、一个人对他人应尽义务的思想。聪明的、德高望重的老年人往往起劲地去爱孩子们，每次表露这种情感都会激发孩子们对长辈们的热爱，激发他们对长辈们的健康和幸福的关怀。年轻父母们的任务，就在于像保护非常娇弱的、易碎的东西那样去保护老人这种爱。应当像对待珍宝那样终生记忆着爷爷奶奶为孙子所做的好事。我知道有这么一个家庭，家里保存着爷爷留下的一支钢笔已经 30 年了。如今，孙子用这支钢笔常常给自己的孙子、曾孙子修改作业中的错误。由于他的帮助，孙子、曾孙子都成了优秀的数学家。

爷爷奶奶对孙子这种细微的关心，往往在一些具体的事情上反映出来。父母和教师应当非常爱护地对待这种具体的义务和关系。我知道有这种情况，由于父母的忽视而刺伤了孩子的心，给他的心灵终生留下了一道深深的伤痕。

在这里，我想对父母说：您一定要去爱护这件易碎的、美丽的、娇弱的东西，即爱护爷爷奶奶对孙子的那种爱和孙子对爷爷奶奶的那种爱。这种相互的爱，打下了人道主义最细微的根基。

应当教会青少年们以关心的态度去对待那种复杂的人际交往，如果忘记了老年人的心易受损伤的话，那就往往会刺伤老年人的心灵。我们应该教育自己的学生："孩子们，想想吧，如果在节日前夕你们没去看望自己的奶奶，你们的奶奶会多么伤心啊！如果去看望了，在老人家的心里就不会留下痛苦的回忆——事情就是这样。"让青少年们和上了年纪的人在精神上进行交流，能暴露他们的良知，培养对人怎样去生活的那种敏感性。

有一件事，对于父母和教师来说，对于所有我们的教育者来说，都是非常有教育意义的，它迫使我们往教育那个重要的、细微的方面去思考。

村外有一片森林，每当夏季集体农庄的养蜂所便搬到这里来。蜂场的主人是马特维爷爷，他住在一个白色的农舍里。林中绿地上放着一排排蜂箱。从早到晚，蜂场上空奏着奇异的音乐，仿佛有人在弹拨着那看不见的琴弦，发出轻微的音响……

有一天，马特维爷爷的两个孙子来到蜂场，他们一个叫科利亚，一个叫瓦夏，是一对十岁的孪生兄弟。他们给爷爷送来一件绣花的衬衣，是他们妈妈送的礼物，爷爷用蜂蜜款待了两个小孙子。但孩子感到，爷爷想激起他们心灵中对奇异音乐的惊奇感——蜜蜂的演奏，这是马特维爷爷对蜜蜂不停地嗡嗡叫的称呼。

"孩子们，你们听，这是音乐，多好听啊！"马特维爷爷说，"好像阳光轻轻触及着金色的蜜蜂翅膀，在弹啊，弹啊……"

从那天起，科利亚和瓦夏常常到蜂场去。每过一两天，孩子们就到爷爷那里去一次。跟往常一样，爷爷总是用蜂蜜款待他们。但孩子们感到他在以疑问的目光观察着他们，看他们是否在听蜜蜂的演奏。

夏天过去了，秋天来临。蜜蜂已不酿蜜了。孩子们再次来到蜂场，爷爷已没有什么来款待他们了。所有灌好了的蜜都已经送到农庄仓库了。爷爷担心两个孙子不会再到蜂场来了。就在那天快要分别时，爷爷的眼里含着泪花，孙子们细心地感受到马特维爷爷的精神世界，他们理解爷爷的不安心情。

"爷爷可能想，我们到蜂场来是为了吃蜜的。"科利亚在要回家时说。

"难道家里没有蜜吗？"瓦夏接着话茬激动地说，"我们是来蜂场看爷爷的，是来听蜜蜂演奏的，不是来吃蜜的……"

孙子们不是隔三岔五才来一次，他们第二天就来了，这使爷爷感到惊奇万分。

"可这里没有蜜了……"爷爷刚说又停住了。

这时科利亚和瓦夏委屈地说：

"爷爷，难道我们是为吃蜜而来的吗？我们到您这儿来是做客，听您讲蜜蜂的演奏……。您讲得多好啊，跟您在一起听蜜蜂演奏有多妙啊……"

黄昏之前，孩子们留在了蜂场，他们用烤土豆款待爷爷。跟马特维爷爷交谈，对孩子们来说，是最大的欢乐。爷爷也感受到了这一点。深秋之前，趁蜂箱还没搬到越冬蜂房，孩子们经常到马特维爷爷那里去做客。

应当教会孩子这一点——教会他们做好事并教会他们获得需要人——老人、能人、经验多的人那种细微的情感。

对于富有同情心和人道主义课程来说，这种情感有如无边无际的人际关系那样，是一片漫无边际的田野。我们曾经专门教孩子们怎样去对待爷爷奶奶的慷慨无私、好客款待。对这种精神上的激情抱有共情态度，会给老人带来莫大的欢乐。

我们教育集体非常关心孩子们与老一代的相互关系，力求使他们的个人世界能够充满真诚、亲切的气息，而且，无论在什么情况下，都不能带有某种政治运动色彩。假如学校集体把与受人尊敬的老人会面变成了美好的表演，把对老人的关心变成了履行义务，那简直太可怕了。对待上了年纪的人的态度，应当是怀有满腔热情的。孩子将来成为什么样的公民，很大程度上将取决于他怎样对待年老的一代。

要教会孩子懂得人性，这是一项复杂的、艰难的工作。这意味着孩子已经确立需要朋友的想法，懂得了世界上再没有比朋友更珍贵的道理。孩子最大的快乐之一，就是与人进行交往：我到你身边，因为没有你我不能生活。可惜，有时不是这样。

在我的学生中间有几个态度冷漠的男孩，属于比较难教育的孩子。由于种种原因，他们的心变得麻木不仁、冷漠无情，无论用什么教育方法也不能使他们那颗冷冰冰的心变热。为了洞察这些孩子们的心，我带学生们到老人之家去。男孩子们在那里看到了一个单间，里面住着几位老态龙钟的老人。

这些老人的样子使我的学生感到惊讶。

孩子们问我："他们生病了吗？"

"不，他们没有生病。他们只是老了，太老了。暮年，就是最无情的疾病。得了这种病是不会恢复健康的。加上他们感到孤独——他们没有亲人——噢，这些人，他们还想着奉献自己的力量，以缓解他们的孤独。实际上，他们无人相助，身体虚弱无力，因为他们孤单。如果这些爷爷奶奶中每人有一个可亲可爱的人，那他们就会精神饱满，乐观愉快起来，也会自己管理自己了。孤独和失望使人无助……"

"就是说，他们在这里活着——在这里活着只是为了……"最难教育、最冷漠的男孩彼得罗说。他只说出一点儿心里话，脸色便苍白了，再也无力去说在那一瞬间使他大为震惊的那些话。我接着他的话茬说：

"……只是为了去死。他们悲惨的处境，就在于他们懂得：别人把我们送到这里来，是让我们死在这里……"

"不，这怎么行呢？"彼得罗吃惊地说，"怎么会出现这样的情况呢？"

我并不担心在孩子面前展现出人生忧郁的一面。这一面你在其他地方很难找到。我高兴的是，这使我那些最冷漠的、最难教育的孩子们的心展现在人的世界面前。

假如您想让您的学生去思考生活的意义、生活的目的、我们世界的道德价值，去思考每个人都应有无数可亲可爱的人，去思考没有这一点的话，生活就可能变成地狱，而到暮年就可能成为极大的痛苦；假如您想使这些教育构想成为现实的话，那就让您的学生亲眼去看一看那些清楚地知道自己是无人需要的人的处境吧。

20

父母在孩子生活中的作用

　　父母给了你生命，他们为了你的幸福而活着。你要珍惜他们的健康和安宁，不要给他们带来痛苦和烦恼。父母给予你的一切，都是用他们的劳动和血汗换来的。你要善于尊重父母的劳动。你能正直地生活，热爱劳动，在学习年代勤奋学习，这对你的父母来说，就是一种最大的幸福。你要给家里带来欢乐，珍惜家庭的幸福。如果有人把你看作坏人，则是你父母最大的痛苦。如果你真正地爱你的父母，那你就要给家里带来平静和安宁。

　　要珍惜家庭的荣誉。你要懂得，你所在的家庭，不仅仅是你父母的家，也是你做子女的家。你的一言一行、一举一动都对你的家有影响。对待所有的人都应当是忠诚的，对你父母，哪怕有一点点虚假，只要他们珍惜自己的荣誉的话，就会是莫大的不幸。不要去要求父母答应你去做那些违背他们心意的事。儿女真正的自由，就是做个听话的孩子。听从父母的心意是进行公民教育、培养你良心的第一所学校。如果你没有学会听从父母的心意，并且没有从中看到自己的真正自由的话，你就不可能成为一个刚强不屈的战士，一个守纪律的劳动者，将来也就不可能成为一个忠实的父亲。

　　父母与孩子之间的问题，是教育中最复杂的问题之一。在你面前有多少活泼、独特的学生，这个问题就有多少个方面。首先必须谈到的是，如果父母不是那种人们真正需要的、有道德素养的、使孩子生活充实的人，对孩子施加教育影响的一切尝试都将成为泡影。只有在父母拥有道德权利的条件下，那些对孩子的教诲，才能灌输到他们心灵中去，才能引起情感上的共鸣，唤起良好的愿望。

一边对父母进行教育，一边要对儿童、少年、青年进行道德启蒙教育。怎样在现实生活中实现对父母的那些教诲呢？

我们认为格外重要的一点，就是要在学校里营造一种崇拜母亲的气氛。当然，和谐的教育一般要比父母在精神上的友爱对孩子的影响重要得多。对孩子来说，父母的爱、友谊和相互支持，是引导他进入复杂人际关系世界的范例。父亲和母亲处于一种互补的关系。如果父亲对母亲情深谊长，孩子就会真正认识自己的父亲。但是，孩子道德发展的总起源和最细微的总根，就在母亲的智慧、情感和精神的激情之中。一个人的自身道德发展会成为什么样，这要看他的母亲在这方面如何，确切些说，要看他的母亲精神世界里的爱与意志的和谐程度如何。母爱之道，就在于使意志控制着爱，而人的真正的爱，使意志的主要促进因素——人的未来的责任感充满了崇高精神。

要在孩子的精神生活中树立对母亲的崇拜，在崇拜中，尊重渗透着深刻的理解，理解又激发着尊重、爱戴、敬慕。这要求我们教育者要巧妙地、聪明地、高尚地同孩子们去谈母亲那崇高的使命。

情愿为自己的信仰和信念牺牲的公民、战士、英勇不屈的人，都是从对母亲的忠诚、无私而慷慨的爱开始的。我认为，在培养儿子的时候，不是使他感到只在困难时，而是在任何瞬间都需要母亲。母亲是世界上最亲爱的人，没有母亲，他会觉得空虚而无生命力，只有在那时，才能培养出真正的人。我认为重要的教育使命，就在于使儿子善于怜悯、保护母亲的心，因为这颗心饱含着无穷无尽的爱。在我所著的道德文选里，有好几篇故事和童话是讲母亲的心的。

要在同受教育者，特别是同童年和少年的受教育者的交谈中，使孩子有个清晰的念头，即母亲的平安和幸福取决于她的孩子们，我认为这一点是很重要的。母亲的幸福，往往是由儿童、青少年们创造出来的。

我们常常对年轻的母亲们说：你们的儿子是幸福的，就是你们做母亲的最大幸福；你们的儿子一切顺利，你们的内心就会感到平静、安宁、舒畅。

要使孩子们相信：你们心脏的跳动，你们生活的欢乐，对崇高理想的向往，在创造中自己表现出的高尚激情，你们的爱，人的忠诚的幸福，造就出新的生命，在生活最艰难的时刻本身那种不屈不挠、不可战胜的信念、战胜困难的欢乐以及本身勇敢的意识——所有这一切都是来自母亲。母亲不仅给予孩子生命，而且养育孩子。如果她只是生孩子，她就不可能成为人的造就者。母亲丰富我们的精神世界，她用你的民族的精神、祖国的语言、思想、爱情与憎恨、忠诚与毫不妥协使你那生机勃勃的小生命充满着崇高精神。母亲造就你那独特的个性，我们称之为诞生的艺术和技巧就在这里。母亲，使你同自己的人民在一起，你是人民血管里的一滴血，但同时，你又是世界上单独的一个人。你在吮吸着母亲乳汁的同时，也吮吸着人类那独具风格的东西。

爱护母亲，则意味着关心生育你的源泉的纯洁并使之不变浑浊，因为你从第一次呼吸起就吮吸着这口源泉，一直到自己生命的最后一息为止。

在寂静的、舒适的走廊里，有一个烈士母亲之角。这里陈列着儿子在前线牺牲的母亲的肖像。孩子们怀着激动、景仰的心情注视着叶皮斯季尼娅·费奥多罗夫娜·斯捷潘诺娃的像。她的九个儿子都在为保卫苏维埃祖国的战斗中牺牲了。这位母亲忧郁的双眼，注视着孩子们的心底。母亲的目光中，充满着伟大的思想，世界上伟大的、唯一的情感——忠于我们人民、我们祖国那种神圣的东西。

教育者的使命，就在于使俄罗斯伟大母亲的目光能触及孩子们心灵上那个最细微、最敏感的一角。

在那位母亲肖像旁边，还有一位母亲，是我们的同乡。她的三个儿子、两个兄弟和自己的丈夫都在保卫祖国的战斗中牺牲了。

教育者的使命，就是要在儿童的心灵之中树立把母亲当作世界上最亲的人的关怀之情。甚至要使其产生失去母亲是可怕的这样的念头，使其产生母亲的每一句话都是神圣的，母亲的意志对孩子来说就是法律的念头。

这便是逐渐地、不停地在向道德顶峰攀登。应当利用每一种生活环境，让孩子懂得母亲是什么样的人。只有一种眷恋情感是不够的。孩子应当尽可能早些学会思考、领会和判断。这种思想越成熟，儿童的情感就会越深刻。母亲在自己的孩子身上会造就人的那种独特的、无与伦比的个性，教师同样会在他的学生身上造就其对待母亲的个性态度。

应当观察儿童心灵中的种种活动。应当找到通向每个儿童心灵的途径，那就是让孩子接触世界、接触种种现象和事实、接触各种人，这不仅能唤起他的善良情感，而且能唤起他焦急的、不安的思考，首先是失去母亲是无与伦比的痛苦的思考。

在我的童话故事读本中，有一篇讲了七个女儿的故事。在讲这个故事的同时，我力求在女儿和儿子们的意识中唤起成年人的思想：为什么我需要母亲？为什么我要珍惜她？鲜花需要阳光，干涸的土地需要水，雏鸟需要鸟妈妈的关怀，蜜蜂需要花，玫瑰需要晨露，樱桃园需要夜莺的歌声……。这一切需要都是为了使我变得更美好、更舒畅、更愉快、更美丽。在儿女们的心灵里树立一种情感：母亲的可贵，主要不是作为个人的欢乐和幸福的源泉，而是作为一个生动的、可爱的人，她有自己的情感和思想世界，这一点是多么重要啊！

也许，教师们会有一个困惑不解的问题：为什么没有一句是谈父亲的呢？我对教育上一系列最细微的依从关系有我自己的观点。我坚决相信，母亲有着自己的丰富的精神世界、文化素养、广泛的社会兴趣、自尊感、对丈夫的忠实，而同时对丈夫有一种高尚的爱的需求，对恶（在家庭中恶的主要表现，暂时还在于妇女是精神上的奴隶，隶属于奴隶主——丈夫那神话般的权威）严厉、不屈不挠、毫不妥协的态度，这样的母亲，应当成为家庭中道德上、精神上的支柱和主宰，对母亲这种使命，应当从童年就去培养。现在我想说的，以培养对待母亲这种高尚的态度为目标的全部教育工作——则是树立父亲权威的奠基石。上述的那种意志与爱情的真正和谐，往往在那些有道德伦理和精神心理关系方面母亲占优势地位的家庭里体现出来；在那些孩子对每天能发现源于母亲的那种人类之美而感到惊叹的充满智慧之光的家庭里体现出来；也在那些丈夫对妻子与家庭有着精神美、高尚品格和忠诚的家庭里体现出来。母亲的聪颖可以产生一种精神力量，这种精神力量，足以使父亲严守道德，树立对家庭负责任的那种高尚情感。在一个好的家庭里（我之所以称之为好的家庭，是因为在这个家庭的精神源泉里，有着一位聪颖的、精神丰富的、自豪的而又善于珍惜自己品格的母亲），这一切都细微地、优雅地、不易察觉地存在着……

但是，绝不能否定父亲在教育孩子方面的特殊作用和特殊地位，这如同那种复杂的乐队一样，同样少不了与母亲齐心协力去管教年轻一代的父亲的作用。父亲的作用取决于他的责任感。具有责任感的父亲，会善于尽父亲的义务，做一个真正的男子汉。他的意志就是一种力量，能使孩子严于管束自己的思想、情感、愿望和激情。家庭中的关系，历来就很复杂。比如父亲对孩子们的健康、生活、幸福的劳动的关心，就成为其道德的基础。对于男子汉来说，对这种劳动越是向往，越是欢乐，作为丈夫、父亲的那种道德面貌就越高尚、越纯洁。父亲的这种欢乐、向往的劳动能使男性成为真正的男子汉。

男子汉、丈夫、父亲的刚毅性格，则表现在善于去保护儿童和妻子方面。男子汉的道德义务和道德责任，要求他成为孩子和母亲的主要供养者，这是因为在一定的时期，母亲的劳动只能局限在教育孩子身上。男子汉、丈夫、父亲的使命就从这时开始了。如果我们谈到父亲的公民面貌，谈到他成为孩子楷模的能力的话，那么，男子汉的公民觉悟首先表现在他承担义务的能力。对你所生育的人负责任，这就是你为祖国尽一个公民责任的头一次磨炼。对一个真正的男子汉来说，通往为祖国服务的小路，往往是从家庭、从对妻子和孩子的奉献、从对人的责任等方面开始的。只有沿着这条小路走下去，男子汉、父亲才有能力去攀登为祖国服务的高峰。

我们培养孩子们、青少年们对待父亲的爱戴与尊敬所应有的道德观点就是这样。

我们常常教导自己的学生：父亲，就是你最亲近、最可爱的人。在父亲的品格中，对你来到世上，对你的每一步、每一行为举止，对你整个的生命旅程（从生到死）都表现出做人的责任感。身为父亲的伟大使命，在于繁衍人类种族、造就新生命、代代继承、自身个性的道德完善以及由父母所创造的新生命的个性的道德完善。母亲给予儿女生命，父亲不仅给予儿女生命，他还要在自己的儿女身上体现出自己，继承和发展着自己，并将自己的精神因素连同母亲的精神因素都融合到儿女身上。父亲应受到尊重，是因为他具有责任感和奉献精神。父亲的责任感与奉献的程度，则取决于你，作为儿子对他听从的程度。

父亲是个公民、劳动者，也是你母亲最亲爱的朋友。你的父亲为祖国服务，忠实于社会主义祖国，忠实于共产主义理想，这是你的骄傲。善于做自己父亲的继承人，就要去珍惜他已经奉献的和正在奉献的那些东西，珍惜他以自己的心灵、自己的智慧为祖国的物质和精神财富而留下的那些东西。

做一个无愧于自己父亲那样的人，这是你个人的荣誉。从你开始成为公民起，就要善于珍惜父亲的名声、荣誉和劳动，记住这点吧！对父亲的荣誉和人格应当加倍地去爱护，但不能把它当作生活的资本，也不能把它当作谋取福利和特权的辅币。你的根基已植入你父亲的荣誉之中，但你要记住，这恰似民谚中一句重要的遗训：不能忘本。如果你忘记你的根本是你父亲，那你就会成为无源之水，无本之木。你父亲对社会的贡献之光越明亮，你自己所必备之光也就要越发明亮。

你的父亲是祖国的保卫者。他在苏联军队里服务过。他掌握必要的武器，如果敌人向我国进攻，他就会向敌人开枪还击。如果燃烧起战火，你的父亲会参加战斗。他会用自己的胸膛去保卫你，去保卫你的妈妈、爷爷和奶奶，去保卫你的全家、整个人民。要记住，有几百万个父亲为保卫社会主义祖国而在伟大卫国战争的前线牺牲了。做一个英勇无畏的军人，乃是每一个男人的天职。

我们极力主张在对父亲的爱慕之中，把尊重同严格要求结合起来。孩子很想让他的父亲明显地表现出美好的个性来。我们对学校里盛行对母亲的崇拜这一点越关心，对父亲的要求也就越严格。

我知道许多孩子的父亲，是在伟大的卫国战争前线牺牲的。孩子们多年来像珍藏爱物那样保存着父亲遗留下来的某些东西，如小红星、钢笔、荷包、手帕、皮带、旅行包等。这些都是活生生的人民历史的篇章，是无价的道德财富，没有这笔财富，想进行教育是不可能的。我们极力使每个孩子看到、发现自己父亲身上的那些美好的个性，正是由于这些才创造出那些并非只存在于一时的财富——荣誉、自豪和家庭的自尊感等。要认识自己父亲身上的那些道德财富，这是任何东西都无法替代的荣誉课。在《这并不难》和《儿子，这是我的田》这两篇故事里，就包含着两堂这样的课。

在培养孩子对父亲的爱慕和尊敬的情感时，应当更加拥有敏锐性和分寸。比如有些孩子，甚至一提到"父亲"这个词就感到头痛。

这是我在一堂课上看到的。

"孩子们，现在我们来写我们最喜爱的词，"女教师对一年级学生们说，"谁能猜到这是个什么词啊？"

孩子们都思考起来。大家纷纷举手，意味着都猜到了。

"'妈妈！'，这是我们最喜爱的词。"

大家都把"妈妈"这个词写了下来。

女教师又问："还有什么词，你们想写下来呀？"

"爸爸！"孩子们说着，每个人眼里都充满着欢乐。

只有蓝眼睛的小萨沙没有笑。大家都在写"爸爸"这个词时，只有他不写。他的眼里露出痛苦的表情……。这个孩子大哭起来，并从教室里跑了出去……

为了不触痛任何一颗心，老师应当具有多么好的敏锐性、洞察力、细心和远见啊！

在此我想对教师们进一言：在谈到父亲时，你们必然会触及儿童心灵上那细微、敏锐、易受损伤的一角。你们要善于去触及，但同时也要保护好，不要损伤这一角，或者说，不要让孩子的心变得冷酷，使他成为无情的人。

我还想进一言：你们的使命，就是保护儿童的心灵。有时会有这种情况，孩子感觉仿佛有一把尖刀出现在面前，他很害怕，闭上了眼睛，心怕得快要停止了跳动。这种情感往往在孩子想要隐藏在家庭里的那些隐私的东西被暴露时才体会得到，比如他的父亲失足了，甚至犯了罪。可这并不意味着儿子应当蔑视父亲。一个怙恶不悛的罪犯，他的儿子因为父亲的堕落而感到非常痛苦，罪犯往往会在这种情况的感召下而深感悔恨。

你们要爱护儿童这种对人的爱和信任，你们要创造，要看到这些高尚的、纯洁的情感——这是对教育工作者的一条圣训。家庭，是人们真正表达爱的一所学校，这种爱是相互信赖的、严肃的、温柔的，而且是严格要求的。我们教育的这些圣训，往往能在对儿童、青少年进行道德教诲中折射出来。

21

怎样教学生成为好子女

你们要做自己父母的好孩子。"人生有三大不幸：死亡、衰老、子女不好。"这是乌克兰的一句民谚。死亡是不可抗拒的，衰老是不可避免的。谁也不能把这两种不幸拒于自己的家门之外。但是家庭可以避免孩子不好，这不仅取决于你的父母，而且也取决于你们这些孩子本身。

怎样才算好子女呢？好的子女会给家里带来和睦、安宁、欢乐和幸福，不会给家庭带来忧虑、烦恼、埋怨和耻辱，决不允许自己用可耻的行为去伤害年迈的父母。关心家里的和睦与安宁，关心父母的欢乐与幸福，应当成为你生活中主要的愿望。这种愿望如同舵一样，操纵着其他所有的愿望。任何愿望都要受理智、思想、意识的监督。当产生愿望时，首先要问一下自己：这个愿望对我的父母的内心世界会有什么影响呢？这个愿望会给予他们什么，又从他们身上带走什么呢？

你常常会听到"为人民而活着"这句话。你要好好深思，这句话是什么意思。为人民而活着，就意味着要做父母的真正的儿子、真正的女儿。要善于为人民而活着。要善于根据教科书去理解这点，因为教科书正是几个世纪的智慧、人民的道德和许多代人的经验的结晶。要善于读这本教科书，并对它进行思考。

"子女若好，平安到老；子女不好，受苦到老。"乌克兰的一句民谚就是这样说的。请记住：你怎样对待自己的父母，将来，在你成为父母的时候你的孩子就会怎样对待你。你要做一个善良的儿子，做一个善良的女儿，这应当在童年、少年、青年、成年和老年时期体现出来。一个人到了自己的末日时，仍旧是子女。他对自己孩子的责任越大，孩子的义务感就越强，即使他的父母已不在人世，亦是如此。要记住：世界上现在和将来永远会有比你老的人，这里不完全以年岁而言，而是就道德财富、人品和受人尊敬的程度而言。

要善于感受母亲和父亲内心世界最细微的活动。他们生病，就是你的痛苦；他们工作不顺利，就是你的不幸；他们的耻辱，不仅是你的耻辱，而且是你的不幸。只有去克服它，才能避免它。如果家里有了痛苦、不幸和不愉快的事，你要百分之百地尽到自己的责任，以保证家庭的安宁。只有坚持不懈地劳动，你才能减轻自己父母的劳动。你的这种劳动，则是人类最复杂的事情，因为这种劳动是指心灵上的劳动。父亲的不幸、痛苦，常常需要你想些什么、怎样去想的那些东西去克服。要善于认真思考，善于在思想情感中做个善良的人。

要爱护父母的身体。要记住，父母的过早衰老和患疾病，与其说是由于劳累所带来的结果，不如说是由于内心的不安、痛苦、烦恼和受气所致。儿子的忘恩负义，儿女在自己的劳动、生活、行为方面对自己父母的身体表现出一种冷漠的态度，这是最伤父母的心的事情了。

这是代与代之间敏锐的相互关系的最重要的道德教诲之一。我坚信，公民学会奉献最初的学校是从孩子的思维开始的，就是说，母亲和父亲对我的行为说些什么，又想些什么呢？在发展孩子对父母的情感、体验、思维，总之对他们的精神世界细微的感受方面，我认为这是一项非常重要的教育任务。

要尽可能少请家长们到学校来对孩子进行道德训斥，用父亲的“强硬手腕”来吓唬儿子，说什么“如果再这样继续下去是危险的”来警告孩子。而应尽可能多地让孩子同父母在精神上交往，这种交往能给母亲和父亲带来欢乐。这就是我们一方面既教育如何对待父母，另一方面又教育如何对待孩子所遵循的十分重要的原则。

我们认为非常重要的一点是，使孩子在父母面前因做错事而有羞愧感（不过，父母也应在孩子面前有种羞愧感，这是个特殊的问题），使孩子从小就懂得给父母带来幸福、满意，精神生活丰富，该是多么大的欢乐啊。你们就这样去培养孩子吧，让他们有欢乐，他们的欢乐又会变成父母的欢乐。在初年级，也可以说，我们学校正是依靠这一点办学，而无其他教育法。在孩子们的头脑里、心灵中、笔记和日记里所有的一切，我们都是从孩子与父母相互关系的角度来审视的。孩子给父母带来某些苦恼这一情形，这是决不能允许的，是一种错误的教育。值得注意的是，正是这个时期，在初年级，有些孩子尚未成为"坏孩子"，母亲的心还没有变得冷酷，孩子要做好孩子的愿望尚未熄灭。孩子与父母之间的相互关系，只应当建立在孩子要做好孩子的愿望之上、给家里带来欢乐的基础之上。这是学校教学上一个特殊的、很少有人研究的一个方面。它的本质在于对孩子进行全面教学，也就是对孩子进行全面教育。不管您对他讲什么、解释什么、问什么，您都会触及他的心灵，您放出的光和热，到最后必将反映在父母身上。

我们常常邀请父母到学校里来参加"母亲节""父亲节""书籍节"和"创造节"。在这里，父母可以了解到自己孩子的智力、才能、爱好。在这里，父母们可以看到子女们的脑力劳动和成绩。每一位母亲，每一位父亲，都想从这里带走使子女们的成绩给他们带来欢乐的那种秘密的希望。在今天，虽然说这种希望不一定都能实现，可任何一位父亲，任何一位母亲总少不了这种希望。没有这种希望，对孩子的教育就不可想象。

有一件事让我觉得奇怪、吃惊，而且百思不解，那就是大多数学校都忽视了激发孩子好好学习、做个好人的这个最重要的刺激因素，即给家庭带来欢乐、幸福、和睦和安宁的愿望。这种愿望，是把学校同家庭联系起来的最细微而同时是最牢固的纽带。如果没有这种纽带，或者它断了，父母的教育就将成为空谈，学校请求家庭的帮助也不会有任何期望的结果。只有在子女极力给家庭带来欢乐时，学校和家庭的努力才有可能统一起来。当然，这里谈的是道德健康的家庭，这种家庭是建立在相互爱慕、忠诚、帮助，每个家庭成员共同参与创造公共幸福的牢固的基础之上的。

我想起一件有趣的事，这件事就发生在某个孩子的家里。

八年级学生维克多·马特维延科没有突出的才能，但他的特点是勤奋和爱劳动。数学对他来说是一块绊脚石。他费了九牛二虎的劲儿才得了"3"分。这个男孩子给自己定了个目标：一定要学会解算术题，更扎实地掌握理论资料，争取得个"5"分。他参加了一个数学小组，一连几小时坐下来解难题。他心中的希望，就是想让父母不再一提起数学就忧伤叹气。有一天，他高高兴兴、喜气洋洋地放学回家来，一进门就高声喊："数学，'5'分！"

男孩没有注意到父母十分激动的心情，母亲眼里充满了痛苦的泪花，父亲激动得双手发抖。维克多一点没有看到。他不知父母之间刚有过严重的争吵。母亲正向父亲提出一个问题：像我们这样生活，是否能继续下去，我能忍受住我心头那些苦恼吗？父亲在母亲提问题时打断了她。

就在这一刹那，传来了儿子那欢乐的声音。父亲还从来未见到过儿子眼里的这种欢乐。他把自己的欢乐带给父母。这种欢乐，如同用巨大的劳动取得的财富一般。"儿子带来的欢乐使我大为震惊，"那位父母对我说。"是他使我们家庭的不和之火熄灭了……我感到羞愧，我懂了，我们的儿子不是一时发奋，他总在想如何能给我们带来幸福。如果在这一时刻我去想别的什么，我算什么父亲呢？请相信，儿子带来的欢乐，拯救了我们，避免家庭破裂，确切些说，使我免于背叛……"

孩子给家庭带来的欢乐、和睦和安宁，使父亲与母亲之间那种微妙的、深深的裂痕消失了，我知道的这样的家庭就有几十个。父母把自己的子女的幸福看作是与自己共同创造的幸福，而且越深刻地感到这种幸福，父母的精神共性和相互忠诚就越巩固，人的精神实质就是这样。

在巩固家庭方面，学校有着很重要的使命。学生应当从学校给家里带去欢乐。那种人云亦云的见解：孩子学习很差你能怎么办？你让他怎样带回去欢乐？对于这种见解我从来就不赞同。问题在于，不应当使任何一个孩子意识到：我是个学习不好的人，我将一事无成，不会有什么出息了……。这些念头一旦在孩子的头脑里产生出来，那他就不再是你的受教育者了，而他的家庭——父母也会从你的教育影响范围中消失。而且教育者人道的使命就在于，让学习最差的学生感受到成绩提高的快乐。只有在这种条件下，他才算是你的学生，而在他的家庭里，那些小小的快乐，往往是巩固母亲与父亲精神上一致的巨大精神力量。在孩子从学校给父母带回快乐时，父母对教育者的帮助，要比您把他们请到学校逼迫孩子成为好学生，要好上许多倍。您可以逼迫孩子去干什么，但不可能强迫他成为什么样的人。我们呼唤做好孩子的意向中，最重要的一点就是孩子善良的意志，这是奉献的源泉，是心灵敏锐的一角，是他任何时候都不会变得冷漠无情的一个条件。

如果一个人感到他在别人心目中无比珍贵的话，就会从他的机体的秘密深处喷起一股神秘的源泉，他就有能力去战胜可怕的精神上的痛苦。

我教导自己的学生们：母亲的心灵，有如花朵初绽时娇嫩的花瓣。你说出不善良的语言，就是在母亲那脆弱的心灵上面划出一道伤痕。母亲能经受住屈辱、疼痛、不幸，但是那道道伤痕将永远给母亲留下一块心病。孩子们，记住这一点吧！

22

怎样祝贺亲人的生日

当你的同学有了弟弟或妹妹，你要祝他幸福。祝贺他人的生日，是体现一个人修养的标志。

对于每个人来说，自己的生日，是生命中最幸福的一日。如果没有人向他祝贺生日，甚至没有人向他提到这一点，那么，这个人就是个孤独而不幸的人。如果有些人孤独也不足以让他们伤心，那么他们真是倍加不幸。你应当知道，而且要终生牢记你父亲、母亲、爷爷、奶奶、兄弟、姐妹的生日。家庭的幸福，就在于我们彼此去奉献自己心中的温暖。家里有多少个人，就有多少个生日。

在你亲人生日那天，要比往日早起一些。来到过生日的人跟前，对他说："祝您生日快乐！我衷心地祝您健康、幸福，精力旺盛，思维敏捷。"如果你祝贺小弟弟（或者小妹妹）的生日，可以提醒他说，今天满几岁啦，使他高兴。在童年，年龄的增长会使人兴奋；在少年，年龄的增长会使人欢乐；在青年早期，年龄的增长会使人焦虑；到了成年，年岁的增长则使人忧郁；而到了晚年，年岁的增长甚至使人悲伤。不应去计算你的父亲或母亲、爷爷或奶奶满多少岁了，在你姐姐生日的时候，不要去提多少岁，特别是在她20岁以后。女人希望自己永远年轻，这是人类那半边天的权利，我们从她们富有活力和表现力的身上看到自己的美。美应当永远不凋谢，岁月可以创造美，但岁月又可以破坏美。时间一去不复返，就像经历过和体验过的东西不再复返一样。人的幸福并不在于又增长了一岁，而在于它给我们带来了什么。祝贺生日要心思细腻并注意分寸。在你祝贺生日的时候，回忆什么，想到什么，该说什么，不该说什么，都反映出你的素养。在祝贺孩子生日时，不要说："我祝你长寿……"对孩子来说，这些话说明不了什么，因为要理解和感受这些话，必须有丰富的生活阅历。

在祝贺生日时，不要忘记给亲人送上一份礼物。生日礼物，是你的素养的象征和你心灵纪念的物质上的表示。要会做礼物或买礼物。对你的亲人、你爱的人来说，最珍贵的礼物，莫过于你亲手做点什么，比如你亲自栽培出的鲜花、一幅素描、一首诗，或者一本小小的纪念册，甚至有你的素描或诗歌的普通的笔记本，这些都是好礼物。如果你不善于写诗，那就写使你终生难忘的一件小故事。母亲过生日时，你可以写一篇关于自己的回忆：描述在你最初的记忆里，你母亲是什么样。在父母过生日时，向母亲或父亲要钱去给他们买礼物是很不妥当的。如果你不善于亲手去做点什么，或者懒得去做，又要在良心上过得去的话，你可以迫使自己放弃一点必要的开销去买一件礼物。如果母亲每天给你 10 个或 15 个戈比的午餐费，你几天都没有花的话，那就用这些钱去买书吧，你知道这会博得你父母的喜欢。不要想着去买那些贵重的东西，毕竟礼轻情义重。生日礼物的价值，是道德价值，它是不能用物的价值来衡量的，而是用你准备给亲人带来欢乐时所倾注的精神力量来衡量。

在你爷爷奶奶生日时，你的祝贺对他们来说特别珍贵。忘记他们的生日，就意味着道德上的愚昧无知。不要忘记你的年迈的老师的生日，尤其在他孤独一人的情况下更不要忘记。生日，是家庭的喜庆日。这是亲人的节日，而不是社会上的节日。如果社会上，有的人早于 50 岁或者这个人未得到社会上的普遍承认就庆贺生日的话，那是不谦虚的表现。但在家庭里，通常只有在家庭里，才应当隆重地庆贺成年人的生日。

不应当为每个学生，而且是在学校大集体宿舍里举行隆重的生日庆贺活动。很可惜，这种情况还不少。学生们聚集在大厅里，让所有在上个月出生的人都坐到光荣席上接受大家的祝贺……。很难想出还有比这种表演更冷漠无情、更愚蠢的了。从教育的观点来看，这样庆祝生日，会伤害少年的心灵，会使孩子从童年起就养成为装门面而去搞大型活动的习惯。生日，是亲人心里的节日，决不能忘记这一点。德高望重的人往往在俱乐部里举行生日庆祝会，发表隆重演说，会后，亲人们总要欢聚一堂，不这样做，这个生日就不可想象。亲人心里的生日，只有那些拥有道德权利能触及你心灵隐秘一角的人们才能参加，只有这样才会成为像样的生日。学校宿舍，也跟任何其他社会大集体一样，不可能拥有真正触及每个孩子心灵的那种家庭的精神力量。在这个大集体里，有生活在同一房间里的小集体。应当利用这些小集体进行教育工作，创造家庭气氛，否则，培养个性、唤起和树立热心的情感、心灵上的近似、同情是不可能的。让我们来思考一下列宁这句话：

"在所有的门窗从来不上锁的家庭里是不可能生活的，门窗经常面对着大街敞开着，任何过路的人都认为有必要去看一看，您怎么办呢？假如我不得不住在类似 1902 年马尔托夫、扎苏利奇和阿列克谢耶夫在伦敦组织的公社里，我会发疯的。这种大敞开窗子的房子，就是可通行的院子。车尔尼雪夫斯基说得没错：每个人都有生活的一角，任何人任何时候都不应该溜进去，而且每个人都应当有只供自己一个人用的'特殊房间'。（参见《青春》杂志）"

绝不能把学生宿舍变为门窗敞开的大房间，因为人在这间房子里起先会觉得害怕、不适，而后会变得冷漠无情。学生宿舍的存在完全不是为了显示它在儿童心灵上都做了一些什么事。我看到一些学生宿舍，一间房子里住了 30 多人……。这种生活是可怜的，但是那种不能容忍的"集体主义"没有使教育者感到心情沉重，那才是最可悲的。在这种情况下，儿童的心会变得愚蠢、麻木，他们对身边所发生的事情也好，对其本身的事情也好，都将变得冷漠无情。

应当教育孩子们学会祝贺生日，学会赠送礼物。不过，只有在孩子学会如何感受的时候，教师的话才能打动儿童的心。每当孩子们面临人际关系中某方面的问题时，才会感受到教师、父母的每一句话充满着深刻的含义，这种情况在生活中时有发生。有时，一句普通的话，会使孩子们面前出现奥妙神奇的色彩，触动他们隐秘的个人世界。你们要善于让孩子们用自己的目光观察世界，这一点，是教育技巧的源泉之一。

23

怎样培养对亲人和亲近的人的忠诚感

你可以在住宅旁边的地里栽上一棵代表母亲的苹果树、一棵代表父亲的苹果树、一棵代表奶奶的苹果树、一棵代表爷爷的苹果树、一棵代表兄弟姐妹的苹果树。从这些苹果树上收获的头一次果实，要送给母亲、父亲、奶奶、爷爷和兄弟姐妹。你奉献出来的东西，是属于你的；你隐藏起来的东西，你将永远失去（肖·卢斯达维里语）。即使在大城市里，你也可以在室内建造代表母亲与父亲、奶奶与爷爷的花园。最主要的，是善于把自己的高尚情感奉献给人、奉献给劳动。如果你住在农村，可以为孤独的人种上一棵苹果树，由于孤独，这些人的生活很艰难。等到果实熟了，要把果子送给他们。在给别人带来欢乐的同时，你自己也就变得高尚起来。

你要永远做自己母亲的孩子，因为你对她来说，即使到了六七十岁，也是孩子。向她请教，把自己的欢乐和苦恼都带给她。你加入少先队，成了共青团员，得到身份证，要把自己的这些欢乐带给父母。你第一次领到工资，要买些礼物送给母亲、奶奶。这种礼物，则是你感恩的表示。要善于在父母面前说话，要善于履行自己的诺言。在父母面前履行诺言，是你荣誉与品格的反映。要使自己去做那些应该、必须去做的事。对待父母的态度，是你品德教育的第一课。

这里谈及的，是伦理学上一个非常细微的方面，它既可以在对忠实、忠诚、不屈不挠的献身于理想的情感与认识之中反映出来，也可以在对背叛、背信弃义、变节行为和伪善态度的不能容忍的情感和认识之中反映出来。

　　我们崇高的目的，是培养社会主义祖国的忠实儿女，永远忠实于共产主义思想，为我们祖国的自由与独立、为劳动人民的神圣的东西与财富、为共产主义的胜利，随时准备献出自己的生命。

　　忠实于崇高的理想，是个人道德发展的顶峰。这种高尚的情感，是从对人的忠诚开始的，也是从爱戴与忠实于为使我们社会里自由的人能得到幸福、物质与精神财富的那些人开始的。忠诚，是孩子的坚强信念的产儿，以及孩子与他人（首先是与他们有血缘关系的母亲、父亲、兄弟姐妹）共同活动的产儿。个人的思想、信念、原则性以及个人对共产主义事业的忠诚——这些特性本身的最细微的根源，就是孩子对他人，首先是对父母的信任。从小就开始培养原则性，这是我们教育的一个基本思想。少年坚定地从老一辈手里接过革命的旗帜，准备终生高高举起它，能否做到这一点，则取决于父亲、母亲、老一辈的忠实朋友对孩子的坚强而有力的支持。在家庭中，孩子与父母之间，小孩与大人之间应该形成的一种关系，首先就是培养信任和忠诚的关系。

　　我们的教育理想，就在于使信任与忠诚成为孩子整个身心的一部分，成为他一生的目标；使孩子在对父亲、母亲、兄弟姐妹的忠诚之中，认识到生活的欢乐。在童年与少年的交界时期，孩子应当想到自己要追求什么，要向何处去。那朝思暮想的生活目标，已在这个时期变成照耀他心灵的光，帮助他看到并认清自己的价值。但这一切，只有当他拥有了某些宝贵的东西——宝贵的人、宝贵的情感和体验、宝贵的希望和期待时，才会变成现实。对思想、理想、信念的信任是与对人的信任分不开的。在孩子身边，特别是在少年身边，伴随着毫不动摇的信任，这是多么重要啊。珍惜真理、信念与自身人格的最重要的才能，取决于对人的信任。

　　珍惜才能，是点燃忠诚与信任火药的火花。使一个人在童年与少年时期就去珍惜真实的价值，使孩子周围的人们都无愧于他的忠诚与信任，这是多么重要！我了解一些家庭，孩子对父亲、母亲、哥哥、爷爷的信任是非常充分的。这些人与孩子在道德上的统一，已然成为巨大的教育力量。

存在于孩子心灵中的这种信任，是克制孩子生活道路上常见的邪恶、谎言、欺骗、伪善的种子与幼芽的最有效的抗毒剂。我还了解，有些家庭的孩子在童年与少年时期就没有遇到值得信任与依靠的人。在这样的家庭里，孩子的童年往往是在没有信任、没有依靠之中度过的。孩子在面对伟大理想与原则的时候显得精神空虚、道德无知、心灵与智慧闭塞，其主要原因就在于此。在有的人面前，真理并不是作为榜样和优秀思想被展现出来，这样的人既不可能有信念，也不可能有原则性，因为他是个不忠实的人，他对所爱的人的态度，既没有表示出他的忠诚，也没有任何的亲爱可言。

▲ 苏霍姆林斯基的一家

我敢说，儿童集体首先是靠着对教师的信任、忠诚和爱来维持的。孩子们对某种神圣的东西与毫不动摇的东西，对某种信任、忠诚，对人的爱所抱有的义务感是最为生动的道德源泉。这种源泉，是他们已知的，在更大程度上是他们亲身感受到的，他们甚至准备为之献出自己的生命。教师每当谈及这个问题时，从来不去惩罚；对学生处以最重的惩罚，是会使教师伤心的。有时，教师喉咙痛，很难高声说话，一连几天只能小声说话。

在这种情况下，班上反而会绝对安静，孩子们生怕热闹起来影响了课堂氛围，所以他们不仅能忍住动作，有时甚至会屏住呼吸。他们害怕给教师带来困难、痛苦与伤心。

对于孩子是否应当怕长者的问题，有人拿不定主意，为此我建议要想一想教师的劳动。是的，孩子应当怕。有时孩子的行为对其本身来说，并不是有害的、令人不快的，但可能会引出邪恶或者欺骗的后果，使他人难过。害怕与畏惧，就像无所顾忌与勇敢一样不是同样的东西。无所顾忌，不是勇敢，不是大胆，而是放肆无礼。有一点儿害怕，只会给孩子心灵上带来更细微、更敏感的情感。我们应当去培养孩子的这种畏惧感，这是与信任、忠诚分不开的。

有的孩子努力学习，是因为想给父母带来欢乐，在他的心灵里存在一种怕给父母带来痛苦的担忧。

我知道有个男孩很苦恼，是由于妈妈看了他的日记，变得若有所思的样子，整天唉声叹气，有时还隐隐约约地摇着头，因为日记里有好几处记着令她不满意的"3"分……。加上孩子感到在这种分数的后面隐藏着无数未知的知识……。为了不让妈妈唉声叹气，使她的眼里充满希望，他迫使自己努力学习，尽管他很难达到比"3"分高的成绩。他一大早就来到学校，这时候教室里空无一人，他坐在角落里，发奋学习、刻苦地复习功课。男孩努力提高自己平庸的成绩，虽然这对他来说是相当难的，但他还是取得了胜利——日记里出现了"4"分，甚至"5"分，他怀着极度紧张的心情盼望着母亲开心起来。

如果父母不是值得孩子信任、正直、忠诚的人，那么，在孩子的心中就会产生消沉的情绪。孩子就会认为世界上根本没有真理。这种悲剧一旦出现在孩子的精神世界里（这是千真万确的悲剧），那就必须去帮助他，以防不幸发生。

24

只有学会爱才能成为真正的人

去爱吧！爱，是你道德的核心。一个人活着，就要使你的道德核心健康、纯洁和强大。做一个真正的人，则意味着奉献你的全部精神力量，以使你周围的人们变得更美好，精神世界更丰富；以使你生活中所接触的每一个人，都能从你身上、从你的精神劳动中得到某些美好的东西。

人的爱，并不是无所作为的、田园诗般的享乐，也不是把对方改变成适合自己的人。爱一个人，首先要忠诚，要为道德理想而斗争。

但在对人的爱之中，也就是在我们取之不尽的财富之中，也有其他的精神因素。我们之所以去爱人，是因为在这个过程中自己也会获得欢乐，也会感到幸福。在对人的爱之中，我们每个人都把自己看作是人民的儿子。只有去爱人，只有我们每个人都为公共福利奉献出自己的一部分，"人民"这个概念本身才能存在。

在我们人类之爱当中，还有一个精神因素，这就是我们对人的需要。在没有感受到和认识到"我"是别人所珍重的，而且没有人认为他的生活全部意义只是因为这个世界上有"我"，在这种情况下，"我"是不能活下去的。

爱，就是一个人对另一个人的忠诚。在人类之爱当中永远闪着火花。这种火花，在我看来是一个人属于另一个人，成为他所爱之人的精神准备。这不是服服帖帖的奴性，而是对个性的真正赞扬。在这种精神因素之中，包含着人的尊严、骄傲、独特个性的根基。当孩子在感受和意识到母亲或奶奶把他当作世界上最亲的人的时候，他会体会到精神自由的真正幸福。

如果你善于揭示爱的所有这些精神因素，你便找到了生活真正的幸福。爱，是一种强大的教育力量。它可以使一个人在遵守生活道德准则方面更加纯洁、更加忠诚、更加严格。这后一种，对于你的道德形成与发展起着非常重要的作用。

我多年来从事儿童教育工作，亲眼看到孩子们成长为少年、青年、成年人、父母，我意识到有一条很重要的教育使命，就在于使我的学生把真正的爱看作是人的功绩，把人的崇高的爱看作是功绩的源泉。应该像对待功绩那样去对待爱，使孩子充满崇高精神，发出童年的赞叹，这是一件很细微、很柔弱的事物，每一位教育家都应当把心倾注到这件事物上来，形象地说，要像对待娇嫩的小花那样去对待它。我认为非常重要的一点，就是要像讲功绩那样去讲爱，让教师的话语激发孩子去追求爱，并且乐于去做个可爱的人，不错，这也是人的心灵上非常细微的一种本能。

如果孩子不善于去爱，他就不可能生活，不可能真正地在道德上得到发展，也就不可能逐步进入公民生活的大世界。我编了一个叫《小驼背和闪闪的星星》的童话故事，只是为了让孩子们在听到和感受到这个童话之后，能以惊讶的情感去展现人的生活的一个重要真谛：一个人只有在懂得爱的时候，才会成为真正的人。

这个童话永远铭记在儿童的心灵里。童话里那鲜明的虚构的形象都具有人的特性。甚至最幼小的孩子也萌发出这一念头：真正的美就在于忠诚地、努力地去给他人带来快乐。我的童话始终教育孩子们去珍惜人的忠诚和爱。要感受到和理解到别人也在珍惜你，这一点则体现了人的巨大价值。我们的教育使命就在于使每一个孩子都能认识这种价值并去珍惜它。

紧靠着我们学校的村子里，不久前发生了一件十分感人的事。有七个孩子（三个男孩，四个女孩）聚集在绿色的草地上。明天是快乐的节日。今天，节前的一天，历来的传统是大人给孩子们赠送礼物。孩子们七嘴八舌地夸耀起父亲和母亲、爷爷和奶奶赠送给自己的礼物。

在三天前他们就买了一辆自行车赠给最大的科利亚。父母心想，科利亚还不知道这礼物，于是他们把自行车藏在无人居住的房间里。但是你是瞒不住他的，他已试着骑起来了。他们给米沙的礼物是一件玩具炮，给塔尼娅和莉达的礼物是洋娃娃，给奥莉娅的是玩具小熊，给济娜的是彩色铅笔。

"可奶奶把我抱起来，吻我了。"八岁的一年级生谢·廖扎说，他的眼中流露出快乐的神情，大家都很羡慕他。这时，自行车也好，玩具炮也好，洋娃娃和玩具小熊也好，彩色铅笔也好，与谢·廖扎体验的心情相比都显得平淡而微不足道了。礼物刚刚买来，还没有赠送，孩子们就马上交换起礼物来。用洋娃娃换玩具炮，用玩具小熊换洋娃娃，用彩色铅笔换骑车旅行一次……

只有谢·廖扎独自骄傲地坐着，他的财富是其他任何人不可能得到的，这就是爱。爱比其他一切财富都更珍贵。

如果所有成年人都能理解到孩子对母亲和父亲、爷爷和奶奶的爱是那么的珍贵该有多好啊！

怎样才能使孩子去珍惜父亲和母亲、爷爷和奶奶的爱呢？这里有一个非常重要却难以觉察出来的东西：孩子永远应当感到他还未成为他的亲人们所希望的和他们所爱的那种人。因此，孩子的整个身心都应当永不停息地去追求道德上的完美。这是纯洁的、高尚的、成为可爱的人的一种追求。谢·廖扎之所以珍惜奶奶的吻，是因为奶奶并没有每天去吻他。她经常语重心长地告诉他应当成为什么样的人，很可惜，他还没有成为那样的人，所以他还应当努力，将来一定要成为一个真正的人。聪明父母的孩子，永远认为他们是世界上最好的人、道德上高尚的人、值得自己尊敬的人。

25

怎样使学生们获得求知的快乐

　　学习、掌握知识、埋头读书是人最大的幸福。你的爷爷和祖爷爷都不曾有过这种幸福。坐在书桌旁拿着书本读书写字、认识世界对他们来说只能是一种梦想。你的童年、少年、青年早期，则是一座被知识之光照耀着的宫殿。

　　没有知识，这座宫殿就可能变成黑暗的地窖。思想、智力上的需要和创造——你的这些幸福都是因为工人们和农民们付出了自己的劳动才会得到的。工人们和集体农庄庄员们为每一个高年级学生和大学生劳动着，才使他能够脱产、不参加创造糊口之粮和其他物质福利而去学习。

　　如今在我们社会里，人人都能享受到学习，学习变成了一种义务，所以在许多年轻人的眼里，学习已不再是一种幸福。更糟的是，部分学生把学习看作负担，有时甚至把它看作惩罚和苦恼。老师们，要记住，如果问题到了这一步，那么任何的道德教育成绩都是空谈。在学校里，只有当学生渴望学习，只有在学习中（上学、读书、写字、认知）感到快乐和骄傲时，学校里其他的一切才会成为现实的、可以达到的。学习吧，因为学习是一种福利和幸福。这些话我在学校里多次讲过，但其深刻的含义远没有打动孩子们的心。究竟怎样去培养、怎样去教学、怎样去启发和鼓励学生们主动学习并能感受到学习的魅力呢？这是学校里诸多事情中一个最复杂的、最难解决的问题。

　　首先，应当把学生看作人，而不应当看作接受、接受、再接受的知识库。知识只有从人的内在精神力量与人所认识的世界的融合中产生出来时，知识才能成为一种福利。快乐学习知识的最重要的源泉（这种快乐学习知识的情感，也是能长成丰硕的精神生活大树的一粒种子），就是体验和感受到知识是自己的智力创造的结果、探索的结果、心灵劳动的结果。

在满足个人物质需求的同时，人们往往无法区分真正的需求与不正确的愿望（有时简直就是无理要求），在这一社会里，一个人的道德情操在很大程度上取决于他什么样的精神需求会产生出什么样的活动。我们学生的主要需求应当是思考、探索、发现真理，而在这一范畴之中恰恰应当发展精神活动。当我们培养的首先是思想家的时候，学习才能作为一种幸福、福利、引人入胜的活动而被想到和体验到。只有当孩子每天体会到产生新的思想、理解某一真谛、深入了解世界的秘密的快乐时，精神活动才能获得思想，才会产生对精神财富的渴望。

在进行道德教育时，我认为带领孩子到思维的发源地去旅行是具有重大意义的。孩子们跟着教师到花园里，或到老橡树跟前，到茂密的灌木林中，或到养蜂场，到池塘边，或到一个深山谷中去，这些地方，形象地说，就有滋养学生渴望知识的细根，这些地方会使孩子萌发出一种愿望——要做一个有智慧、有学识的人。这时，教育者的使命就在于为孩子们展示他们不懂的东西，唤起他们去求知的欲望。在这里，哪怕是最胆小、最腼腆的学生，也会变成好问的思想家。教师越是巧妙地打开学生们的眼界去看那些不懂的东西，学生的好奇心、求知欲望就越强烈。

多年的教育工作经验使我坚信，孩子来到学校上学，为的是从校门里出来时能成为一个有文化素养、有教养的人；只有把他当作思想家的时候，当他的思维生活在某种程度上不依赖于他在课堂上学到的和正在学习的知识的时候，孩子才会成为好问的、求知欲旺盛的、勤奋的学生。课外的思维活动，是不以初级阶段教学课程为转移的，要比孩子在课堂上所学的一切都更重要、更丰富、更广泛。如果孩子的精神发展没有蓬勃的、泉水般涌出的思维生活，想让他对待学习像对待幸福、对待快乐那样，一般来说是无法想象的。思维课应当在教会每一个字母、每一道算术题之前，在思维的最初发源地——大自然中进行。

学校里的第一学年，是孩子智力发展有巨大进步的一年。我认为这一年有非常重要的意义。这一年，孩子们在班上获得知识与在广阔天地里通过思维课获得知识是并行的。这一年的教学共分60课，每一课都有一个主题。比如：《大自然的冬天和春天》《冬季花园里的动、植物生活》《大自然从冬季梦中醒来》《自然中的有机物与无机物》《自然怎样创造美》《蚂蚁与蜜蜂的生活》《从早到晚的草原生活》《大自然、人与劳动》等等。每一堂思维课，都是对自然之谜的一次观察和赞叹，一次思索与发现真理的过程，一次获取知识的欢乐体验和作为思想家的骄傲。有12堂思维课是讲观察樱桃幼芽的。孩子们观察幼芽是怎样形成的，怎样在严寒中锻炼，怎样敏锐地聆听着大自然的脉搏，春天和畅的微风与阳光又怎样使它放出新绿，樱桃幼芽怎样"舒展开双臂，脱去了幸福的襁褓"（这是孩子语），怎样长出小绿叶。樱桃园里叶的生活开始了，又绽出新的幼芽，这些幼芽待来年又变成叶。这一幅幅令人惊叹的生命情景展现在孩子们面前，促使他们揭开世界上数十个新的秘密。他们生活在思维的世界里，这决定着他们这个时期的精神生活。

从学年初期开始的思维教育，一天也不应停止。孩子潜在的智力才能越多（我深信，在十四五岁这个年龄的少年，如果能正确地安排智力教育，是可以顺利完成现今的中学课程的），那种与功课无直接联系的智力生活想必意义就更大。但是思维教育要循序渐进，其内容除了自然界之外，还有图书世界。

让学生在图书世界里生活，这是当今学校一个最重要的教育问题。我认为一个非常重要的教育任务，就在于使读书成为每个孩子最强烈的、精神上不可压抑的欲望，使人终生都迫切地想同书中的思想、美、人的伟大精神、取之不尽的知识源泉打交道。这是一条最基本的教育规律。如果一个学生没有发现学校里的图书世界，如果这个世界没有为学生展现出智力生活的欢乐，那么，学校也不会给他什么，他只能怀着空虚的心走进生活。

为此，应当教会孩子们去掌握图书世界里的欢乐。在低年级班里，我把人类宝库最优秀的图书给学生们阅读，这些书的内容通俗易懂，很适合孩子的感情世界。比如：杰克·伦敦、显克维奇①、雨果、斯托②、马克·吐温、斯威夫特③、凡尔纳、果戈理、屠格涅夫、科罗连柯、托尔斯泰、契诃夫、萨尔蒂科夫—谢德林、高尔基、肖洛霍夫、列昂诺夫、谢甫琴科、柯秋宾斯基④、伊万·弗兰科、冈察尔等的作品。这许许多多作品，构成了一个富有魅力的美的世界、思维的世界和人类情感的世界，为孩子展现了生活的欢乐。我极力使我的孩子们觉得，如果不去反复阅读那些令人喜爱的图书，不静下心来去攻读那些图书，生活就会像是阴暗的牢狱。要使人认识到只有图书才是无价的、永久的财富，其他的一切都是暂时的。

▲ 苏霍姆林斯基与孩子们一起阅读

实际上，要达到这个目的必要的一点是什么呢？就是教师同自己的学生能在无拘束的情况下，长时间地交流读书心得。图书是摇篮，在这一摇

---

① 显克维奇（1846—1916），波兰作家，作品有历史长篇小说《火与剑》等。
② 斯托（1811—1896），美国女作家，著有长篇小说《汤姆叔叔的小屋》。
③ 斯威夫特（1667—1745），英国作家，著有《格列佛游记》等。
④ 柯秋宾斯基（1864—1913），乌克兰作家，著有中篇小说《海市蜃楼》等。

篮里，对待思维、科学、学说，应像对待巨大的财富那般爱护。阅读，首先能在孩子面前展现他们自身的心灵世界，也就是说，能使孩子认识到人的精神的伟大，充满对自身的尊重感，使他想在充满文化价值的世界里过着有趣的、丰富的生活。同时，图书仿佛让人产生一种畏惧感：必须急于去掌握人所创造的精神财富；你浪费时间，就等于浪费自己的财富。热爱图书，感受到思维、科学、知识是一种巨大财富，教育一个人从小就应当去珍惜时间；对于道德教育而言，时间感起着非常重要的作用。对此，我们还要不止一次地提到。

一个宁静的夜晚，上床睡觉之前，你或许正在阅读一本有趣的图书，或者在聆听音乐。请你记住，就在这个时候有千百万个工人正在上夜班。正因为他们夜晚的工作，你才能有机会读书和听音乐。正是因为工人和集体农庄庄员们在清晨时分便走上工作岗位——采矿、炼钢、制造机器、造船、耕地和饲养牲畜、往田里运肥、铺设铁路，你才有可能一觉醒来后，吃早点、做早操、上学校、坐在课桌旁学习、掌握知识。为了能使你安静地、安心地学习，成年人（工人、集体农庄庄员们）都在为你工作。假如你不想去上学了（很遗憾，的确有这种现象），则意味着成年人要为你的闲散白白付出自己的劳动，意味着你在欺骗自己的国家、工人阶级、人民。你会变成吃闲饭的人、寄生虫。凡是不知自己精神财富源泉的人，就会过上那种空虚的、毫无意义的生活。

26

怎样激起学生的求知欲

　　你已经上学了，可你的父亲和母亲还觉得你是个小孩子，是个没有自主能力的人。确实，你也需要大人们经常照顾、操心和帮助。在当今复杂的世界里，你是非有他们不可的。你现在是个孩子，但不要忘记，十年后毕业了，你会成为大人的。过了十个春秋，你就不再是七岁的不懂事的孩子了，你会成为一个独立的劳动者、战士、未来的父亲。那么女孩呢？十个春秋之后，就要考虑生儿育女的事了。这十年，对于一个七岁的孩子来说，似乎是难以想象的一段艰巨的生活——事情就是这样，而且应当在孩子的头脑里有所反映。

　　要善于联想到自己的成年时期。这会帮助你成为一个真正的人。成年人，即你的母亲、父亲、老师，他们千方百计造就你成人，但是，你应当记住，你将成为什么样的人，取决于你自己的努力，取决于你的自主性，而且这种努力和自主性应当逐年增长。我作为你的老师，毫不夸张地对你说这番话：你将成为什么样的人，你的才能将如何发展，在你的身上将显露出什么东西，这一切正是取决于你在童年的那些年代里的活动。要珍惜大人给予的照顾和关怀，要感谢他们，同时也要千方百计地、尽快地摆脱他们。不要怕成年人的劳动和成年人的困难，总之你不要怕任何困难。你引以为荣的，是你学会做个顽强的人、勤奋刻苦的人，而且在热爱劳动、顽强性、自觉性方面你已接近大人了。

　　是否应当向孩子讲这一切呢？多年的教育经验使我深信，总把孩子看作小孩子，这是学校教育、特别是家庭教育的不幸。忘记"孩子明天就会成为大人"，常常会带来令人不愉快的结果。培养孩子成熟，是道德素养的一个系列问题。一个人在智力、道德、创造性方面的成熟，仿佛就融合在此。这种教诲不仅是对七岁的孩子而言的。应当年复一年地去讲它，但首先要谈及的是培养孩子具有创造性才能的特殊重要性，使每一个人都能展现出才华。决不能把这个问题看作是狭隘的心理问题。

一个人的个人幸福，归根结底取决于他具有什么样的才能。这方面的才能，将体现在他的一生之中这一点上。个人的幸福，某种意义上，就是社会的幸福，因为无论少年、青年还是成年，假如全社会都是一知半解的人、没有任何才干的人、失败者的话，一个和谐的社会是不可想象的。才能的形成和发展，是广泛道德方面的问题。一个人的才能是从童年就开始形成的，多年的经验令我信服这一点。为了使孩子在意识中达到思想成熟、精神成熟，重要的就是要教会孩子去思索成熟方面的问题。

每一个心理健康的孩子的头脑，已为创造性才能得到广泛的发展奠定了可能性。天赋为每一个正常的头脑打下了必要的、充足的根基，使每一个人都有机会成为创造者。孩子将会展现出什么样的才能，这取决于他在幼年时的活动。同时，对于孩子如何对待这种活动，我们成年人能在孩子的思想意识中唤起并树立思想成熟、精神成熟到什么程度，是具有非常重大的意义的。这就是有必要唤起孩子去思索成熟问题的原因。

处在紧张、鲜明、充实的精神生活的情况下，孩子的大脑的成熟期，看来是一种无与伦比的奇迹，但这已不是天赋的奇迹，而真正是人的奇迹，因为孩子在生活，在发展，有欢乐和忧愁，有笑和哭，有爱和恨。

父母培养孩子的聪明才智，就在于使孩子的大脑在最大的可塑时期能进行频繁的活动。这种大脑的活跃，取决于孩子对自身的看法。比方说，在孩子两岁时，他是否会使用叉子、从厨房拿碟子放到餐桌上……。孩子在某种意义上说是无能为力的，没有我们的关心和帮助是不能生活的，但不要让他认为自己是无能为力的。相反，要让他的一举一动都使他相信自己是坚强有力的，在他的周围还有无数比他弱小的人，这些人更需要去保护和照顾。

经常讲"你现在是孩子，但不要忘记，你总会长成大人的"这个道理是多么必要啊！

27

怎样培养学生对待学校的正确态度

　　每一个老一辈的人都是你的老师，如果他有这个道德权利的话。然而社会建立了一个专门机构，让孩子们在里边学习、受教育，这个机构就是学校。我们的国家、我们的人民、我们的社会主义制度的未来将取决于学校办得如何，人民的精神财富在学校里体现出来的程度如何。我们正在建设的社会命运，则取决于学校的设置，取决于学生们如何看待生活，他们的精神和激情集中到何处，把什么当作自己的理想。学校就是共产主义大厦的一块奠基石。学校是造就人的地方，是人民的圣地和希望。

　　在学校里，不仅教孩子们读书、写字、思考、认识周围世界和科学与艺术的财富。在学校里，还要教孩子们学会生活。学校，是人民的精神摇篮。没有学校，人民就没有未来。学校的教育智慧越多，人民的未来也就越辉煌。学生们不仅仅是聚集到一处的孩子们，他们还需要按照自己和谐法则去生活、发展，构建属于他们的儿童社会，同时也是装点着成年人的社会。学校得以存在的一些法则是民族的产物，体现了民族生活的精神。学校里一直保存着很多世纪因袭下来的民族文化。你不只是一个来到这个永久的泉水前饮水的旅行者，你也是一只使民族文化蜂箱丰富起来的蜜蜂，你的义务，是为这个蜂箱做出自己的贡献，丰富人民的精神财产。

　　根据一个人（从生到死）对待自己学校的态度，就可以判断出他的内心素养和品格，判断出他珍惜人民荣誉的能力。你的义务，就是像对待圣地那样。要永远珍爱自己的学校，并把这种对待学校的态度传给自己的子孙。无论你为科学做出多大贡献，无论你为人类奉献多少智慧，学校连同它的基础知识、识字课本和第一堂课，连同它的老师、它的第一本书，都将作为你的智慧、你的才能、你的品格乃至你的教养的第一源泉，永远留在你的心中。学校，永远是人民智慧最重要的发源地。

这一番话，在道德素养和道德文明的整个系统中具有特殊的含义和特别的意义。

学校是人民的摇篮，就这个意义来说，它是人民灵魂的主要塑造者，能为学生的文化面貌打下永不消失的印记。让真正的学校引以为豪的，是所有具有高尚品格的成年人都称自己是它的学生。你们崇高的使命就在于，使所有送自己的后代到你们学校去学习的成年人，永远处在这所学校的精神影响之中。

在学校里，人的心灵的摇篮、公民的道德集中点正在形成并受到保护。你们在本校的小集体中（之所以称之为小，是与整个苏维埃社会比较而言）建立起来的相互关系，就像在一滴水中那样，能反映出我们的共产主义思想和我们对未来的向往。孩子们的幼小的心灵只有意识到自己在学校里是个公民，是人民精神的保护者，是人民的思想、财富永恒的伟大的保护者的时候，学校才会成为人民的摇篮。

您要对自己的学生讲本国历史上那些最艰难的时刻，甚至在我们民族命运面临抉择的时候，真正的爱国主义者的公民良知是如何被唤醒的，以及如何为保卫广义上的学校而去英勇斗争的，这正是为保卫人民理想的摇篮而去英勇斗争。

我常常对孩子们讲，在法西斯占领的一些乡村和城市里，人民教师创建了地下的、秘密的学校，为的是不熄灭孩子们心中对祖国热爱的火花。

我努力要在孩子们的思想意识中，树立正确地对待学校的态度，像对待新生儿、文学作品和人民最重要的精神财富那样的态度。使每一个人在回忆起学校的铃声、课桌、课本和教室里严肃的气氛时，那种内心非常激动的、敬慕的情感，始终保留在他们的心中，伴随他的一生。使每一个成年人在路过学校的时候不由自主地脱帽，使人们怀着爱与敬慕的情感回忆自己的学生年代。

我认为培养青少年正确对待学校的观点，就像对待人民精神生活最重要的发源地那样。学校应当成为精神财富的宝库，不论是人工制造的，还是非人工制造的，都是如此。

学校一旦建成，第一个学生就会跨进它的门槛；教师的思想、心灵一旦与孩子的心灵开始细致接触，其实，学校的使命也就从这儿开始了。要把图书放到学校图书馆的书架上去，让图书永远保存在这里。这不是一个平平常常的图书馆，这个图书馆里的书可以借阅。从广义来讲，这是学校的精神文明宝库。学校存在300年、500年、1000年，学校图书馆里的书也会保存那么多年。千年之后，学校奠基的石头、砌墙的砖可能会风化，最终变成尘土，而图书却永远不该这样。把学校看作人民的摇篮，人民的精神和文化的摇篮，这首先应记载在书中。让教师们和学生们都理解这一点是多么重要啊。

每一所学校都应当有其独特的面貌：自己的习惯、传统、节日。我们学校的节日，就是图书的节日。这个节日要在学年开始之前举行。每一位父亲和母亲都要在这一天给自己的孩子买一件有纪念意义的礼物——书。要用这本书充实家庭图书馆。但是，这个节日最有意义的、最有象征性的举动，则是向学校永久性的图书馆捐献一本或几本当年（或近几年）出版的图书。放到书架上的图书将是永久性的。孩子们在永久性图书馆书架上看到的旧书越多，意识到并感受到应当捐献的念头就越深。你看，这里有他们的爷爷、祖爷爷当时学习用的初级课本，有我们祖国历史方面的最初出版的图书，有著名作家早期出版的作品，还有列入祖国文学宝库的图书，虽然这些书在问世年代很少为人所知。要为永久性的图书馆选择最好的图书，让孩子们感受并意识到什么是任何时候也不能被忘却的东西，学校的面貌及其独特性恰恰表现在这一点上。为学校图书馆选书，我们要担负起对未来的一代学生的责任。不能允许有一本毫无价值的书被放到这个图书馆里，同时也决不允许放过任何一本有价值的书。

在学校图书馆书架上存放的书中，都是一些有生命力的万古流芳之作。如果我们能成功地在每一个少年心灵中树立这种对待图书的态度，那么他们就会成为我们的教育对象，也就会愿意在我们的学校里学习。当年幼的公民认识到学校是人民文明、光荣、伟大的摇篮的时候，就会觉得连学校的围墙都富有教育意义，当他从校门口走过时，总要举手脱帽表示敬意。当我们的学生们成为父母之后，不仅善于启发自己的孩子去尊敬学校，而且会树立一种信念，即共产主义道德核心的信念：摇篮也好，人从摇篮出来进入社会生活的大世界也好，这一切都是祖国——她比我的个人的生命更珍贵，我准备为她奉献自己的一切。

一所学校没有永久性的图书馆是不可思议的，如同人民没有记忆、没有历史一样。学校图书馆的门有时开放，学生们到这里来浏览一些图书（至于要阅读的那类书，也就是最近的出版物，在一般的学生图书馆里都有）。他们深信，在人民的精神生活之中，存在着一些只供观看的东西，而且这些东西存在的时间越长，它对人民、对每个人就越珍贵。

只有书能创立学校。只有对待书像对待最重要的、最永久的精神财富那样，才能像对待人民的摇篮那样去对待学校。

学校以自己的学生为荣。从学校毕业的人在创造学校的面貌。雏鸟的翅膀越坚硬、展开的幅度越宽，向上飞得越高，鸟巢对雏鸟的吸引力就越

▲ 苏霍姆林斯基工作了二十多年的帕夫雷什中学

大。走出校门的每一个人，都应当在自己的学校里留下痕迹，如果做不到这一点，作为教育发源地的学校也就没有教育性了。在学校的办公室里，有每个学生的第一次作业、第一张图画、第一篇关于大自然的作文、第一次争论与思考。当您到了四五十岁，在回忆起自己的童年时，便可以到学校去看看当年的您留下的痕迹，您会看到许多年前的情景是个什么样子。

学校是善良的情感、细微的感受、童年美好的回忆的集中点。我们力求在学校里使人与人的接触更细心而温柔，使每个人都去创造美和保护美。在校园里，在孩子们跑跳的地方，多半会设有一个小玻璃房子，里边是花的王国。即使在严冬，这里仍盛开着郁金香、石竹、铃兰花和菊花。美把孩子们都吸引到这里来，因为这里能产生美的思想、对美的赞美的伟大情感，在这里孩子们能看到自己的聪明才智，体验创造美的欢乐。

学校，是美的永久发源地。在每一个青年的回忆中，学校作为童年的美、世界的美、聪明才智的美、高尚情操的美保存了下来。如果没有人感到学校是美的，也没有人体验到因此而产生的高尚情感，学校就不能成为人民教育的发源地。

学校因它对学生的关怀、劳动、创造而留在每个学生的记忆里，我们认为这一点具有非常重大的意义。每一个人都应以自己的良心去行动，通过行动努力去增添学校的美，这就是我们教育的法则之一。

28

怎样把教师劳动的意义传送到
学生的意识中去

尊重并热爱老师吧！为了能使你成为祖国的真正公民，成为社会主义祖国的爱国者，成为一个具有高尚情操、聪明才智、内心纯洁、心灵手巧的人，教师不遗余力地奉献着自己的精力、智慧，甚至自己的一生。真正的教师（我们之所以与你谈真正的教师，因为也有不好的、很不像样子的教师，但这是令人遗憾的例外，我们不必去考虑他们）有自己最艰苦的生活，也有最欢乐的生活，有令人非常感动而又相当复杂的创造，有不可思议的那些细微的而且是终生去完善的手段，他用这些手段去感化人的心灵。

教师在造就人。要知道，教师的最大幸福，就是能把你塑造成他理想中那样的人。如果你想给教师带来一点欢乐的话（教师就是你年长的朋友和同志，他终生都在努力去做你的朋友和同志，如果你们之间没有这种友谊和同志关系，就不可能去谈及教育），那你就去做他的志同道合者，跟他一道去追求理想。

教师的劳动是无可比拟的，是任何劳动也不能相提并论的。纺织工人工作一个小时就能看到自己的劳动成果；炼钢工人工作几个小时后，就能高兴地看到火焰般的铁水，这是炼钢工人理想的顶峰；农民经过几个月才能欣赏到田里长出的谷穗……。可教师需要年复一年地劳动才能看到自己造就的对象；有时，要经过十几年，他的意图才勉强地显现出来；任何人都不会像教师那样经常碰到一些不满的情绪；任何一种劳动也不会像教师的劳动那样一旦犯错往往导致严重的后果，教师必须对社会负责任，对孩子的父母负责任，这就要求他工作必须做得准确无误。在教师身上表现出来的点点滴滴的美，都是他用不眠之夜、一头白发、个人幸福换来的。是啊，教师往往想不到自己，因为他必须去想着别人，对教师而言，这并非自我牺牲，也不是听天由命，而是他个人生活的真正的幸福。

祖国和你的母亲已把你的命运、你的生活委托给了教师。教师每时每刻都要观察着三四十名学生中的每一个，要了解他在想些什么，是什么占据了他的心灵，有些什么样的苦恼使他不安。教师是你的幸福、你的欢乐的创造者。要记住，如果你对教师冷漠，如果你不理解、不能感受到教师劳动的复杂性，那你就会对人类最有价值的东西表现出一种轻率的态度。

▲ 苏霍姆林斯基和教师们进行教学研讨

你应当懂得，教师在掌握教学之道以前，要进行多年的学习。教师的劳动，首先是紧张的精神的劳动，而正由于是精神的劳动，才是一种智能的创造。要记住，世界上没有任何一种极为艰巨、极为繁重的精神劳动能与教师的劳动相比。教师也像你的父母那样，是活生生的人，他也有自己的家庭，自己的孩子，自己的苦与乐。有时，教师很需要一个人静下来，在大自然中休息一下，这对他是非常有益的；有时，教师也有揪心之苦，甚至不想活下去，可你总想看到教师是快快乐乐的，而且是关心人的样子；休息一下也好，一个人静下来也好，对于教师来讲都是不大可能的，因为他要去上班。要记住这一点，走进教室前，你的教师通常会逼迫自己不去想自己的不幸和创伤，咬牙克制内心的苦痛，使自己的思绪纳入正常的轨道。

不要忘记还有一个很重要的、平凡的真理：教师应当拥有巨大的热爱人和无限热爱自己的劳动的才能，首先是热爱孩子们的才能，以便能长年保持精力充沛、头脑清晰、感情敏锐，没有这些品格，教师的劳动就会变得枯燥无味。

为了正确地进行教育，为了使我们的学生们成为有教养的人、受过教育的人，我们应当把教师劳动的意义传送到学生们的意识和心灵中去。这并不是对我们劳动的怜悯，而是为了学生成为教师的志同道合者所必需的一种深刻理解。

要实现这一教诲，只有在一种重要的条件下才有可能：那就是学校里的任何人都不应该把教师的劳动看作吃苦受累。如果教师把自己的劳动看作一种负担的话，那么从他嘴里发出的任何的道德教诲，在学生们听来都是对真理的一种嘲笑，会摧残少年的心灵。如果说这种话的人没有这个道德权利的话，无论他的言辞多么正确、多么漂亮，也会成为道德败坏的工具。

如果整个学校的伦理学没有建立在教师"自我"的统一上，那么，无论我们讲教师劳动是多么的高尚、复杂、伟大，我们的话都将是空谈。学校伦理学，就是我们召唤孩子相信富有魅力、真实性和智慧的那种道德理想与教师人格。没有教师的人格（在学生们眼里这种是权威性的、坚定不移的），理想就会变成被旗手丢弃的旗子，成了一块废布而已。教育上许多不幸的根源，恰恰就隐藏在往往只号召学生去打旗，却谁也不愿意去擎这面旗的情况之中。要做一个理想的旗手，用这面旗子引领理想的火花，这就是教育权威的秘密所在。孩子们细微地感受到旗手就在自己的教师之中，他们多么善于识别有的地方是真理的火花，有的地方是虚假！孩子们对您的信赖——对您欣喜万分、敬佩不已，因为您是带领他们去攀登高峰的领路人，因为您是不畏惧风暴的航海家，因为您是一位坚强勇敢的人，随时随地准备把他们置于自己的保护之下……。孩子们百分之百地信赖某人的精神力量，学生服从教师的权威（同时服从父母的权威），这是在承认您的鲜明性、完整性，与您完美的人格是分不开的。这里我是指您的形象既是教师，又是朋友和同志。您既是聪明的父亲、母亲，又像是知晓一切秘密、一切把戏的同龄人；既严格要求他们，又为他们奉献，对他们负责；一方面您既是解开孩子们许多困惑的聪明的百事通，另一方面，无限展现在您面前的世界，也跟展现在您的学生们面前的世界一样，永远让您去认识，永远使您惊叹。一位教师如果在道德上的"自我"是虚伪的，是两面派，那么这不仅会丧失他的权威，而且会使孩子变成不可教育的人，这就是不幸之所在。

　　一个孩子，如果您认为怎么对他说都是无济于事，那么在您面前的这个孩子，他的心会为之震荡，会被自己的遭遇所伤害，那么这个人就会成为一个不相信任何神圣的事物和真理的人，对人没有信赖的人，即是一个不可教育的人。

　　我认为，孩子认识世界是从认识人开始的，在孩子面前出现最多的人是父母和教师。我们在自身上表现我们的"我"和谐统一的同时，要在道德上培养孩子，教他以人道的态度去对待为他人的幸福而奉献自己精神力量的人。在教孩子这一点时，应当细致而敏锐，要使道德理想展现在孩子面前，要与孩子最细微的内心活动相一致。同他关于善良、正义、美的概念的理解相一致。我们的每一句话，都应带有善良、正义和美——我们道德上的训言的实质就在于此。这件事并非小事。有时您的一句话，都有可能破坏孩子对您这位教师的信赖，给儿童的心灵带来恐慌。

　　教师和孩子之间的关系，不仅是学校纪律和秩序方面的问题。孩子与成年人之间的相互关系，一般地说，应当渗透着尊重劳动的精神。不尊重劳动和不尊重劳动者的人，就会产生懒惰、懈怠的行为，对物质财富、精神财富和道德财富采取漠不关心的态度，只顾去满足个人对福利的要求。

那么，怎样去树立尊重劳动的精神呢？

这里最主要的是那种相互间的情感，最严格的不可调和性（我是指对游手好闲、懈怠、浪费时间和浪费其他财富的不可调和性），以及细微的相互间的劳动感受。孩子们对热爱劳动的教师是尊重的。

教师在道德上"自我"的中心，体现在他对知识、脑力劳动、科学、文明、阅读、图书的态度。孩子们心目中的教师形象就应对智力生活、科学无限忠诚。教师对知识的迷恋会令孩子们折服。如果您想成为受人尊敬的人，那您就去做使孩子们对真理探索之路上的领路人，您要跟孩子们一道去发现真理。孩子们觉得发现者是他们，而您只能做他们的助手，没有您，他们是行不通的。只有在您的帮助下，孩子们思考、发现真理，感到惊叹，那时他们才会真正认识到您的劳动的意义。一个只会向学生灌输现成的知识，要求背熟、背熟、再背熟的教师，定会激起孩子们的反感，然后便是内心的愤懑。您要注意，您的智慧不只是在您检验学生的知识时，才会在他们面前展露。教师利用自己的智慧过多地强调孩子们的无知，或者在他们身上显示自己的优势，再没有什么比这更为有害的了。教师的智慧不是堵塞道路，而是开拓道路，照亮一条知识之路。您要善于安排孩子们的智力劳动，让他们感到，他们跟您在一起会变得聪明一些，每学到一点新的知识都会使您高兴。

激发孩子们对自己智力劳动的敏锐性越多，您对孩子劳动的感受就越细微。教师应把对游手好闲的毫不留情、毫不妥协的精神，同以爱护关心的态度对待孩子在智力活动中所取得的最小的进步结合起来。特别重要的一点，就是使孩子们理解并感受到，在教师的帮助下，他今天掌握的知识比昨天更丰富了。一个真正的教师的技巧，是善于去找到两者之间的和谐：一方面使孩子在头脑中去积累一些实际知识，另一方面就是培养孩子的智能，锻炼其独立掌握知识的才能。学生们往往怀着极其感激的心情回忆着教会他们成为知识的主人的教师们。

那些令人吃惊的、令人折服的智力劳动课被看作难忘的童年、少年、青年早期的一种幸福，将终生留在他们的记忆里。在少年心目中，学校被当作是无价之宝，首先是由于学生的脑力劳动和教师的劳动的那种无与伦比的美。在这种劳动中的人，人的智力教育，则是教师关心的最重要的对象，而把自己当作善于独立思考的人去认识。您要教自己的学生去思考，他会终生把您当作智慧与道德的教师来回味并表示敬重。凡是笼罩着死记硬背气氛的地方，就不会去重视智能；凡是不重视智能的地方，就不会把脑力劳动当作最艰难的事来敬重；凡是不敬重脑力劳动的地方，教师就不会深入了解学生的精神世界，也就不会作为一个鲜明的、有主导作用的和有号召力的人物在学生身上打下深深的烙印。

在校园里，"信念"这个词是经常被提到的。一个真正的人按其本质来说，往往是从知识变成他的信念这一点上开始的。只要有火花，知识的火药燃烧起来时，就会变成信念的火焰，可这种火花究竟在哪里呢？教师的脑力劳动就是这种火花。如果您想让学生热爱和尊敬您，那您就应当像怕掉进昏暗的漩涡里那样，害怕自己在事实与真理的世界中，变成一个毫无热情的评述者、冷冰冰的说明者和冷漠的引路人。要使自己的学生们尊重我们的燃烧精神，那就需要教师在与学生们一起理解真理的同时，燃烧自己的那颗心。这种燃烧，只有在知识成为战斗的武器时，在学生感到自己不是被灌输知识的无底容器，不是厌恶真理的那种冷漠的人，而是一个小战士时，才有可能。

教师之所以被称为"人民教师"这一崇高称号不是偶然的。

在学生们的记忆中，教师总是年富力强的、朝气勃勃的。教师最大的不幸，是体力与精力的衰弱，他们把必要的力量都花费在治理少年的心灵上了。当你的老师变得年老力衰，你更要去尊重他，因为他把自己的全部力量都献给了你。其实，一位真正的教师从来不会让从前的学生们看到自己衰弱的一面。

29

怎样教孩子正确对待脑力劳动

　　在科学的入口处，正像在地狱的入口处一样，必须提出这样的要求：这里必须根绝一切犹豫；这里任何怯懦都无济于事（参见《马克思恩格斯全集》）。做一个有思想的人吧！要善于在读书时思考，在思考时读书。做一个知识的探索者和孜孜不倦的求知者吧！思维是最复杂的劳动。学校给予你知识，是为了使你学会去猎取新知识。要活在有思维的世界中，要理解思想。凡是不愿思考的人，最终会丧失理解的能力（参见歌德《哲学著作选》）。

　　我思索，意味着我存在。没有思索地活着，就等于过着极可怜的生活。没有思索的一天，没有阅读的一天，就等于虚度的一天。浪费时间，就等于浪费人生无价的财富。要谨防少年心灵上的空虚、思想上的轻浮和生活上的消遣。对于付出最小的努力却想获得最大满足的一切想法，我们都应该蔑视。轻易得来的满足，到头来必然带来思想上和心灵上的匮乏。

　　图书是知识不可缺少的源泉，是精神财富取之不尽的源泉。建立自己的小图书馆吧！不仅要善于阅读，而且要善于去反复阅读。阅读是一种劳动，是一种创造，是对精神和意志的自我教育。

　　任何时候也不要把工作推到明天去做。不仅如此，还要逼迫自己今天做完一部分明天的工作。如果你总在想你的时间很少，那就什么也做不成了（参见《契诃夫全集与书信集》）。

　　某些教育家对劳动和劳动教育的粗浅的看法令人震惊。有人似乎觉得，劳动就是手拿铲子或扫帚。这是一种渗透在实际中对劳动本质不正确的看法，会带来更大的不幸：少年们对铲子和扫帚、对犁和拖拉机手的方向盘会产生一种轻视的态度，因为他们（从自己到学校的第一天起）还没有认识到劳动的多面性。劳动不只是铲子和犁，而是一种思维。让我们的学生们以亲身的经历去理解思维是一种艰巨的劳动有多么重要啊！而恰恰是它的复杂性、艰巨性才给人带来巨大的欢乐。在脑力劳动与体力劳动的和谐的前提下，我们才能够去培养孩子们、少年们、青年男女们，使他们真诚地渴望做一个有智慧、有文化、有教养的人。培养已经坐在书桌旁的小公民，就意味着教育他们像列宁那样去猎取知识，像列宁那样聚精会神地读书。去唤起少年心中对列宁式的热爱劳动、忠实于真正的科学以及热爱图书的赞美，是一项非常重要的教育任务。在当今实现普及中等教育的条件下，应使我们的学生们都能以亲身的经验相信，凡是难以完成的，不仅是需要的，而且是美好的、值得赞美的，这是尤为重要的。

我建议每个学校都能在最明显的地方写上马克思的"在科学的入口处，正像在地狱的入口处一样"这句话。不是为了吓唬人，而是为了培养思想家的勇敢精神。培养真正有文化素养的人，这是学校里真正的劳动精神，真正的孜孜不倦的求知精神和真正的奋进，真正思想上永不满足的精神。我们一向推崇、全面支持使思想深化，并且一向提倡使这种思想成为信念——学习越刻苦，做个克服困难的胜利者就越光荣。牢固的数学、物理、化学知识，是当今爱国主义者手中的尖锐武器。只有掌握这种武器，才能维护我们社会主义祖国的荣誉和尊严。无知或知识浅薄的人投入思想斗争，不仅不是个好的战士，而且是个不爱国的人。此时引证高尔基的话最适宜，他说：做一个爱国者是不坏的，完全不坏；但要做了愚笨的爱国者，这就不幸了！必须永远记住，"人家傻，咱开心，可自己傻，就是耻辱"（参见《共青团真理报》）。①

少年的心中不该产生这种思想，即认为学习是一件轻松的事。有的少年、青年男女之所以常常感到学习很难，是因为他们一直认为学习是件很

---

① 这是高尔基写给儿子的信。

轻松的事，没有做好迎接困难的准备。为了使学习最终变得轻松（这里是指学习的困难要经过顽强的努力去克服），必须把学习当作一种难事，必须使人不绕过困难而去想走轻松之路。

学生在每一天、每堂课上都应当用自己的努力获取知识或技能，这不仅是普通的教学法则，而且是重要的教育规律。在一些优秀的教师面前，学生们的认识与求知的愿望永不熄灭，因为他们会感到自己是知识的探求者。如果您想让学生永不丧失对知识的兴趣（而且只有在这种条件下，他才不只是您的学生，也是您的教育对象），那您就要善于确立对思考、对思维的态度，就像对劳动的态度那样。如果您能做到这一点的话，知识就会变为您的学生的最宝贵的东西，而您，自己教育对象的教育者，则会成为一位"天才"的教育家。

只有在学校中形成这样一种理念，即知识不是僵死的、一成不变的，而是在不断积累和创新的，思维才会成为一种劳动。知识不是一成不变的，它涉及对待义务和纪律，友谊和责任心的态度，应当进入集体的精神生活中去。带着书包坐在书桌旁的人，应当意识到自己是明天的劳动者和战士，是未来的父母。

课堂教学是启迪学生思维的策源地。我认为课堂教学最重要的教育目的，就在于去点燃孩子们渴望知识的火花。如果学生在上完课之后，没有感受到他想要知道的比教师对他讲的要多得多的话，如果这种愿望没有变成一种追求，没有变成激发用更多的时间去读书的动因的话，课堂教学的目的便没有达到。您要带着一种状态走进教室，形象地说，带着一种对知识的惊叹走进教室。我的学生应当在浩瀚的知识海洋面前体验到震撼，感到自己不是一粒微不足道的尘埃，而是一位大无畏的航海家。我的课堂应当使我的学生受到勇敢精神的鼓舞，而这种勇敢精神正是在知识海洋航行所必不可少的东西。只有图书才能使这种震撼变为求知好学。只有阅读才能为学生展现出绚丽多彩的智力生活。

如果学生只会学习一些书本上的知识，如果他的学识只局限在这一点上，那他的智力生活就会是贫乏而有限的。所以，要谨防青少年们的智力生活全部表现为死记硬背。死记硬背是和谐发展的大敌。一个人只有在不去死读书的时候才有可能拥有真正的智力生活。我们的教育集体要关心每个学生阅读与功课无直接联系的图书的情况（当然，也有可能是由于功课而产生出的兴趣和问题去阅读的）。根据思维发展的需要，青少年应当加倍地去阅读，其阅读量要大于教科书所提出的阅读要求，这就是我多年的教育经验得出的结论。根据思维发展的需要去阅读，不去死读书，乃是智能发展、创造性思维能力形成的主要条件。根据思维、认知的需要去阅读，孩子会对智能的伟大和力量感到惊叹，个人智力生活的含义也在于此。没有这种阅读，单纯死啃书本不可避免地会变成读死书，会使人头脑迟钝，把学习变成为令人不愉快的负担。没有根据思维、认知的需要而去阅读，学起教科书来也是吃力的。缺乏丰富而充实的智力生活，儿童就会产生不愿意学习的念头。教师一旦认识到这种现象是危险的，并能正确地了解到它的起因，就会努力去寻找防止学生产生懒惰、游手好闲、虚度光阴等缺点的唯一正确道路。这条路，就是去唤起学生们对思考、对图书、对阅读的兴趣。有了阅读兴趣的时候，学生才会愿意去掌握教科书上的必需的材料。

当今，青少年生活在一个丰富、快乐的世界里。他们喜欢踢踢足球、打打篮球、听听音乐、看看电视，尤其是观看体育比赛，真是让人大饱眼福，心情愉快。但如果让这些快乐耗费了人的全部精神力量，那他就会成为一个知识贫乏、精神空虚的人。快乐世界丰富多彩，反倒成了一个很重要、很复杂的教育问题。若想解决它，只能依靠家庭、学校和社会的共同努力。这里，最主要的一点，就是在一个人的童年、少年、青年早期，在他的精神世界里，就应当使他对阅读和读好书、有趣的书和需要的书产生浓厚的兴趣，感受和体会读书带来的满足感。使他认识到，任何其他的快乐都不能与图书世界里思想的美好、生活的欢乐相比拟。能否做到这一点，仍然取决于教师以什么态度去对待孩子们。谈图书、谈思想的时刻应当成为孩子们同教师在精神上交往中最密切的时刻。

30

学习应成为青少年的自觉追求

知识是为共产主义而奋斗的战士的精神力量和武器。在当今的时代，如果一个国家的公民文化水平不高、缺乏求知好学的精神、没有丰富的智力生活，这个国家就不可能独立、强盛。列宁说过，我们需要真正有知识的、受过教育和训练的人（参见《列宁选集》）。你学会数学、物理、化学、生物，就是在准备用自己的智慧和知识为祖国服务；你学会人文科学知识，就是在培养自己成为一个好公民，成为一个具有高度发展的、崇高的兴趣和追求的人。

知识是一种无价的财富，你应当在童年、少年、青年早期时代得到这种财富。如果你在少年时代没有获得的那些知识，在以后任何时候都是很难得到的。你要努力去做掌握这种无与伦比的财富——知识的男子汉。你的天职就是竭尽全力去学习。男子汉的人格就是不当寄生虫、好吃懒做的人。要蔑视那种思想上的懒惰。掌握知识后，要把全副精力用在公民的利益上。对公共利益无动于衷的男子，充其量只是个会刮胡子的男性而已（参见《车尔尼雪夫斯基哲学著作选》）。在学习上懒惰、懈怠、缺乏意志、松松垮垮，就意味着你为自己的寄生生活埋下了祸根。

这段教诲的目的，就在于去培养儿童和青少年们以公民的态度去对待学校、教师、科学、图书，更重要的是，能以公民态度去对待自己的思维、脑力劳动。只有在这种条件下，即每天都在使孩子在学校里增添一点公民意识的情况下，我们教师才会成为真正的教育者。我们的任务，不仅在于让孩子们去想在学校里学到的那些规则、现象、定律、公式，他们还

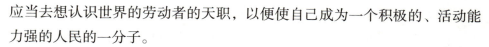

应当去想认识世界的劳动者的天职，以便使自己成为一个积极的、活动能力强的人民的一分子。

要实现这段教诲，关键要使孩子感受到劳动的魅力，且对懒惰毫不留情。当孩子坐在书桌旁，聚精会神地去记忆、理解、领悟的时候，他就应当感受到，自己已经是劳动人民的一分子了。

我们应努力使孩子们感到，不劳动的一天，就是自己生活中不幸的一天，是任何东西都无法弥补的巨大的损失。这就是我教育孩子们的章法。

我力求使孩子们感到，大家都在劳动时，自己却游手好闲，这种情况是可耻的。学习的习惯，只有在学生不是机械地死记硬背，而是进行具有鲜明的道德色彩的脑力劳动时才能培养出来；人只有在劳动的时候，才能被称为真正的公民。形成这种信念并非易事，须知，我们工作的对象是孩子。我经常给孩子们展现那种决定劳动力量的思想的宏伟图景。比如讲讲矿山和水电站的建设、工厂的建造、探矿、海底研究、增加土壤肥力、大自然的保护等等。要把思想、劳动、公民觉悟的统一作为生活的规律渗透到孩子的意识之中。

我力求让学生们在刚刚成为青少年之前就感到，他们的生活价值中最首要的并不是物质生活，不是对穿着、住所、美味佳肴的关心，而应当是精神生活的欢乐。就这个概念而言，人在青春时期就应当成为理想主义者。只有在用精神、理想去审视人的动物性的时候，而且去审视那种无所用心、不问世事的情形的时候，知识才有可能成为十足的为共产主义而奋斗的精神力量和武器。人是要吃东西的，否则他就不能活着，但如果他变为一个贪吃的人，就会有失自己的脸面，失去精神美。人应当住在漂亮而舒适的住宅里，穿戴也应美丽得体，但是，如果这一点超出人的精神和理想，那他就会变成一个庸人。

我们号召自己的学生为共产主义理想而生活、学习、奋斗，这绝不是老生常谈。因为这是为了每个人的公共福利和幸福。我认为，教师有一项特殊的教育任务，就是消除青少年思想意识中的那种虚幻的、世俗的理想。我给青年男女们讲了《什么是真正的富有》的故事，这个故事迫使他们去思考财富的真正含义。

列宁在《宁肯少些，但要好些》一文里，着重指出了科学真正根深蒂固地变为生活一分子的必要性。列宁写道，我们需要的人是"可以保证决不相信空话、决不说昧心话的分子，不怕承认任何困难，不怕为达到自己庄严的目的进行任何斗争"（参见《列宁选集》）。列宁的许多著作都贯穿着一条红线，这条红线就是向青年宣传共产主义思想，这也意味着要使青年把共产主义作为自己的信念。在当今复杂的时代，正值共产主义意识形态与资产阶级意识形态进行不可调和斗争的关键时刻，列宁关于共产主义信念的思想，就成了照耀教育这条艰巨道路的指路明星。

如果成千上万的青年男女们没有在最紧张的发展年代去掌握知识的话，那他们就谈不上在机床旁和在田野里劳动，谈不上用自己的力量和才能去创造物质和精神财富。

学习的目的不应该只局限于为未来积累知识。我们教学的目的，就是去创造我们社会最重要的财富——人。如果我们想培养出真正有渊博知识的人，学习就应当成为今天年轻人积极的、有思想性的、公民的生活……

课桌旁的公民生活意味着什么呢？意味着在掌握知识的过程中培养一种对待知识、对待科学的态度，这种态度会使一个人相信他是作为一个为共产主义的理想与敌对的意识形态进行毫不妥协斗争的战士、作为一个爱国者、劳动者、军人而处在社会生活之中的。思想工作与教学的统一，这就是教学过程中的教育。培养重视知识、科学、劳动的列宁主义的态度以及课桌旁的公民生活，是我们对青少年的整个教育工作中最复杂、最细微的部分。就其本质而言，这是一项思想政治工作。课桌旁的公民生活，始于个人对其自身思维活动的认知。须知，知识并不是一成不变的真理；知识，是个人多方面的、思想上和情感上丰富的生活。当你认识、理解到这点时，你就会愿意使你的学生在了解知识之后成为战士——你的志同道合者，使他在了解和感受知识的同时，确立自己的思想观点。我认为教师的使命，就在于使课桌旁的公民生活的形成，自始至终用观点、信念、追求、评价与自我评价的教育去进行。所有这一切，都包含在"态度"这个

多方面的概念之中。

　　只有在拥有追求的时候，学生才会成为公民。人类的知识往往是在十分艰巨的浴血奋战中获取的。知识，是人类功绩之美，是自我牺牲的精神。人类斗争的历史篇章如同烧红的铁那般火热。这些历史篇章中的每一页都在燃烧着永不熄灭的人类激情之火。

　　培养真正有渊博知识的人，对知识有列宁主义的态度的人，就意味着要在孩子面前展现出那些为真理的胜利、未来一代的幸福而献身的革命者的光辉形象。要培养为共产主义而奋斗的战士，就意味着要使我们年轻公民的心永远追随着伊万·苏沙宁、谢尔盖·拉佐、费里克斯·捷尔任斯基、尼古拉·加斯特罗、德米特里·卡尔贝舍夫、亚历山大·马特洛索夫、尤利乌斯·伏契克、卓娅·柯斯莫捷米扬斯卡娅的火热的心而跳动。我努力燃起少年的心灵之火，激起他们忠实地为祖国服务的志向。没有志向就不会有公民的觉悟。

　　培养真正有渊博知识的人，首先要具备：英勇精神、忠于祖国、忠于信念、准备并善于掌握为人民的幸福而需要的思想财富以及为祖国的福利和荣誉而发展科学技术的才华。

　　列宁的伟大形象具有巨大的教育力。他那闪光的生活、革命的思想、马克思主义的信念和目标、尊重珍视知识的品质，这一切都将成为学生自我教育的标准。要去讲述列宁，就需要我们每一位教师具有崇高的精神和教育素养。这种素养的实质就在于教师本人能燃起崇高的理想之火，树立对共产主义的坚定信念，使自己的学生能用行动去表达为共产主义而奋斗的崇高志向。当我谈到列宁的时候，我极力激发孩子们对思想美、忠于理想的美、为共产主义胜利而劳动的美的兴趣。

　　认识和理解这种美，是激起学习欲望的最大的动力，是做个有智慧、有教养、有文化、精神上丰富的、思想上不屈的人的一种志向。只有当这种美变成学生个人财富时，知识才会变成力量，智慧才会变成精神力量。

　　要培养真正有渊博知识的人，就要想方设法让公民坐在课桌旁学习，这意味着使他们成为思想家和劳动者。我的学生不应当是现成知识的需求者，而应当是未来知识的猎取者。如果学生不去猎取知识，也不去体验精神上的压力，那他就不可能成为我的学生。我所讲的关于为共产主义而奋斗的话就不能打动他。在许多学校的高年级里就有这样的学生：他们以冷漠的目光看待一切，教师的话也点燃不起他对知识兴趣的火花。

为什么会出现这样的情况呢？这是因为教师总以老一套的方式传授知识，而学生的使命也只是去死记硬背，他们认为把知识记在脑子里就行了，遇到教师提问，便把学到的知识来个"和盘托出"。这种情况下，学习自然松松垮垮，而知识也会变得没有教育力量。

做一个爱学习的公民——这意味着要成为一个有思维的劳动者，要像列宁那样去掌握知识，也要像列宁那样去珍惜知识……

按照列宁那样去教育、去培养真正有渊博知识的人，就意味着不仅要在我们学生的思想意识中去确立一般的真理，更要去确立如火如荼的革命斗争的真理、热爱劳动人民的真理、对我们思想上的敌人毫不妥协的真理、对祖国的敌人憎恨的真理。我们的学生应当向往知识、向往真理，应当一想到这些心便咚咚直跳。遵照列宁的遗训，就意味着教师不应只是把自己头脑中的知识搬到学生的头脑中去，而是要去号召、去引导年轻的公民前进。

31

良心是行为的敏锐卫兵

从你在大地上迈出第一步并开始观察世界的那时候起，年长的人们就对你有着一定的看法。这种看法多半是变化着的，但有时也是不变的。亲人和外人会看到你身上优秀的品格和不良的行为，会用一定的方式对你进行评价，并采取某种态度。每个人都有不同的特点，就连吃奶的孩子们也不相同，有的爱哭，有的好静，有的调皮，有的温顺。起初，对你的优、缺点的评价反映在妈妈的微笑中或忧郁的脸上，反映在父亲的疑惑神情或摇头之中，反映在对你的赞扬或训斥之中。你步入人的世界，是从人们对你的赞扬、夸奖，或者责备、批评开始的。而你本身仿佛成了善言与恶语的储存所。当你进入社会的、公民的、劳动的、创造的、智能的生活时，人们对你的优、缺点的评价，对你的态度，就会变得更加严格要求、更加严肃认真、更具有意义，因为他们此时对你的评价不是以个人为出发点，而是以社会、以集体为出发点。要善于理解和领悟社会对你的评价，社会对你的态度，这不单单是看别人喜欢不喜欢你的问题。社会对你的态度能够反映出公共利益所需要的那种人的本质。在我们社会里，存在着赞扬、夸奖、责备、斥责、惩罚，为的是使你学会服从，自觉地去完成他人的心愿——这也是为了你的利益，你要学会控制自己——控制自己的行为，约束自己的想法。

在六七岁的时候参与劳动和智力生活，在童年时代学会正确地去对待赞扬与责备，这一点对你来说很重要。常常有这种情况，在家里有人夸你，父母宠爱你，可在学校却有人对你不满意——不只是责备你，而且是非难、斥责、惩罚你。你自己要善于认清这种不一致；要懂得，无限的夸奖不仅会削弱一个人的精神力量，而且会产生一个危险的特点——自我怜悯。凡是不健康地滋长这个特点的人，他在任何时候都不会成为勇敢的人。要做一个精神上坚强而勇敢的人，首先要学会正确对待自己。凡是真正珍惜你身上做人的品德的人，一定不会去过分夸奖你。要常常坐下来扪心自问。一个善良的人有时候甚至会在狗面前感到羞愧，请记住契诃夫这句良言吧（参见《契诃夫全集与书信集》）！如果你听到年长的人、自己的同伴对自己指责和批评，你要记住他们的指责和批评的话，这对你有好处。

要发展你良心的敏锐性。

这段教诲的意义，归根结底在于使孩子学会以批评的态度对待自己，使良心成为孩子行为的敏锐卫兵。

我认为有一点非常重要，这一点似乎很简单，但其实又不那么容易做到，那就是使人一想起童年时做出的不体面的举动，就应当终生感到内疚、懊悔，痛苦万分。要使人做到这一点是不容易的。这里最主要的，是要使他能够扪心自问，使善良的思想之光照亮他的心灵。如果专门讲一下培养良心的课，这个思想会变得更为鲜明。

我和孩子们一起到田里去挖土豆。

"你们都八岁了，"我对孩子们说，"干活就该像干活的样子，一个土豆也不该落在地里。"

我安排费佳在我旁边干活。我包四行，他管一行。我们一边挖一边捡，把土豆放进筐里。

干着，干着，费佳不想干了。他只捡土地面上的土豆，埋在土下层的，他就不想捡了，于是这也落一点儿，那也落一点儿。他这样干活我全看在眼里，我感到心里很不安。我把费佳丢下的土豆挖出来，并说：

"你这样干活不感到羞愧吗？有人在看着你，而且看到了这一切。"

费佳惊奇地打量了一下四周，问：

"那人在哪儿呢？他看到什么啦？"

"费佳啊，他就在你身上，他是人。他会看到一切，发现一切，不过，他对你说的那些话你一向不去细心倾听而已。只要你试着去细心听一下，就会听到你身上那个人的声音，他会告诉你你是怎样干活的。"我告诉费佳。

"他是人？那他究竟在我身上什么地方？"费佳更为惊奇地问道。

"就在你的头脑里，思想里，情感之中。"

费佳去找新秧，捡躺在上面的土豆。本想捡完上面的就走，这时，仿佛有人在责备他：费佳，你这是在干什么？要知道土下面还有土豆呢。费佳很惊讶，往四周看了看，同学们都在干活，他们不在我们旁边，没人听见我们的谈话。虽说身边没有旁人，可是仿佛又有人在看着他干活，为他感到羞愧。

"也许，真的有人在看我干活。"费佳想了想，于是他耙开土，又找到了几个大土豆。这时，费佳的心里轻松多了，他轻轻地舒了一口气，甚至高兴地哼起小曲来。

费佳干了一小时、两小时，越来越感到惊讶。他想，干吗耙土要耙得那么深呢？也许那里没有土豆呢。但这个念头刚在头脑里一闪，仿佛有人就看出他这个念头，这让费佳感到羞愧，但又感到高兴。为什么高兴，他自己也搞不清楚，可为什么感到羞愧，他明白了，这是因为他不想做个坏孩子。

过了 22 年，费佳 30 岁了，已是两个孩子的父亲，他对我讲起当时的情感和感受：

"现在一想起当时不愿意耙开土把所有的土豆都捡起来时，我就感到羞愧……"他说。

应当引导每个学生，让他们感到自己身上有个人。这里特别重要的一点是，孩子一旦做了不体面的事，责备他的并不是年长的人，而是孩子本人。年长的人只能去点燃善良思想的火花。

你的每一步，必然在你的亲人身上有所反响，因为你的行动总是有某个方向，而且带着某种目的；你的每一句话，会在别人的心灵中有所反应，但如何反应，完全取决于你。经常观察你周围的事物，你会发现，这里边既有善良，又有邪恶——这一切都取决于你看到了什么和怎样去看。

我们就是这样去教育自己的学生的。

人的看法也能带来善和恶，就像《微笑》故事中讲的那样。与人为善的人常常严于律己，因为善良也是一种财富，这种财富带给你的，要比起你给别人的多得多。要善于观察世界，就要培养对自己的严格要求，要有自己负责的本领。一个人只有勇于责备自己的时候，善的思想才会真正地在他心中树立起来。这种责备的力量是巨大的，往往可以伴随一生。

一个教育者，只有当他正确地看待善与恶，正确地评价心灵、思想、动机、志向的细微差别的时候，才会成为一个理智的、善良的、永久的传播者。正确地看待善与恶是公正的基础。当孩子感到他被不公正对待的时候，教育也就不能被称为教育了。不公正会产生侮辱、愤怒、卑鄙和虚伪。

这是发生在二年级的一件事。

在课间休息时，不知是哪一个学生用墨水弄脏了靠门的那面墙。墙上留下了手指的痕迹。上课铃响了，教师走进教室。他看到墙上的指印后，便问：

"是谁把墙弄脏了？"

大家都默不作声。

坐在最前面课桌的是米什科。他的手指上沾上了墨水。教师仔细地看了看：他的手指上似乎还有白粉的痕迹。米什科是个淘气的孩子，准是他……

"是你干的吧？"教师问道。

"不，不是我！"米什科回答。

"真不害臊！"教师愤怒了，"是你干的恶作剧，还嘴硬不承认。"

米什科低着头站着。此时此刻，他正期待着坐在他后边的彼佳能站起来说："是我……。"但是彼佳把手藏到书桌底下，一声不吭。

这个典型的例子说明，教师不善于观察，会产生更严重的恶果。把弄脏的墙重新刷白是一件很容易的事，而被不公正玷污的心灵却将终生伤痛，如果这颗心没有变得冷酷，也没有养成卑鄙和伪善的习惯的话。有的教师可能没有注意到，正是由于自己不善于观察善与恶，往往在不经意间帮学生播下了伪善与背叛的种子。凡是从小就学会隐藏脏手的人，到了成年时期，很可能为保全自己的性命，而把同伴推向深渊。有人做了一点点坏事，躲躲闪闪，逃避责备，也不感到问心有愧，这种人会成为潜在的恶棍。

做坏事的人，往往是从一点坏事开始做起的（似乎是如此），而正是由于一个人干了一点坏事（起初并不严重），却没有受到惩罚，有了头一次，他会从内心深处开始放纵起来，变得不守纪律，把别人的善良当作宽宏大量。教师要教会学生严格要求自己、帮助他养成善于扪心自问的习惯，形象地说，要在少年心灵中树立一个理想的人，这个人好像总在一旁看着这个少年，看着他的所作所为，从不放过任何一点过错。这在种种错综复杂的现象之中，是具有特别重要意义的，可惜，我们没有把这一非常重要的任务放在首位。

一个人感到羞愧的时候，才会产生对自己严格要求的愿望。当他在为自己不体面的行为感到羞耻的时候，会想到别人正在看着他，这如同又一次地感到那个理想的人在心灵之中看着自己。羞耻往往比来自外面的最严厉的惩罚更有力量，因为这是用自己的良心去惩罚自己的良心。

培养孩子的羞耻感，是每位教师需要掌握的一根魔杖。我相信，这根魔杖恰恰也是父母手中的一个强有力的工具。培养孩子的羞耻感，无须任何药方，生活中会接触到无数的事物和情况，在每一件事中，都可以找出不可避免地产生羞耻感的那种情形。如果我是那位不公正地责备米什科，而没有看到真正有过错的彼佳的老师的话，我就会那样做的。我会责备米什科：你干吗要伸出手指并举手呢？你满可以像你的几个朋友那样把手藏在书桌底下不就行了？只要把手藏在书桌底下，不就神不知鬼不觉了吗？

　　起初，米什科可能不会感受到我的话里有讽刺的色彩。过一会儿，他就会意识到我话里的含义和色彩，这会使他不安起来……。可彼佳会羞得无地自容。他或许会哭起来，或许一边在书桌底下摆弄着手指，一边看着我。要知道，他不是那种怙恶不悛的罪犯，他只不过是个淘气的孩子。他一声不吭，不是因为有意识想去背叛朋友，而是因为害怕教师的训斥以及训斥中的恐吓。可是，教师的吓唬并不一定能得到好的结果，这样做往往事与愿违。任何情况下教师都不能这样做！这样做会把人吓呆的。最主要的是，这会使孩子羞耻一辈子，一想到那事就心生畏惧。

　　羞耻，形象地说，如同空气，有了它，责任感的翅膀就能翱翔。人有了责任感，才会生畏，才会怕做坏事。这种恐惧不会束缚力量，而是在产生勇气、无畏、道德上的坚强和不屈的同时，对力量产生一种强有力的刺激。

32

怎样培养良心

一个人生活在社会里，要善于控制自己的行为、举止和意图。只有当你的心中存在良心、羞耻、责任和义务的时候，你才会成为有道德的人。这是使你具有高尚道德情操和道德素养的四个最重要的源泉。它们是相互联系着的，彼此之间又是密切交织在一起的。对我们、对社会、对他人，包括对自己本身的那种义务的认识和感受，都和谐地融合在良心里。一个人从幼年起就要学会这样去生活：当你为别人做了好事的时候，你会感到心情愉快；当你做了一件坏事、一件令人谴责的事情的时候，你会感到难受。一个人的良心，只有在他有羞耻之心的基础上才会存在于人的心灵之中。良心，这是几倍于体验和感受的认识。羞耻、责任、义务、奉献就是从这一举动之中派生出来的。

有的人可能意识到应该有良心，可是他自己却是个没有良心的人。一个人只有在心灵里有良心存在的时候，良心才会成为行为的卫兵，而这意味着你要经常加倍地去体验和感受对良心的训练。这是一件非常细致的在头脑中与心灵中进行的工作。它体现在活动、举止之中，以及对自己行为的思考之中。你对这种心灵深处的工作做得越细、越积极，你的羞耻感、良心就越能得到强化。

要为自己的心灵空虚而感到羞耻。更要为你没有自己神圣的东西，没有自己颠扑不破的、无可争议的真理，没有准则和原则而感到羞耻。

要为自己的软弱、无原则性、"没骨气"感到羞耻。假如你感到你身上有个卑鄙的家伙产生了"这不关我的事"的念头，你就要为此而感到害臊。

要为自己在公民生活、义务、责任等方面所表现出的冷漠无情和漠不关心的态度感到羞耻。这样的冷漠无情有损于男人的体面，也有损于女人，尤其是未来母亲的体面。

不仅要为自己有明显的卑鄙行为感到羞耻，而且要为别人一想到你，就把你看作一个卑鄙的人感到羞耻，哪怕只有一丝一毫这种看法。

要记住，童年和少年时代出现的卑鄙行为，仿佛都是从一些很小的事情上开始的（往往是从你的本能出发，这当然是与人的精神相违背的），比如想逃避责任、躲避危险、见到他人不幸不去相救，比如把因无知、疏忽、冒失、误会而导致的某种事故的责任推给别人，等等。卑鄙行为还包括你从自己的小洞里默默地向外张望，好奇地期待处在危险之中的同伴会有什么遭遇。其实这小洞、小巢——就是初看起来是无害的一种利己主义的摇篮。要为自己处在阴暗角落里的表现感到羞耻。即使淘气、吵闹，也要比顶嘴来个"这不关我的事"要好些。

要为自己的不负责任、轻浮、情感上的轻率感到羞耻。在情感上，应当学会做一个忠诚的人、富有责任感的人。

要为自己的无礼感到羞耻。以无知为傲，这就愚蠢到了极点。理智和情感上的无礼，会降低人格，使你成为蒙昧无知的人。愿羞耻感永远做你品行端正的卫兵，以防蒙昧无知的、自身不完善的东西来侵扰你。

良心、羞耻心、责任感、义务感的培养，是精神上、道德上完善和自我完善最精细的范畴之一。在这一教育范畴之中，人更多地应该去思考自身的问题。是的，为了不使自己成为一个没有良心的自私自利者，人应当学会严肃认真地去进行自我反思。

良心的作用，就在于它能使一个人以个人的名义去评判自己的行为和品质。如果仔细认真地去研究良心来自何处的话，那我们就会得出这样一个结论：只有从幼年起就习惯并深知自己是处在众人眼前的时候，内在的"我"的声音才会开始在人的身上说话。良心和羞耻心的培养也恰恰在于使孩子感受到这种渗透，即用别人的思想感情渗透到他内心的世界中去。应当给孩子创造这种感受：虽然周围没有一个人，也没有任何人在注…
…

视他，他仍感到自己处于众目睽睽之下。不应该经常不厌其烦地去催促他，丝毫不放过他的每一个动作。过分的监督会使良心麻木，使它变得虚弱而无力。教育的艺术就在于使孩子能善于自己去处理自己的问题。只有这样，他才会发展对自身的观察力。

在跟孩子们谈论构成良心、羞耻、义务、责任的意义的一切真理时，应当说得细致一些、亲切一些，而特别重要的一点，就是启迪孩子们的良心，召唤他们用良心去从事某种活动。启迪良心，就意味着信任。如果我想去检查一下自己是一个什么样的教育者，我会这样做。我会将我的学生在学校（包括课堂上、小组活动等）、在家里所做的一切都记载下来。

有时候，为了让孩子用别人的眼光来看自己，不仅应当去利用环境，而且应当去创造一个必要的环境。在培养良心方面，就像人是独一无二的那样，也要有独一无二的条件。

三年级学生斯坦尼斯拉夫无论在勤奋学习方面，还是在勤勤恳恳做社会工作方面，成绩都不突出。教师也好，家长也好，费了好大的劲儿迫使他去完成自己的义务。可是，这个孩子还是没有做到。良心的谴责从来没有去触动他一下。这种无动于衷的原因，就在于孩子在家里养成了凡事只为自己着想的习惯，而且他唯一的快乐源泉就是需要福利（这里的这种欢乐是自私的，没有良心谴责的）。教师和父亲逼着这个男孩去为鸟做个饲料槽……。但是直到现在斯坦尼斯拉夫每天总得有人监督才干活，监督松一点儿，他就不干活了。

暑假临近了。在学校的生物角里有一个小鸟笼，鸟笼里养着两只小山雀。这两只山雀都受了重伤，不能飞了。夏天，小山雀需要特别护理。教师把这件事委托给斯坦尼斯拉夫去做。他得每天到学校去，喂饲料、清洁鸟笼，还得去贮藏备用饲料和越冬饲料。小鸟爱吃新鲜饲料，斯坦尼斯拉夫一天要到学校几次才行。

这是以班集体的名义委托给他的任务。学生们知道斯坦尼斯拉夫一向不尽心尽力去做事，所以孩子们都怀着极大的兴趣去关注这位同学能否胜任这项艰难的任务。在众位同学面前，斯坦尼斯拉夫感到有数十只眼睛在注视着他，但同时，他又是一个自行其是的人。良心使他扪心自问，但同时他也懂得：善于强迫自己——则意味着善于去完成同学的意愿。

两个月的暑假对于斯坦尼斯拉夫来说，是艰苦而紧张的，但又是愉快的。因为他体验到自己终于成为战胜消极怠惰和冷漠无情的胜利者。

有时候，应当专门去创建一种使人感到羞愧的必要的环境，让一个人以局外人的眼光观察自己，使他能亲眼看到自己的不端品行。

1965年12月，少年队大队收到一张参加共和国少先队夏令营的请柬。队委会把这份请柬交给了一个优秀中队。在队会上，少先队员们决定派积极上进、勤奋好学、热爱劳动的男孩子尤尔科去参加夏令营。孩子们在送别他的时候，请他帮忙买些鲜花种子。他们给了钱，甚至把信封交给他，让他把种子装进信封里寄回来。尤尔科满口答应一定完成大家的委托，他也迫切希望他们中队的"美之角"成为所有中队"美之角"中最好的一个。

尤尔科走后，就把自己的诺言给忘了。教师本来可以写上一封信，严肃提醒他注意少先队的荣誉；本来可以提醒他别忘了他所做的一切是为了集体的利益……。但教师却采用了另一种方式。他给尤尔科写了一封信，信中写道："你一到夏令营，便立刻把种子给我们寄了回来，我们收到了。你看，我们糊的信封多么好啊，一粒种子也没丢。我们把种子撒在寒冷的土壤里，等春天一定会发芽。太感谢你了，尤尔科。你这样做，说明你履行了自己的诺言。"这些话比责备和警告更有力。尤尔科为自己的疏忽和言而无信而感到羞耻。他立刻把种子寄回来了。孩子们认为尤尔科真是好样的，没有忘记自己的诺言。但是，问题不只在于这一举动本身，而在于那种对羞耻的、深刻的痛苦体验，将给一个人的品行打上一个烙印。尤尔科从夏令营回来之后，我们发现他变了，变得更谦虚、持重，对他人的利益和愿望更加关切了。

善于使人感到羞愧，是一种艺术。当一个人体验到羞耻感时，他才会在发展自己的道德意识的道路上迈出一步。在激发羞耻感时，教师要特别注意分寸。

应当注意的是，羞耻同侮辱、讥笑不应有丝毫共同之处。体验到这种羞耻感的人，一定会成为精神上坚强的人，而不会成为一个软弱无能的、逆来顺受的人。羞耻的强大教育力量，就在于它没有使人失去个性，而恰恰使人的个性中那些优点得以突出。我坚信，体验过羞耻感的人，会变得更加纯洁、更加美丽。你看他，仿佛脱胎换骨一般，身上没有一点偶然沾染的、故意装出来的东西。有羞耻感的人用自己的全部精神力量奉献给您，他会感受到对人的一种迫切需要。

对别人进行讽刺挖苦，通常是不道德的。把人的羞耻拿来进行笼统的评论，就意味着刺激他人的心灵。如果您打算使人有羞耻感，那您就应当学会宽恕和怜悯他人，因为凡是有羞耻感的人，只要您不去侮辱他，他定会靠近您。善于使人有羞耻感，是那个称之为有教育分寸的奇妙的花坛里最芬芳的鲜花之一。使人有羞耻感，就意味着给人本身一个斟酌、思考、分辨自己行为的机会。羞耻永远要求保密。所以，教育者把那些可以唤起羞耻感的行为提出来加以集体讨论应当非常谨慎。

33

怎样使行为举止听从良心的召唤

做应该做的事，不是为了给人看，也不是为了让别人表扬你的做法，而是凭自己的良心办事。做一个真正的能扪心自问的人，比被别人品评举动、称赞善良和批评邪恶要困难得多。对着自己的良心去解释，要比当着别人面去解释要困难得多。如果你独自一人做了某件坏事，而且认为无人知道这件事，那你就错了。隐藏起来，不让别人知道，这种行为是卑鄙的；隐藏起来，进行自我欺骗，更是可耻和虚伪的卑鄙行为。哪怕独自一人时，也要做一个堂堂正正的人。

这段告诫说的是对心灵中最细微、最娇嫩、最敏感的一角——自尊心的轻微触及。怎样才能使行为举止达到听从良心的最强有力的、最无情的指挥和裁判呢？这里主要的一点，就是应当保护儿童的心灵不受虚伪和可耻行为的侵扰，培养他们纯洁的良心。

道德培养，应当从点滴做起。我认为非常重要的一点，就是要使孩子能独立地将自己的精神力量化作物质的东西，并体验到自豪感，让孩子在劳动中能看到自己的愿望成为个人的满足和个人的欢乐。

应当珍惜心灵中的这些激情，把它视为无价的道德财富，不要被冷漠所污染。只要细心观察孩子的劳动，你就会发现许多"干枯了的树木"。一个男孩在学校里得到一个橡实，答应把它栽到父母的宅旁园地里，并希望它能长成橡树，但是他忘了橡实的事了，它在窗台上足足放了几个星期，这也是干枯了的树木和干枯了的理想。一个女孩要了一只小猫崽，但在第一夜，小猫崽就弄坏了东西，她的妈妈很不高兴，把小猫崽扔掉了。

这更加糟糕：这不仅是干枯了的树木，而且是刺伤了的心灵，摧残了的良心。

　　良心，是一种非常细嫩的、非常任性的东西。如果你由着它的性子为所欲为，它就会变为残酷的东西。应当教育孩子们，特别是少年们能主宰自己的良心，能够管束住它，那么它就会成为一个人一生行为举止的聪慧的、卓越的卫士。

　　尼·亚扎博洛茨基有一段精彩的诗句：

不要让心灵偷懒吧！
可不能竹篮打水一场空，
日以继夜，夜以继日……
心灵应该劳动！
天将破晓，启明星微微闪亮，
怎能让它安睡在床上，
要管束，把它管住，
对待偷懒决不能宽宏大量！
假如你以宽容相待，
它会变得游手好闲，
到头来，它会毫不留情地
从你身上剥下最后一件衬衫。

　　严格要求自己，对懒散毫不妥协，对"马马虎虎"不能容忍，对这些自我教育的基本真理，孩子们应当练就一种特殊的敏锐性。

　　我常常给孩子们讲我们那个地方鲜为人知的一个故事。

　　当克列缅丘格水电站建成的时候，第聂伯河沿岸的一个村庄被水淹了。人们只好抛下故土迁入新的居住地。有一位老集体农庄庄员运走了所有的家当，甚至拆了房子，把一砖一瓦都运到新的居住地。宅院里没有留下一件东西。但这位老庄员、一家之长对全家人说：

"大家都聚到一起，我们去做一件重要工作。"

家里所有的人——妻子、两个儿子、儿媳、女儿、孙子们都已坐在车上了。他们只好下来，走到旧的宅院里。大家都莫名其妙：要干什么呢？老人拿来12把扫帚，递到每个人的手里，说："去扫一扫吧，大家动手扫扫院子，不要留下一个干树枝，也不要丢下一片纸。"

大儿子问父亲："我们干吗要这样做呢？反正这里要成为海底的……。有什么必要把垃圾装上车……"

老头儿生气了，示意大家停下手里的活，他说：

"人的良心应当是纯洁的——这就是为什么我们要去扫院子并把垃圾运走的道理。我们这样做不是为了鱼，而是为了自己，也就是为了使自己的心灵不觉得惭愧。在死后，走进地狱时，我们就能将那件白衬衫保存下来，记住这一点吧，我的孩子们。"

不要忘记：我们是人！我教孩子们要听从自己良心的支配，严格要求自己。

我们在椴树下的森林草地上休息。我们举行野餐，吃着甜甜的西瓜。草地上散落了一大堆西瓜皮。有的孩子往灌木丛里瞧了瞧，噢，他们想把这些西瓜皮丢到那里去。你们要冷静地想一想，你们在打算干些什么事。不错，谁也没有看见我们，再说，即使有人看见了，似乎也不会去指责这一点的，但是……良心！难道我们的良心不觉得惭愧吗？难道一想起把成堆的废物丢在开花的灌木丛下发臭，我们能高兴吗？于是，我们收集西瓜皮，带到田里，埋进土地里。这种腐烂的东西对土壤有益，而我们的心灵也不会由于这种腐烂而发臭。

从森林归来时，我们在新耕耘的田里见到一只翅膀被打伤的小乌鸦，它把头转向我们，用悲哀的目光看着我们——就像个小孩那样。我亲爱的孩子们，如果你们将这个无依无靠的小东西丢在这里，你们会终生难忘那双眼睛。我们保护小乌鸦，护理它：这事儿并不容易，但我们的心情是舒畅的——这就是自我培养良心的方式。

我常常向青少年们建议：在你们的床头柜上应放一些你要去读的书。你要在 7 点钟准时起床，要做早操、洗漱、吃早点，然后去上学。如果你强迫自己在 5 点钟起床，每天就可晨读两小时。床头柜上的一叠书会一本一本地读完。一周、一个月、一年过后，你会看到晨读两小时给你带来的成果。是的，凡是在天将破晓时刻肯于发奋的人，他们的眼前会展现出一幅奇妙的世界。两小时的晨读会给人带来无价的财富。如果在天将破晓时刻贪睡的话，几年之后，青少年们用智慧和心血取得的东西将会丢得一干二净。

孩子们、青少年们每走一步，在他们面前都会出现挡路的石头，当然可以绕着走过去，但也可以把石头从路上搬走；为他人扫清了道路，也就扫清了通往自己良心的小路。教育的艺术和技巧，就在于使学生们不留下一块挡路的石头，就在于让那种软绵绵的，初看起来并非有害的东西（给它起个名字为懒惰）在心灵之中微微活动起来的时候，还有良心使人不得安宁。

34

怎样教孩子理解道德上的自由

　　当你还是孩子的时候，父母常常高兴地拉着你的手，在他们的保护之下，你觉得非常得意。但是长大后，父亲、母亲、老师的保护反倒使你不好意思起来。你想成为一个独立自主的、不依赖别人的、富于创造活动的人。想把自己本身的、真正的人的本质在自己的道德活动中反映出来。道德自由乃是人类的最大财富。这种财富不是大自然给予的，而是公正的制度、真正自由的社会主义社会所给予的。但是这种财富，只有在人能意识到自己是集体、社会、人民的一分子，只有当人懂得大家的共同利益和需求，只有当人听从自己的义务感，并在处理个人的愿望、个人的意志方面，如同集体、社会、人民认为应该的那样处理的时候，才会成为一种福利。

　　你的道德素养取决于你对公共需求的认识有多深，取决于你在自己的活动中为大家付出的自觉程度有多高。为别人做好事，应当成为个人的道德倾向，成为你的需求、追求和愿望。只有在这种条件下，你才会成为真正自由的人，即一个幸福的人。

　　这是一条最复杂的、包罗万象的告诫。这些看似抽象的真理，应当成为每个孩子眼中通俗易懂的东西，应当善于以生活中鲜明的事实去揭示真理的具体的含义。要教会正在成长中的人独立地反映自己个性中人的真正本质，这并非一件容易的事。首先我们要去跟儿童的愿望打交道，我们应当去尊重这种愿望，应当关切地去对待它，并去发展它。道德自由的培养是不断地与愿望的素养相联系的，在这种愿望素养的基础上，往往形成高尚的道德需求。孩子想要的一切并非是他真正需要的，这是众所周知的。

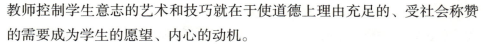

教师控制学生意志的艺术和技巧就在于使道德上理由充足的、受社会称赞的需要成为学生的愿望、内心的动机。

教师应当深刻地了解儿童的愿望、志向的逻辑，及其与真正的需要、与人的全面发展需要的相互联系。决不能不去考虑孩子想去做又不被允许做、被禁止去做的事。《孙子的请求》这个故事已讲过很多遍了。是什么问题呢？为什么孩子，特别是少年会对被禁止的东西感到好奇呢？

在我参加教育工作的初期，有一件让人不痛快的事。住在少先队夏令营里的孩子们，进入了集体农庄的果园。他们觉得偷偷摘下的苹果分外香甜可口，还没吃上半个，便把它放到了枕头底下（为了闻味）。面对这种情况，似乎想不出任何补救办法，但是，大家还是找到了补救办法：在果园里，为孩子们建了两个小棚子，允许孩子们去摘里面的苹果，想吃多少都可以。这一下子，苹果似乎变酸了，孩子们想去吃的兴趣也消失了。然而孩子们又发现了新的"禁果"——离果园两公里处的西红柿熟了，于是他们又向尚有些发绿的、味道鲜美的西红柿进攻了。

看来，问题在于孩子在某个方面想去表现出自己作为人的本质，想去尝试、检验、证明自己的个性。他们对被允许的东西，似乎并不感兴趣；被禁止的东西，往往诱惑力特别大（我从不禁止高年级学生在回答文学课上的问题时利用书本：请吧，拿出书本读吧，把应该读的都读出来吧。但要提醒一下，光靠照本读来回答问题是十分不够的。应当深刻地去理解所读过的东西，从中领略书中没有直接写出来的那部分内容）。

究竟怎样才能解决这一非常细致的问题呢？怎样去培养人在自己的道德活动中表现自己的真正人的本质的能力，同时又能表露出独立性，展现并确立个性的力量呢？教育技巧的秘诀就在于使人去控制自己的意志，让控制意志的精神在学校里形成风气，让意志力不仅能创造出物质和环境，而且能创造人本身。为此，应当用孩子感到困难的东西去替代被禁止的东西，甚至让被禁止的东西变成被允许的东西，而且要展示出其中的艰难性。当战士面前出现一条河，并要在敌人的炮火中渡河时，这时没有什么是禁止做的。被禁止的只有胆怯，其余的一切都是允许的和受鼓励的。

我认为，一个学生假如有什么值得他骄傲的东西的话，那就是他能成为一个道德上自由的人，而且成为在精神上坚强的人，有坚定目标的人，勇敢的、独立的人。这是我们教育的理想，是我们渴望达到的理想。一个人不以自己的高尚情操、忘我精神而自豪，就不会表现出鲜明的个性。阿·瓦·卢那察尔斯基把这种个性，当作一种共产主义制度最本质的东西来看待（参见《阿·瓦·卢那察尔斯基论人民教育》）。为使自己的学生变得出类拔萃，各具个性，为此，你要在实际工作中，把自己的学生带到一条大河的岸边，用崇高的理想去鼓舞他们：只有向前！

我们对人的教育责任，就在于使他不会错过那幸福的时期和良机，也就是说，一旦他们天才的、创造性的出类拔萃的才能展现在您面前的时候，要能够发现它。这也是教育上的处女地，下面我们还会谈到这块处女地的。

教师要有很高的素养并掌握分寸。让少年感到别人对他置之不理或认为他没有才能是完全不能允许的，甚至是糟透了的事。在学校里，这是一块圣地，应当充满着仁慈和关怀的气氛。在学校里，人应当感到的只有骄傲和欢乐，而不应当感到痛苦、屈辱，甚至变得冷漠无情、麻木不仁。总而言之，决不能把一个精神上正常的人，时而看成有才能，时而看成没才能。事情往往是这样，一个人在某一件事上可能有才能，而在另一件事上，就可能没有才能。即使是天才，也可能在某件事上没有才能。学校的使命，就在于去寻找每一个学生本身的创造才能的源泉，甚至在他的童年就要去发现其生活、劳动、创造的唯一幸福的源泉。

在形成和发展个性道德自由方面，反映道德上的高尚品质占有特殊的地位。这是一个人心灵深处的巨大劳动，其含义在于孩子能将自己的力量、自身的一部分东西奉献给别人。

一个人只有具有高尚的道德情操时，他才会成为别人所需要的、必不可少的人。对于个人来说，满足对人的需要，是使社会利益成为与个人的利益密不可分的唯一途径。共产主义的社会关系不是从书本里诞生的，而是从活生生的活动中和心灵激奋之中产生的。

35

忠诚感意味着什么

人应该使自己永远留在人们心中。不仅因为人类的传宗接代在于此，而且因为每个人的幸福也在于此。生活的最大幸福和含义归根结底就在于使自己留在人们心中。如果你想在死后永远活在人们的心中，那就把自己培养成一个真正的人吧。要使自己留在人们心中，不仅仅意味着生儿育女。人要有一种精神，他与动物的区别就在于我们传宗接代的同时，把自己的美、理想和对崇高事业的忠诚留在了人们心中。青年男女们，你们越是善于深刻地在人间反映自己、刻画自己，你们作为公民的生活就会越丰富，你们的个人生活就会越幸福。这种公民生活和个人生活融为一体，还会铭刻在你们的孩子心中。因为它既是你们个人的幸福，而同时也是人民的希望。

"祖国"这个词，是我们语言中最美的词，不仅是因为它反映着公民的、全民的本质，而且因为它扎根于个人的内心世界。

我给一代又一代的青年男女们讲过《两个母亲》的故事，这个故事给我这个教育者留下了深刻的印象。它教导我们，爱国主义要从幼年起开始培养。凡是不能成为父母的真正儿女的人，就不可能成为自己祖国的真正的儿女。

爱就是忠诚最微妙的根源。它是整个教育体系中一种最微妙的东西——即在少年心灵中树立一种忠于伟大祖国的情感，树立对背叛、背信弃义、伪善态度不妥协的情感。

忠于崇高理想和共产主义道德原则，形象地说，就是剃刀的刀锋，它的名字叫良心。只有当我们学会对伟大的、至高无上的、毫不动摇的东西树立一种忠诚感的时候，我们才能谈论纯洁的良心，才能谈论人自我教育的能力。培养人很重要的一点，就是要培养对别人、值得爱的人、忘我劳动的人、自我牺牲的人的忠诚。为了自己心爱的人的幸福，要随时准备献出自己的生命——公民的献身精神和忘我精神就是从这一点开始的。贯穿青少年集体精神生活的一条红线，应当是思维和关注。我们每个人都会有孩子，热爱、抚爱孩子，唤起他意识到自己是我的儿子，我所珍爱的人，这一点并不那么困难，但要在他的心灵里树立对自己的每一步负责的责任感，树立起对我——作为过去所经历过并且铭刻在记忆中的事物的活生生化身的忠诚感，要困难得多。我向一代代走向独立生活的青年男女们提醒，他们将来的孩子如何，是他们对社会、对人民所要负有的责任。

父母若能培养出对祖国忠诚的儿子，那就是为自己树立了一座不朽的纪念碑。假如你的儿子成为祖国、人民的叛徒（这种事是有的，而且应当把这种严肃的话告诉未来的父母们），你们被人瞧不起和被人忘在脑后是理所当然的。背叛是最可怕、最卑鄙的犯罪。未来的父母们，你们要记住，背叛那令人蔑视的种子，就是利己主义和自私。

在学生毕业晚会前，我和即将得到毕业证书的学生们一起到森林中去。在那鲜花盛开的大自然里，我们彼此之间进行了一次最推心置腹的谈话。我心里把这次谈话称之为是对未来的父母进行的最后一次告诫。在这次谈话中，我选择下面一些话语，以便触动公民良心中隐秘的一角。

我对即将毕业的学生们说：请你们记住，一个人最高的荣誉，就是为社会造就出真正的公民；如果你们善于造就的话，你们必然会得到做父母的最大的幸福。而在这一幸福之中，实际上就包含着你们生活的意义。小伙子们，姑娘们，你们要三思我的这些话——你们要像害怕可怕的不幸那样去担心你们的意识丢开那些不愉快的思绪。一切不合心意的、不愉快的、艰难的东西应当为自己的意识所吸收，贪婪地吸收。你们把那些不合心意的、不愉快的思绪从自己的心灵中丢开过一次，你们就会习以为常地那样下去，就会变成不合格的父亲和母亲，也就变成不合格的公民，而你们的幸福就会成为一种幻梦。年轻的公民们，请你们记住，一心只想着享受幸福、吮吸着幸福，就像干涸的土地总是贪婪地吮吸着水滴，却不为他人的欢乐放射出一点光来那样，这样的心终将变成自私的、利己主义的，与那种崇高的激情和志向截然不同。应当像鹰在学习飞翔时担心撞上峭壁那样，你们——未来的父母也要担心自己的子女为个人的幸福而不愿去奉献。凡是不知为他人创造幸福的人，就不可能理解什么是祖国。

每一个人都应当有责任感，每一个人都应当奉献，要有对劳动、对行为、对爱与恨以及对所说的话负责的责任心。但最崇高的、最艰巨的、确定不移的责任，就是父亲对儿子的责任。这种责任的最高裁判，则是人民、祖国和我们的良心。青年男女们，你们将来会成为农民或医生、钳工或工程师、水泥工或老师……，但你们每个人同样要成为父亲和母亲。为父为母，我们为关切和爱付出的劳动、我们对过去和未来的看法，这一切都造就着人民。在父母对邪恶行为采取严格态度、进行毫不妥协斗争之时，人民才是美好而强大的。

每当小伙子的眼睛同姑娘的目光相碰撞的时候，那一颗颗火热的心总要剧烈地跳动，呼吸仿佛要停止了似的。你们每一次的彼此接触都会产生难以理解的情感、希望、幻想的冲动。你们憧憬着幸福。老一辈人把无价的财富——祖国、社会主义制度、自由的劳动传给你们，但是这种财富要成为你们的幸福，只有在你们的心与它息息相通的时候才有可能实现。老一辈人可以把一切都传给你们，可谁也代替不了你们去造就人。这需要你们去劳动。这个世界仿佛是随着每个人的诞生而重新诞生的。决定你们的世界会变成什么样，那就是你们的责任。

36

怎样培养学生共同参与、共同感受的能力

　　你生活在人们中间，就要细心去观察你周围所发生的一切：人们怎样干活，怎样上下班，怎样休息、生病、治疗、康复和死亡，怎样去做客和待客，怎样分离和重逢，他们长期等待着那个时刻，为此奔波，忍受着痛苦和艰辛；人们怎样去实现自己的目标，又怎样提出新的目标。

　　有些人活着，不知他们是为什么而活着，而有些人为了崇高的目的，善于燃起自己生命的火花。人虽然要吃饭，但人并不是为了吃饭而活着；人劳动是为了活着，但活着也并不是为了劳动。

　　你和你周围的人身上产生出复杂的、无限的、无穷尽的人的精神生活。人人都要表现自己，而且每一个人都是按照自己的方式来表现自己的，此外，还想给他人留下一个我是怎样表现自己的印象，而且让人们都感受到我的"自我"。人们都是通过自己的信念、观点、疑问、思想、情感、感受、情绪、状况、彼此之间的关系，以及对生物和感受到的东西的关系来表现自己的；人们还在行为举止之中，在欢乐与痛苦、善与恶的感受和对待这种永恒的人的状况之中，在成绩与失败、希望与失望、满意与不满意、高兴与苦恼、怜悯与冷漠、悲观与懊悔、委屈与伤心、善意与难以容忍之中表现自己。

　　在你的周围，有伟大的人，也有渺小的人；有可以挽救的人，也有不可救药的人；有希望在诞生，也有希望在毁灭。每个人都是一个复杂的世界，你只要接触上十个这样的世界，你的世界就要每天出现在这十个人的面前。

　　这一切都反映出人的精神生活。要掌握精神素养（人际关系的素养）中最主要的东西：要善于识别人身上光明的一面和阴暗的一面。一个人在你看来不管多么不可救药，你也要善于在他身上看到优点、闪光点。

　　什么叫尊重人？尊重人就是相信人身上有着善良的因素。只有对蓄意侵犯或正在侵犯我国独立、玷污我们神圣的东西和理想的敌人，我们才能去憎恨，并进行毫不妥协的斗争。尊重人，就要对他严格要求。在道德关系上不可能圣徒式地宽恕一切，也不可能有普遍的抽象的爱的那种甜蜜的安慰。善良只有在强有力并善于自卫的时候，才能被称为善良。一个善于尊重别人的人，如果不善于蔑视、憎恨和做不妥协的斗争的话，他就可能成为软弱无力、没有自卫能力的人。

　　人的精神生活不仅表现出人的本质，而且表现在为伸张真理和正义的斗争方面。要善于做一个战士。有的时候就需要去做一个善于抚爱的人、温存的人，有的时候就需要做一个严格的、毫不留情的、铁石心肠的人。当邪恶觉得自己的牙齿被拔了出来，它也会呼唤慈悲心。不要忘记这一点！这一切对你来说是必要的，虽说你突然接触邪恶的机会并不多。丑陋的人在好的家庭里也会出现，你要永远记住这一点！

　　人的精神世界中的生活，要求人不仅要具有强大的意志力，而且要具有思想上的坚强信念，要善于看到每一个人身上的价值，善于挽救这种价值。一个人遇到不幸，往往是由于在不幸发生之前没人及时告诫他，当他明显地滑向不幸时没有人阻止他。

　　七年级学生保尔的母亲突然生病了。可同学们正高高兴兴地准备去旅游。

　　教师召集打算去旅游的同学们说："同学们，难道我们能把一个人丢在生病的母亲床边，自己想着去娱乐的事吗？"

　　大多数男孩子们和女孩子们沉默不语了，看得出来，他们是多想去旅游啊，但同时在同学们面前又不好意思说出口。只有科利亚坚决反对。虽说他比自己的同学们还大一岁，可他无论对谁也不讲奉献之情，这也表现在他对同学的态度上。

他说："保尔只是一个人，可我们是 30 个人，难道能够为了照顾一个人，而让其余的人不高兴吗？"

教师听到这些话很吃惊。如果不当着同学们的面把这些话的错误之处进行揭露的话，那就有可能使一个人走上更危险的道德败坏之路。

教师说："这就等于把病人、软弱无力的人丢在路上，这就等于在荒漠中不把水分给即将渴死的同伴喝。谁同意这种卑鄙的行为，我请他倒退回去，回到林中去生活。谁不同意让冷漠的行为在心灵中播下背叛行为的种子，跟我走。我们到保尔的母亲那里去，这是我们集体应当去做的。"

教师的话深深地打动了少年们的心。他们个个都明显地感受到成为卑鄙的恶棍的危险。使人恐惧似乎是不道德的，可这恰恰是引向崇高品格的一种情感，应当善于使孩子们，尤其是少年们懂得这一点。有一句谚语说得好：哪里有恐惧，哪里就有良心。人应当有所畏惧：不是畏惧神话式的某种报应，而是应当畏惧在他人面前可能变成一个卑鄙的人。

教师一号召，大家便都跟他去了。科利亚也低着头跟着去了。如果这时候老师企图把他赶走，像轰走一个社会上的恶棍那样（应当让学生们懂得恶棍的含义了！），他就会含泪请求不要赶走他，他会跟在集体后面，把集体的事当作个人的幸福去对待，他会请求去做最艰巨的工作。

教育的哲理和技巧就在于使集体生活体现在孩子们对善与恶的冲突中、在善良战胜邪恶方面的感受之中。对厚颜无耻行为的谴责，这本身就是在追求善良的集体。

教师带领着孩子们来到保尔母亲的身边。这是一位经历许多不幸而郁郁寡欢的人。她的身体急剧恶化是由于孤立无援之感和孤独感所造成的。教师和孩子们对她的不幸寄予同情，她看到一些心地善良的人们来到她的身边，并无私地去帮助她做一些各种各样的杂事儿——这一切都使这位母亲的心灵里充满了力量。

这时最热心的一位同学倒是科利亚。教师再一次确信，在人的心灵之中不给厚颜无耻和卑鄙行为以一席之地是多么重要。再没有比卑鄙行为与高尚品格的冲突使人高尚的力量更强大的了，这里那种真诚的、纯洁的、高尚的人的品格成了战胜者。此时的科利亚已深感羞愧，尽管谁也没说一句话，也没有去羞辱他。

教育技巧的特点，就在于使教育的整个过程成为教师过问人的精神生活的整个过程。我坚定地相信，我们号召自己的学生们要做到的一切行为、一切事情，都应当看作是在人的精神生活之列。

怎样培养孩子与人为善

我们常常说：祝你一切顺利，祝你幸福。这不仅仅是出于礼貌，这些话也反映出了我们做人的本质。应当具有巨大的精神力量，去祝愿他人的幸福。以善良的意愿出发去感受和观察你周围的人，这不仅是道德素养的体现，而且也是丰富的内心活动的成果。真挚的、心地善良的愿望是与自我教育分不开的。一个真正善良的人，今天会比昨天表现得更好。善良的动机会给他本身带来幸福。美好而善良的愿望只在那些善于为他人奉献自己精神力量的人心中存在。真正的善良应当表现在愿意去看到你所接触的人的长处。假如你心里由于你的同伴不如你而有一股欢乐感在蠢蠢欲动的话，那就意味着你必须更多地去学习，自己教育自己、改掉自己身上利己主义、虚荣和缺乏毅力的毛病——是的，因为嫉妒是软弱、胆怯、缺乏毅力的产物，而正是这些毛病加在一起汇成了意志薄弱。

我们彼此见面要道声："您好""祝您健康"。这些话里包含着深刻的道德含义；这些话里也包含着心与心沟通的最本质的关系。我们用这些话来反映自己对待最宝贵的财富——人的态度。见面不说"您好"，就意味着严重的道德无知。

我们常说："我感谢你""谢谢"。感谢，就意味着别人给你带来幸福、造就福利。"谢谢"一词，自古以来就是维护与人之间相互关系的公式，表达出我们对那些为我们造福的人的一种态度，我们的愿望是使那些为他人造福的人永远感到幸福。问题不只在于在必要时善于说这些话，更在于心里的感受，在于用自己的心灵活动去报答他人的好意。

　　在提出请求时，我们常常说："请"。这个朴实而又美妙的词，能产生出具有魔力的效果，包含着我们对他人人格的尊敬，其中包括对其自主性、独立性和善良意愿的尊重。为了能够以尊敬的态度对待他人，我们就要培养自己的人品，同时，要善于报之以"请"。请求，是心灵的一种激情。请求的态度是常有的，当一个人去恳求另一个人的时候，要善于听取别人的请求，并予帮助。在这一细微的精神生活范围里，没有修养和愚昧无知会导致铁石心肠、冷漠无情。请注意，冷漠无情，是最有害的一种恶习。做冷漠无情的人，实质上就意味着丧失了感受自己身边人的能力。为了避免冷漠无情，必须拥有同情、怜悯的情感，而同时，要拥有高度的原则性，对邪恶坚决不能容忍并毫不妥协。我们要善于将人的无关紧要的弱点同丑恶灵魂的毛病区别开来。

　　形象地说，为了让善良在儿童的心灵里安家落户，应当从童年起就培养他们具有善良的情感。健康的追求最不应当以不健康的愿望去损害他人的形式表现出来。在这一细微的方面，教育的技巧和艺术，就在于使人意识和感受到本身的人格同焦急不安的情绪（为什么我的同学不与我往来了呢？）和谐地结合起来。要善于正确地、以善意的眼光去看待自己的同学，善于培养善良的情感，这只有在进行不断的智力发展和道德发展、不断的完善每个人的条件下才有可能。凡是感到自己今天比昨天好的人，就会有能力给他人以善良的祝愿。善良的祝愿、善良的情感是骄傲和自私的最关键的解毒剂。大家都不喜欢那些心地不善良的人。教师应当以敏锐的目光去观察，避免心地不善良的种子落进儿童的心灵里。假如发生此事，不幸就是不可避免的了。

　　善良的情感——是在所有学生（无一例外）的才能都得到和谐发展的条件下培养出来的情感。不能，也不应当使集体中的任何一个人成为"没有任何才能的人"。不应当把学习成绩，形象地说，看作是唯一的土壤，即培育人品的种子的土壤。在那没有任何别的土壤的地方，个别的学生永远会感到自己是学习差的、落后的学生。如果集体当中有这样一些人，他们经常作为被同情的对象，那么，就谈不上才能的和谐的发展，他们在道德上的发展也不会和谐。

为了培养人具有道德方面的修养，我认为非常重要的一点，就是要使一个人，无论在私人关系方面，还是在集体的精神关系方面，都应以善良的愿望为纽带与他人联系。让他从认识周围世界的第一步起，便对他人的幸福或痛苦，抱有一种欢乐或不安的感受。让他以亲身的经验确信，他心中的平静和安宁，取决于他怎样看别人、怎样对待别人。这是培养观点、信念和生活理想的最细微的一个范畴。

有一所不大的农村学校，学校里有32个学生。学校的院子里有一口井，集体农庄的人们常常来打水。有一位名叫亚历山大的老爷爷，几乎每天在同一个时间挑着水桶来学校院子里打水。孩子们都认识他，他是卫国战争时期的残疾军人。老爷爷的右手少了三个手指，他的左腿是一条假腿，可他仍在干活，照管集体农庄的养蜂场，培植树苗。每一次老爷爷来打水时，孩子们都会跑到井边来帮他提水。

"老爷爷，您身体好吗？"每当老爷爷来到院子里时，孩子们都问道。

"谢谢孩子们，"老爷爷回答，"身体挺棒。现在正是蜜蜂酿蜜的时候，你们到我那儿去，我用蜂蜜招待你们……。你们学得怎么样？书都念得不错吧？"

"不，老爷爷——不是所有的——我们在学习上碰见个别词儿读起来还结结巴巴。"

老爷爷伤心地摇着头，答应孩子们到养蜂场时，给他们看一本有趣的书，孩子们个个兴高采烈起来："老爷爷，您那本有趣的书是什么啊？"于是他们凑到一起，交谈起来，感受到对彼此的需要，这一点对老爷爷来说是满足的，对孩子们来说也是满足的。他们以善良的愿望为纽带彼此联系着。

这是一笔多么巨大的精神财富啊！实际上，我们教师正是为了把这种财富传给自己的每一个学生，才燃烧着自己，直到生命的最后一刻。

亚历山大爷爷住在离学校有 50 米远的地方。孩子们去担水送到老爷爷的房子跟前。上课铃响了。"祝您幸福，老爷爷！祝您健康！……"孩子们说完，便纷纷地朝学校跑去。"我之所以活着，也许，只是因为我有这些小朋友，"亚历山大爷爷讲着，"在不眠之夜，我期待着白天的到来，只是为了能在课间铃声响起的时刻，挑着水桶去学校。我期待着这一时刻的到来，是因为这时我能见到孩子们，能听到孩子们的问候声：'老爷爷，您身体怎么样？'我期待着告别的那一瞬间，因为在这时候我能听到：'祝您幸福，老爷爷……祝您健康……'假如没有这一点，我的生活就会失去一切意义。"

教师们，让我们品味一下这些话吧。我们燃烧自己，是为了用善良愿望的纽带把人们连接起来，是为了使一个人由于人们跟他生活在一起而想活着。

在"您好！""日安！"这些话里，包含着人际关系细微的一个方面。我专门跟学生们进行过有关这类话语和情感的谈话，多少世纪以来，人类用这些话语和情感一点一滴地浸润着他们的心灵。我觉得很重要的一点，就是让这句话从孩子们的嘴里讲出，形象地说，就像是奏出情感、激情、愿望、追求的清脆乐曲。

在一个宁静的春天早晨，正值苹果花、梨花、杏花和桃花盛开的时候，我们来到果园里最美的一角，这里只有我和我的学生们，当时，我的内心深处只有一个愿望，就是陶醉于这美景之中，而孩子们也都感受到"您好"这个聪慧、美好的词语的最细微的色彩。

我们首次聚会在鲜花盛开的树下，我向孩子们讲"对人要说：您好！"这句话的奇妙故事。须知，"您好"这句话拥有奇妙的特性。它能唤起相互信任的情感，使人亲近，彼此之间敞开心扉。我们教孩子们懂得，向人打招呼、问好，这不仅仅是对待生活、对待自己周围世界以及对待他的一种方式。要知道，向人打招呼、问好，也是一种生活的欢乐，而生活中最大的乐趣就是同人打交道。每逢节日前夕，孩子们总要去看望老人、孤独的人们，给他们带去善良的情感和祝愿。这些看望的全部含义就在于孩子们去问候老人，关心他的健康，祝福他健康。

这里仿佛并没有什么复杂的、不同寻常的东西，但深刻地去考虑这种独特的心灵与心灵相接触的情形，这一切复杂而又有意义的程度，就会一目了然。

善良愿望的纽带是无形的，但却是所有其他精神活动中最为牢固的东西。为了用这一纽带把孩子同别人连接起来，应当培养他在整个精神生活方面具有一定的意愿——与人交往的意愿。与人交往的意愿最主要的前提之一就是严格要求自己。我在幼年时代对善良愿望的纽带体会得愈精细，就愈能严格地品评别人的行为举止。我给别人带来慷慨和真诚，对于他如何表现自己，我不能无动于衷。多年的教育经验使我坚信，具有善良愿望的人会严格要求自己，对邪恶作不妥协的斗争，去憎恨不可容忍的现象，就像热爱善良那样。

感谢，是人类无与伦比的、独一无二的人际关系的一个方面。重要的不只是教孩子们在什么样的情况下说"我感谢你""谢谢"等，而应当以崇高的动机、激情、志向鼓舞他们具有高尚精神。

感谢是奉献的产物。

感谢与奉献是高尚道德情操的标志，而同时又是基本的品质，没有它，我们就会变得愚昧无知。我力求使孩子的头脑里树立这样一种信念：忘恩负义是最恶劣的行为。人应当懂得感恩，就因为他是人。

孩子们第一次到森林里去旅行，头一次喝到潺潺流淌的泉水，这时候，我便讲述了"谢谢"一词的故事。

感谢，是一种情感，在学生的集体中，在同成年人共同的劳动中，我们力求用人与人之间相互关系的全部实践去发展这种情感。在打开孩子们观察世界的大门时，我们要去帮助他们理解和感受到：每一个孩子的幸福，都是由许多人的劳动创造的。我们应当理解和感受到这些人的辛劳和付出。孩子对自己幸福的劳动源泉理解得越深刻，他的义务感就越强烈，他对人们的感谢之情就表现得越明显。

我们力求使孩子明白：他在学习上有了进步，不是什么特殊的功绩，而是一种义务。他在学习上取得了成绩，应当去感谢自己的母亲、父亲、老师，而不需要大家去感谢他，也不需要大家去奖励他。

意识到和感受到别人的谢意，这在道德教育中起着巨大的作用。我们力求使孩子们以自己的劳动、关心和自觉去限制自己的需要（这也是必要的），来得到成年人的感谢。孩子那种想得到感谢的思想越明显，他向老一辈人尽义务的愿望也就越迫切。

对忘恩负义采取蔑视态度，是一种高尚的情感，这种情感应当从小培养。忘恩负义不仅是心灵上严重的愚昧无知，而且本身就是一种邪恶。我坚信，忘恩负义首先可以用"黑了心"来解释，直到不能扪心自问为止。实质上，忘恩负义所带来的，不仅是放肆无礼、轻浮、自大、粗野，而且是懈怠、懒散、游手好闲和头脑简单。对忘恩负义的蔑视态度，只有在终于成功地唤醒良知的时候，才可能培养出来。我认为，非常重要的一点，就是要使孩子们把忘恩负义看作最愚昧无知的粗野行为。

38

怎样教孩子明确意识到自己的过错

　　善于反思自己的错误是人的一大财富。每当我们犯了错误，侮辱或伤害了别人，打扰了别人时，我们就会受到良心的责备，然后说："请原谅""对不起"。也许是我们专门向某人提出一种请求，也许是由于不谨慎而触犯了某人，于是我们使用这些话来表示对其人格的尊重，请求对方的宽容。在我们说这些话时，也希望对方对自己报之以尊重、善意和谅解。

　　要培养自己在他人面前感到有一种义务。良心永远会提醒你，什么时候应当向亲近的人说"请原谅""对不起"。请求原谅不一定说明我们有错，但不善于尊重人、不尊重别人的人格确是一种过错。要学会做个谦虚的人，防止自己放肆无礼、喋喋不休、惹人厌烦。不要打听人家的私生活，要学会爱护他人的不可侵犯的权利和个人的隐私。要将自己的烦恼隐藏在心中，不要使它们成为普遍评论的对象。要善于共同体验、共同感受，真正的同情不需要多嘴多舌，它应当像谦虚那样沉默。

　　在认识人的价值世界时，我认为非常重要的一点，就是使一个人在童年时代，特别在少年时代就能体验到因自己轻率、粗心大意的行为而深感懊悔，以自己良心的全部力量去责备自己的错误、疏忽大意、不慎和慌张。道德上的愚昧无知，往往是从不善于观察周围开始的。如果这种不善于变成一种习惯，而且变成一种本性和特性的话，那么，在人身上就可能产生粗野和无礼行为。

　　教育者的任务之一，就在于教会孩子看到自己每个行为的后果。为了能看到这个后果，就应当提前想到这个后果。良心的眼睛就是思维。我们在进行教育的同时，要教会一个人去思考自身和周围的东西，并设身处地为他人着想。一个真正的教育者在引导自己的学生进入人类复杂世界的同时，要去关心那种我称之为良心的敏锐的眼睛的发展。这是对思考中道德细微之处的关怀。培养孩子具有聪明而有道德地观察与思考的能力，其潜力是无穷无尽的。

孩子们从教室里蜂拥而出，跟着您一起出去。您正处在人的欢乐与忧愁、希望与期待、信赖与失望的世界之中。您和孩子们正一起向森林走去。路上，路过一个紧闭着窗户的人家。孩子们在高声地谈笑着。您让他们别说话了，离那间紧闭窗户的房子有很长一段距离时，您问："你们知道现在这座房子里的情况吗？"是的，许多孩子都知道，房子里有一位重病人。也许，这一瞬间他正安静地睡着，可我们一路喊叫……。安静下来的孩子们思索起来。这很好，让每个孩子都好好地思考一下，为什么就不能记住要小心一些呢？

让孩子们扪心自问，自己有什么错误和过失。没有思索的地方，就没有良心的责备。

你们从森林归来，正值炎热的七月天。

你们走到一棵高大橡树下的井边。越到井边越渴，大家都想喝水。这时，从另一方向有一位老人正向井边走来。他走了很远的路，疲惫不堪，也想喝水。孩子们都看到了这位老人，但脑子里却没有想到他。眼睛是看到了，可心灵并没有觉察到。

孩子们与老人几乎同时到了井边。井架上有一桶清澈的凉水。再过一瞬间，孩子们就会走近井边，把水桶围起来，只顾自己大口大口地解渴，却把老人挤开，谁也不会想到他。

如果一个人的天性胜过在智慧和思维的土壤里精心培养出来的人格，那这个人就会变得可怕和丑陋。要善于防止可能会在这一瞬间发生的事，不要让天性发作，要激起你的学生渴望拥有人类高尚思想的念头。不要错过任何一个机会使你的学生因为一己私利而感到羞耻。要用轻松的，但又威严而果断的话说："停下！"您要让孩子们环顾自己的周围。

这时，孩子们会看到一位头发斑白、因炎热而疲惫不堪、两眼红肿的老爷爷。随后，孩子的脸上会流露出歉意的微笑。于是，渴得要命的念头已不在孩子们的头脑里像烈火那样燃烧了，只是在某个角落里微弱地闪现一下。而且他们的头脑里还会闪现一个新的念头：这位老爷爷是从另一方向跟我们同时来到井边的，我们都看见了他。可为什么就没有先想到他呢？怎么会出现这种事？

"孩子们，我们坐下歇会儿……"您轻声地说。孩子们会跟您一起坐在大橡树底下。

"请原谅我们吧，老爷爷，"您对老人说，"我们差点儿占用了水桶。请您先喝吧，然后我们再喝。"

"请您原谅，老爷爷。"孩子们一个接一个地重复着说。看到老人累得手脚直发抖，孩子们是会感到羞愧的。因此，他们嘴上说的"请您原谅"，不是俗套话，而是真心实意的情感的反映。在这一瞬间，孩子们头脑里都会描绘出一幅图景：他们若是将满桶的水喝了个干净，一点儿没剩，那么，一滴水也没喝着的老爷爷，就不得不再从深井里打水。

"孩子们，不要担心我，"老人在孩子们的"请您原谅"声中回答说，"我是不能喝水的——天气太热，喝了凉水会出毛病，我的心脏不好。我只是洗洗眼睛，漱漱口就行啦……"

吃惊的孩子们注视着老爷爷。老爷爷漱了漱口，没喝一口水，洗了一下眼睛，又去赶路了。他难过的是不能坐下来休息一下，因为一坐下就很难起来了……。当老爷爷动身的时候，孩子们都站了起来，祝他一路平安。

孩子们面前展现出了一幅非常奇妙的人生画卷。教师，您的责任就在于把这幅画卷终生刻印在他们的心灵里。老爷爷走了，可孩子们谁也没有急着到水桶跟前去喝水。这时，您要帮助自己的学生们深刻地领会他们头脑中蒙蒙眬眬描绘出来的东西。您在创造思维，这是教育上最复杂的一件事。在孩子们的思维世界里形成一种深刻的情感——同情老人，并因自己的过失而羞愧的感受。

　　小孩子犯了错误之后，自发地感到自己有过错，深受良心的谴责，这一点会给教育者带来更大的欢乐。我把这种情况看作是自我意识的胜利，是精神上骄傲的飞跃，是勇敢地面对真理的表现。作为一个教育者，我认为，孩子每一次这种精神上的飞跃，都是他们道德上的财富，因为在道德上使学生们形成一种思维——这是我们孩子们最宝贵的东西。对于教育者来说，他的学生每次精神力量的表现，就好比采金者采得一块金块、农民得到丰收那样喜悦。

39

怎样教孩子正确对待批评和惩罚

　　你周围的人们，包括亲人、朋友，以及素不相识的人，他们都在品评着你的行为举止正确与否，你的道德面貌善良与否，他们都在看着你身上好的，或者不好的东西。那些好的东西往往成为我们生活的准则，可是，这一点常常不被察觉。然而坏的东西却往往会引起周围的人的注意。永远牢记这一点：你周围的人比你有修养。这样，你的人际关系就会比较融洽。要做到这一点，就要培养严于律己、自我监督、对自己的坏毛病不容忍的品格。

　　和睦相处的一个方面就在于人人都对坏的东西表现出责备的态度。即使是在电车里坐在你旁边的人，对你来说都不是不相干的；更何况那些注定要和我们长期相处的人所表现的行为，就更不能让我们冷漠相待了。要善于观察和感受你在他人精神世界里的印象如何。在人的社会里，责备可以表现为道德上的评价和法律上的评价，一个人从小就应当对上述两点有敏锐的感受。如果你不学会自觉地遵循召唤你去做好事的道德准则的话，那你就有可能受到法律的制裁。在我们的社会里，既有聪慧的、告诫的话语——善良的、严厉的、严格要求的话语，也有把危害社会的人暂时隔离开的监狱。如果你不善于以道德的约束力控制自己，那么别人就会把你置于法律的控制之下，这样做是为了大家的幸福和福利，自然也是为了你自己的幸福和福利。

　　教师对待邪恶所采取的毫不妥协和不留情面的态度，也反映在种种惩罚之中。惩罚可以使用道德标准，也可以使用法律武器。任何一种责备、惩罚，既是为了社会的福利，也是为了受罚者的福利。大家一边惩罚你，一边希望你变好。不过，惩罚是一种激烈的责备，它不可能让人愉快。即使是学校里最无恶意的惩罚，也必然要限制你的愿望、你的自由，否则是不行的。限制愿望和自由是一种手段，对你的生活和你的未来负责的年长的人们靠着这种手段迫使你去想：我做了不利于他人的事吗？怎样做才能使我的行为成为美的呢？大家都去看电影，却对你说：待在家里。就是说，这是为了他人的幸福，也为了你的幸福，有必要这样做，使你能检查自己、反省自己。实际上，惩罚的存在就是为了使一个人能检点自己和反思自己。

一个人对待别人的批评和责备的态度，能够反映出他的道德修养和素养。要善于理解和感受到在对你的行为进行责备时，会有一种正义感的流露，没有这种正义感，就不可能有一般的幸福。谴责不会给你带来欢乐，但是你应该去感谢它，因为它可以拯救你，使你不至于堕落。如果人们能在学生时代就理解这一点，那么，到了成年时期遭遇到的不幸就会少一些。

要学会感激人。听到夸奖之后要感谢人家，同时又要为你朝着人的完美方向前进而高兴。听到指责之后，也要感谢人家，因为他们在教你像个人那样去生活。他们的话也许很严厉，但这是对你的关怀，良药苦口嘛。在父亲、母亲、教师们苦口婆心的、严厉的话语中，饱含着巨大的劳动、精神力量和心灵上的动力啊。能对你说些苦口良言是很不容易的。如果你不愿意听这些话，那你就再也听不到这些良言，给你带来的好处就更少了。

这是一种最复杂、最细微的道德上的告诫。只有在教育上充满着相互信赖、心胸坦荡的条件下，它才能打动少年的心灵。这里我们谈到了责任感、感谢和深刻理解正义的情感和谐的问题。人从幼年起，就应感受和理解到什么是道德关系中真正善的含义。重要的是，让人能亲身领略到：善并不总是愉快的，它有时像腊月里寒风那样凛冽刺骨。我坚信，使孩子正确地、庄严地领会年长者那些尖锐但又中肯的话，并不那么容易，所以必须长期地、坚定不移地进行教育。这里最主要的是提供经验，让每个人都能根据经验得出结论：我所高兴的、期望的一切，不一定也是别人高兴的和期望的。

同样，说那些尖锐但又中肯的话也不容易。善于做到这一点，就是把教育的技巧和教育艺术融合在一起了。遗憾的是，许多教育者并不善于说那些能使孩子们正确领会的尖锐而又中肯的话。最令人难以忍受之处，就在于教师与学生谈话时常常先带有情绪。这样一来，教师就会给学生留下一个印象：教师的个性不招人喜欢，学生还会觉得，除了他个人的行为之外，一定还有一些其他的原因促使教师找他谈话，因而这种谈话会使学生感到委屈，也会使教师不信任学生。凡是委屈和不信任相冲突的地方，那里必然产生对立情绪；教师本想制止学生的坏毛病，而结果适得其反。所以，教师应当采用几十种、几百种不同的方式，始终表达自己对学生坏毛病的批评和责备的态度，而且应当做到使学生在您面前能敞开心扉，而不是默不作声、大发脾气，更不是把教师尖锐而中肯的话语看作因怀有成见而发泄怒气的话语。如果有人问我，在我们复杂的教育职业中最隐秘的东西是什么，我会回答：善于培养自己的学生能以明晰的态度对待我的批评和责备。

要责备什么呢？对什么毫不留情呢？对这些问题的正确回答在很大程度上取决于道德教育的成绩。但是，决不能时时处处都使用那些细致的、不无危险的教育技巧的工具。对于教师而言，很重要的一点，就是善于发现需要责备的行为。教育过程的一个不足之处，就在于许多教师花费大量精力去同孩子的淘气、恶作剧作斗争。值得去责备的应是那种播下利己主义种子的行为以及以冷漠的态度对待他人精神世界的行为。

十岁的萨沙是一名四年级学生，课后留在长日班里。他每天课后都要和同学们一起到食堂用餐。值日生已准备好了午餐，餐桌上已摆好了每人一份的汤、小肉饼、茶，盘子里放着午餐面包。每个学生都知道自己那份午餐在哪里。萨沙坐下用餐。他的同学米沙今天是值日生，他要在大家吃过后再去用餐。可萨沙呢，自己那份午餐不够吃，便去拿值日生的那份，吃了一半，然后把剩下的一半推到对面。他很

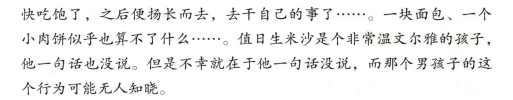

快吃饱了，之后便扬长而去，去干自己的事了⋯⋯。一块面包、一个小肉饼似乎也算不了什么⋯⋯。值日生米沙是个非常温文尔雅的孩子，他一句话也没说。但是不幸就在于他一句话没说，而那个男孩子的这个行为可能无人知晓。

您是教师，应当觉察到这一点，因为您面前的这件事，正是应当严厉谴责的。在萨沙的行为中，埋下了铸成大错的小种子。在一个人童年时代就对他进行责备、批评，这恰恰是为了去抵制那些小的、初看起来不易觉察的坏毛病的出现。做坏事的行为越是无关紧要、不易觉察，您对孩子的责备就越迫切，您的话在他们的心灵里留下的痕迹就越深刻。

长日班的学习结束了，您留下萨沙，跟他谈话。您很费劲儿地跟这个孩子讲清他的行为如何不体面的本质。"如果你伸手去拿属于你同学的面包，那你就玷污了自己的良心，你就企图扼杀人的高尚品格。也许你会说，我们周围是物质的世界，这些物质是属于人的，它们是为我们所用，人有支配物的权利。但我们决不能忘记，这些物质是由人创造出来的，是为了满足我们的需要。对待物的态度，也反映出自己对待人的态度。让我们想一想，萨沙，人应当怎样活着，应当做个什么样的人。让我们想一想，什么是人的高尚品格吧。"

童年和少年时代应有这样一些日子，这时思考的东西比以前度过的岁月里所思考过的东西还多。人的记忆应当永远把这些日子作为永放光芒、永不熄灭、照耀自己生活和心灵的火花保存下来。

我相信，教师同萨沙的谈话将终生留在他的记忆里。在他离开时，他会想到；在他回家时，他会想到。懊悔会使他坐卧不宁。只有在这种条件下，当懊悔的激烈情感（迫使他因疑虑而苦恼的情感）总缠绕着他的时候，道德上的谴责才会见效。这种情感的源泉就是思想和信念。

童年和少年时期，当恶习没有成性而莠草刚刚生根之际，就要对它们进行谴责。只有在谴责之后出现自责——良心感到痛苦之时，谴责才会有成效。请相信语言的力量吧！这语言，必须是诚恳的、智慧的、信任的、真实的、在心灵中深思熟虑的，如果您愿意的话，也可以说是痛苦的。谴责的语言——这是教育者最大的、无可比拟的责任。用这种语言，去对待心灵中恶习生根的人，形象地说，您就把他的心握在了自己的手心里。谴责的力量取决于这种谴责的独特性：没有"普遍"的人心，有的只是具体的人的世界。谴责的语言只有针对具体的萨沙或格里莎、奥利娅或塔尼亚，它才能获得强大的力量。依我看，当怒气冲冲的教育者责备自己的学生集体时（这是常有的情况），往往是"一般"地痛斥恶习，并指望，也许自己责备的语言触及那些现在一点过错也没有，然而以后可能犯错误的人，殊不知这恰恰表现出教育的无知。这么做等于给所有人都开一种药，希望这种药对不需要治疗的人无害，而对需要治疗的人恰到好处。

您在孩子的行为中看到的恶习种子越少，责备的话就应该越委婉。您的任务是使受教育者了解，道德约束并不是锁链，而是积极的行动。人在感到良心有愧时，应该陷入思想和激情的急剧转变之中。不要让悔过在思想上成为对自己过失的悲观失望，而要成为清醒的、活跃的、旨在弥补过失的行动。十分遗憾的是，在教育伦理学中，不知为何总回避这一术语①，对现象的本质，许多教育工作者没有明确的概念。然而，只有在产生弥补过失的愿望时，教师对恶习的责备才能发展成为学生的自我教育。没有改过的意图，就谈不上对自己的过失有什么觉悟。

如果深入了解学校为了克服恶习、消除不道德行为所做的一切，我们就可以得出这样的结论：不强调弥补过失会在道德上把孩子引入歧途，会使他相信，只要下个"保证""口头应允一下"，就可以瞬间摆脱过错。轻描淡写地催促儿童、半大孩子："答应吧，保证你会改正错误！"这是不能被允许的无知行为，是可怕的、不明智的教育态度。让孩子们这样做，我们等于在培养恶棍。

会议上宣布的，甚至作了记录的一切训诫、警告、意见也是一文不值的。把大人生活中的这一切带进儿童生活中，只能引起人们的嘲笑，也许

① 指赎罪、弥补过错。——译者

其中还隐藏着严重的危险。下个"保证"，或受到一点训斥时，小孩子以为就完事大吉了。但教育的目的在于让孩子从自己身上用积极的、长期的手段弥补过失，也就是用行动和劳动弥补过错。悔过越深刻，受教育者这种改过的意图就越真诚。应该注意改过是如何进行的，在这个时期，教育者要委婉地接触孩子，指导他走上正确的道路。无论什么"保证"，无论什么允诺，都不能代替那种决定对人态度的内部精神活动。

应该教人学会自责，但如果没有理想，这是不可能的。我之所以能比较容易实现提出的教育目的，是因为与我打交道的人正处在愤怒、仇视的本能与渴求赞许的本能交织在一起这样一个特殊年龄段。矛盾的思想和感情令幼小的心灵产生慌乱，我指望的正是这一点。我的学生，由于人的美使他惊叹不已，他会对自己说：我坏透啦，应当受到高尚的人的鄙视。厌恶、不满意自己——这实质上就是弥补过错的内部精神活动的开始。

独自受良心谴责之苦——积极的行动就从这一点开始了，犯错误者以这种行动竭力证明，他是值得原谅的。如果说，他过去对于人们对他的印象置若罔闻的话（确切地说，无动于衷的感情是思想缺乏的结果），那么，现在他觉得自己好像赤裸裸地暴露在人的面前。他为自己的完全裸露感到羞愧，竭力想掩盖这种裸露，这便是改过。

改过和自我教育的道路是艰难的。旨在把孩子引向改过道路的谈话是复杂得使人难受、使人疲惫不堪的一种劳动。没有什么能比你以一个责备者的身份严厉地训斥一个人，同时又力图成为他的朋友这种困难使命付出精力更多的事情了。能通过交谈解决的问题，我把它叫作我们劳动的幸福。这是在痛苦中产生的我们工作的快乐。我们在谴责恶习的同时，也就把人争取过来了。

40

怎样培养孩子慷慨大方和大公无私的品格

　　要做一个慷慨大方和大公无私的人。吝啬使人贫乏，会把人变得自私自利、视钱如命。物质是为了人而存在的，人不能变成它的奴隶。物质和福利是劳动的体现，所以，从你对待物质的态度上可以判断你对待人的态度。吝啬，就是唯恐将自己的心灵的一部分奉献给别人，并使其生活得更好的一种利己主义的病态。吝啬会逐渐变为贪婪，它会摧残人的个性、精神世界、需求和兴趣。贪婪会导致缺乏人性，仇视人类。解决吝啬和贪婪的解毒剂，就是在童年、少年、青年早期去培养慷慨大方之心。你要努力使你为他人所创造的东西变成你心灵的一部分。不过，在你为他人奉献时，不应该感到这是忍痛割爱。慷慨大方之心，是同情心的产儿，没有这种同情心就谈不上人的高尚品格。善于去热爱他人、怜悯他人，才可能成为真正的慷慨大方的人。然而，没有起码的慷慨大方的火花，对他人的热爱是不可思议的。

　　要善于观察自己周围的慷慨大方和吝啬，心灵上的真正财富和丑陋与空虚。吝啬与贪婪这些恶劣品行，要能经常激发你的愤怒、责备和蔑视。教师对你讲吝啬和贪婪，不是为了使你发笑和感到惊奇，而是为了使你思索人类那些最见不得人的恶习，使你能有自知之明，即使发现最细小的垃圾，也要把它从自己的心灵中清除出去。吝啬和贪婪是从过去那个人压迫人、人的价值取决于他的钱有多少、爱情和美可以购买的世界里传染给我们的。虽说这样的世界已成为过去，但它却以奇特的形式在人心灵中的诸多方面反映出来。这诸多方面还能一代一代传下去，完全是由于有人抱着那许多的习惯、弱点、传统的缘故。同时，也是由于我们周围的资本主义世界，把幸福同拥有金钱和物质等同看待，散发着腐臭的影响的缘故。正确地看待自己周围的慷慨与吝啬、大公无私与贪得无厌，这意味着一个人从童年和少年时代起，就要懂得这一真谛：我国最宝贵的、无与伦比的财富，就是精神财富。这些精神财富包含了理智、知识、智能、天才、创造、人的永恒的友谊与爱情，以及反复在人身上延续下去的幸福。要学会掌握这些财富，这就是真正慷慨大方的秘诀。

正如节俭与贪婪不可调和一样，慷慨大方与浪费和小市民式的那种过度奢华的追求也是不可调和的。要学会使自己的心灵像谴责浪费和过度奢华那样去谴责吝啬和贪婪。用圣－埃克苏佩里①的话说：人的生活中最大的奢华，莫过于人的交际中的奢华。以自己的辛勤汗水去创造、寻找、争取人，这才是求得奢华的最高尚的劳动。人过得奢华一点是当之无愧的，我们不能用禁欲主义来束缚自己。如果我们在一定的意义上来说不是贪婪的话，那我们的生活就会失去任何意义。但是，我们的这种"贪婪"，只有在它为了最终变得更慷慨大方而获取精神财富时，才能在道德上证明自己是对的。

我所关心的，就是要使我的学生们都能成长为在精神上美好的、勇敢的、诚实的、公正的人，也就是要成为同形形色色的邪恶进行毫不妥协斗争的战士。慷慨大方与大公无私是教育上最微妙的工具之一。我力求使学生们在童年和少年时代就能从慷慨大方中获得激动人心的快乐，在他的心灵里留下永不磨灭的回忆。

一个人的道德面貌如何，在颇大程度上取决于在童年时有多少快乐和幸福……。养育一个孩子，不仅用母乳和粮食，而且要有精神食粮。您要学会用快乐和忧愁去哺育他，教育的艺术也就在这里。一个人的高尚情操，归根结底取决于他在童年时代有多少喜悦与忧愁。而慷慨大方和大公

---

① 圣－埃克苏佩里（1900—1944），法国作家。他写的长篇小说《南方邮航》等，充满哲理，富有人道主义精神。——译者

无私完完全全取决于喜悦与忧愁、欢乐与不幸的这些高尚的源泉。我毫不夸张地说，我会使我最亲爱的读者——青年教师相信，慷慨大方的快乐是一种最高尚的精神力量，它能激起幼小心灵对人的高尚品格的赞美，使孩子们为参与创造这种高尚的品格而感到自豪。在谈到慷慨大方的无私时，决不能忘记我们所指的是物质上的无私。慷慨大方作为一种积极的活动，作为体力上和精神上的一种奉献，需要被鼓励。孩子们没有这种鼓励简直不能生活。应当让他们感到，人们对他们这种高尚的品行并非是漠不关心的。让那个需要慷慨无私帮助的人，需要善举的人，始终不知道是谁给他带来了欢乐，又是谁给他解除了忧愁和孤独。即使没有任何人当众向帮助者表示谢意，他们也会感受到和理解到：我给人们带来了幸福。这才是主要的。

多年的教育经验使我确信，慷慨与无私无论以什么方式来表现，都不应当去奖赏。慷慨不应当作为某种特殊的东西来理解和体验。但愿有更多不留名的人去表现慷慨的品格。愿人们由于人的无私而感受到一种喜悦，却不一定要让他们知道究竟是谁给他们带来了欢乐。

培养孩子对吝啬有一种蔑视的态度，这是一项非常精细而复杂的任务。这里的问题不只在于让孩子们去嘲笑这种坏毛病。孩子的世界观要用朝气蓬勃的思想乳汁来哺育：即去思考坏毛病的原因，思考人的真正的幸福和个人的未来。世界观是与对自己的心灵的态度不可分的。我认为非常重要的，就是要使孩子尽可能长久地保留我所讲的关于人的故事的印象，能把这些思想从学校带回家，而且能在独自一人的时候细细去品味。

思维是哺育高尚情操巨大的力量源泉。有了思维、思想，才会形成个人的信念、人生观、世界观。我力求使我的那些有关道德的故事不给孩子们留下一个浮皮潦草的印象，而要使他们产生深刻的思维。正因为每个故事里都为他们展示了正直的人的行为、思想、关系、命运、生活，只有这样，为孩子留下深刻的思维才会成为可能。有一个《世界上最吝啬的人》的故事，讲的是一个坏的毛病——吝啬。现在一年级学生的长辈们都非常了解这件真人真事。

这是一个令孩子们难以忘却的故事。他们在思索着生活的美、目的和意义。在这个故事的影响下，孩子们往往把吝啬的思想同孤独的思想连在一起。而对我来说，如果能在孩子们的头脑里唤起幸福的思想，我会感到特别欣慰。唤起孩子们懂得真正的幸福，并不在于一个人回避个人拥有多少财富，而在于人能在精神上更富有。在教育上很重要的一点，就是要经常让孩子们树立这样一种思想：一个人离开人群越远，他就会越不幸。

我力求使孩子们拥有成为一个慷慨大方与无私的人的愿望，使孩子们懂得只有给予才能成为幸福的人。要做到这些，必须使慷慨大方充满诱惑力。我为年纪小的学生们准备了许多故事和童话，在这些故事和童话里，慷慨大方不仅笼罩着浪漫的光环，而且以简单易懂的形式出现在孩子们面前。教师要提醒孩子们怎样才能成为慷慨大方的人，要使他们懂得必须时时处处去做，才能表现慷慨大方的品德。这些故事给小孩子们留下很深的印象。一旦他们想要表现自己的慷慨大方时，教育者应该怎么办呢？这里引用一句成语"趁热打铁"。不能允许孩子那股崇高的精神，在还没有燃烧之前就消失了。我着重指出，要让那些向往成为一个慷慨无私的人的孩子们，找到展示自己力量的地方，这一点是非常重要的。在儿时表现出利己主义是非常危险的。这种利己主义的情感往往是从小孩子一切围绕着自己打算、他的全部精力都是集中在满足个人欲望上开始的。在这种精神生活的方针指导下，孩子会有一种对自己本身的怜爱感，会逐渐发展成为好哭的人。凡是怜爱自己成性、心灵不能表现出慷慨无私的人，都会变得对他人的疾苦不闻不问，直到他那颗冷酷的心灵很难被启迪为止。

您要知道，如果您那同情人的号召丝毫不能打动孩子的话，那么，您那些关于精神高尚的、给人深刻印象的故事，也就没有号召力和吸引力了，那么站在您面前的这个人，只能是怜爱自己本人的人。如果您能唤起对慷慨大方的赞美，使它充满崇高精神的话，那您就能引导孩子们走上这条既充满欢乐而又布满艰辛的小路。

41

怎样培养谦虚的品质

　　要做一个谦虚的人。谦虚是有关人的关系、行为举止、愿望、思想和感情、意志和性格的一门学问。做一个谦虚的人，则意味着任何时刻也不能忘记——首先，你所接触的每一个人，都有自己的优点和长处，因而你真正自由和幸福的生活就源于肯定每个人的优点和长处，而这种肯定只有首先去尊重他人才有可能。做一个谦虚的人，意味着不许有一点这样的想法：我有这些特殊的优点、品质，因而就该享有优待和宽容自己等特殊的权利。社会纪律面前人人平等。凡是要求别人做到的，也应该要求自己去做到。

　　要善于正确地看待自己的优良品质和不足之处。不管别人怎样夸奖你，你都要有自知之明——离完美无缺还差得很远呢。你要明白，别人在童年和少年时代夸奖你，多半是鼓励你去自我教育。如果人家夸你，那你就要想如何做才能好上加好。停止自我修养和自我教育，这就是骄傲的一种表现，而骄傲就是谦虚的反面。

　　学习、认识和掌握知识，是揭示你在学生时代品格的重要方面。学生的谦虚，往往是从他对自己智力财富的认识与自己的努力相符合的程度开始的。智力品格上的谦虚是你生活理想形成过程中一件很重要的东西。在青少年时代，你必须正确地看待自己，冷静地评价和估计自己的才能。你对未来的期望和计划愈是谦虚，你的整个身心为克服困难、争取达到似乎不可能达到的目标而产生的能量就愈大。

凡是谦虚地估计自己才能的人，在掌握知识方面通常会取得更优异的成绩。

谦虚，是热爱劳动、勤恳、顽强这些品质的"亲姐妹"。勤恳的劳动者从来不夸夸其谈。脑力劳动对人的要求是特别现实、特别冷静、特别认真，只有这样的人才能进行脑力劳动，而这一切又构成谦虚，它好像是一把尺子，人借助于它可以去衡量自己。思想上傲慢，对青少年来说危险性更大，这可以说是青少年目前的通病。它往往表现在知其皮毛，对那些非常复杂的，被人看作是知识的东西只有个肤浅的认知。殊不知，傲慢就等于无知。

做一个谦虚的人，就是说要做一个对别人的小缺点能容忍的人，如果这些缺点没有对社会构成危害，而只涉及个人利益的话。如果我们每个人对别人的要求都能以谦虚这把尺子为准，如果我们每个人不只是善于去要求别人，而是善于去体谅、宽容别人，那么人们的生活就会轻松得多。我们每个人是如此，整个社会也是如此。最大的不幸，就是人们只是用这把尺子去严格要求别人，却根本不用这把尺子去严格要求自己。正因如此，种种矛盾、冲突、家庭悲剧、"性格不和"便产生了，也由此产生了不幸的孩子。

谦虚，被人们称之为一切美德的桂冠，因为它本身和谐地把纪律、义务、责任和意志的自由融合在一起了。一个谦虚的人，把自身一切值得称赞的东西看作是应该的，而且是理所当然的，那么他就会把纪律看作真正的自由，并去向往它。

把美好的东西看作是应该的，这是道德教育中一条最富有哲理的原则。夸奖、抚爱非常必要，但应该恰当地去运用。

在同孩子们交谈时，我讲了一个关于"粉红色牛蒡花"的童话。这个童话讲的是：在学校的台阶旁，偶尔长出一棵牛蒡草，这是棵平平常常的牛蒡草，可它竟如此大胆，居然长在那个地方呢！这棵草真是不寻常，真是令人惊奇，所以谁也没去毁掉它。它长啊长，居然开了花。

粉红色的牛蒡花，并不十分美丽，也没有诱人的芳香。但是从它旁边路过的人，都微笑着说：多么好看的"美人"啊！听到这样的赞美，牛蒡花得意地认为自己的确是美人了。到了学校的节日，孩子们把带来的许多鲜花摆在窗前时，牛蒡花便嘲笑说："你们全都是丑八怪，你们瞧我，我才是美人呢……"

我力求使孩子们懂得：不应该得到的夸奖其实是一种侮辱，就像不应该得到的欺侮一样。下面这个关于"蚊子功绩"的童话，给孩子们留下了深刻的印象。

在极深的悬崖上有个大木桶。多年来，它一动不动地立在那里，大家都感到纳闷：这只大木桶立在那里，居然谁也不能挪动它一下。有一天，飞来一只蚊子。它远远一看，发现有个东西立在悬崖的陡岸上。

"这是什么东西呢？"蚊子想了想。于是它飞到跟前，发现是一只大木桶，就坐在上面休息。可就在它坐在大木桶上的那一刹那，大木桶突然滚到深渊里去了。人们纷纷惊叫着："蚊子的力量真大呀，居然挪动了大木桶，把它推到深渊里去了！"

蚊子听到人们在夸奖它，便飘飘然起来："我真的力大无比啊！"

谁也没有想到，恰恰是大木桶不想让蚊子叮咬，才滚到深渊里去的。

凡是需要履行义务的地方，不应允许有虚荣心存在，也不应允许陶醉在赞扬声中，这种思想对培养谦虚的品质会起着很大作用。不适当的夸奖会歪曲用以衡量英勇行为的那把尺子。在集体中要形成这样一种共识，那就是金无足赤、人无完人，只有在这种条件下才会产生谦虚，这要求高超的教育技巧。

谦虚反映在情感和需求那种内在的和谐之中，在这种内在的和谐的条件下，人才能体验到做好事给他带来的全部幸福。对于做了好事就大肆宣扬，把这种事当作不寻常、非常特殊的事来声张，作为一个真正的人来说应该感到不舒畅。这种曲解劳动美德的观念会给教育带来严重的危害。在学校的教育实践中常常有下面的情况：孩子们在自己的实验园地里种上点什么，并没有花费多大的力气，只是遇上个好年景，就得到了好收获。其实这不过是大自然的恩赐。可是一谈论起成果来，便大肆夸奖这是劳动的成果，实质上并非这样，这会把小劳动者教坏的，会使这些孩子们不再成为劳动者。让精神上的力量给人带来内心的欢乐，这对正确的道德教育来说是何等的重要。

假如孩子并不具备某种美德，那就绝不允许去夸奖他有那种美德。这是错误的行为。

一年级学生斯捷潘科在校园内拾到了 20 戈比。他想："这准是谁丢的钱，我要送到老师那儿去。"

斯捷潘科把钱交给了老师。老师玛丽亚·格里戈里耶夫娜夸奖他说："你是个诚实的人，应当经常这样做。"

这件事在校园里掀起了"波澜"。斯捷潘科听到学校的新闻广播报道了他的事迹。报道中说：我校一年级有个男孩子，为人诚实、正直、善良，他在校园内拾到 20 戈比，可他并没有据为己有，没有去买糖果、冰激凌，而是把钱送到老师那里。这个孩子会成为真正的少先队员。

第二天，斯捷潘科在墙报上看到了自己的照片，并读到了"要以这位学生为榜样"的话。

过了一天，斯捷潘科的同班同学谢缅科也走到老师面前说：

"老师，我在校园里拾到 30 戈比，不知是谁丢的……"

"真的吗？"老师问道，"一下子就拾到 30 戈比？"

"是啊，两个 10 戈比的硬币和两个 5 戈比的硬币……"

"好的，丢的人会来找的。"

一天、两天、三天过去了，每天谢缅科都问老师："丢钱的人来找了吗？"

"没有，没人来找。你想想，谢缅科，也许是你自己丢的，你忘记丢钱了吧？"

谢缅科低下头，脸红了。他感到羞愧了。老师痛心地想到这正是由于不适当的夸奖造成的。

学校教育按其本身的特点来说，就是为劳动结果能经常进行评比创造了条件。在校园里处处可以听到表扬和批评声。同时，学校教育并不经常考虑一个学生付出多少精神力量，是否应当得到夸奖。时常出现这样的事：夸奖的对象不是劳动本身，而是大自然所赐予的财富；责备的对象是个别学生的能力有限。教师在责备学生的同时并没有把懒怠同脑筋迟钝、不善于劳动、不善于聚精会神区别开来，这是整个教育工作中一个非常严重的问题。要使每个学生成为劳动者，使他们的精神生活和才能在劳动中充分显示出来，这是培养学生谦虚和艰苦奋斗精神不可缺少的条件。

42

怎样培养高尚的行为举止

你的生活是由行为举止组成的。诸多行为举止能反映出一个人的道德品质。行为举止永远受人的道德意识活动所控制。比如，你到商店排队买东西，该轮到你了，这时，你突然看见旁边站着一位老大娘，你便让她站在自己的前面，把自己的位置让给她，并帮她买好东西——这一切都是因为你的道德意识在起作用。我们永远要让良心的内在心声指挥行动。而当你什么也不做，甚至只是蒙头睡大觉的时候，情况多半是这样：你不仅将无所作为，还会造成过失，会永远受到共产主义道德准则的严厉谴责，而且在一些情况下还会受到法律的严厉谴责。

行为举止能反映一个人道德修养的水平。假如我们中的某个人住在无人岛上，那就没有任何"行为"可言了。有时一个人出门在外，不知会做出什么事——是帮助残疾人而听到几句感谢的话，还是因流氓行为被警察逮捕；也可能碰上一群没有道德、没有坚定信念的人。所以，你的精神状态如何、心灵是否平静和安宁、生活是否幸福、身体是否健康，甚至你与之交往和接触的那些人的生活如何都取决于你的行为。

人的行为举止也反映在语言上，甚至在眼神里，语言与心灵息息相关。语言可能是含情脉脉的亲吻，又能成为散发芳香的小花；语言可能是行善使人复活的圣水，又可能是插入心间的一把尖刀；语言既是烧红的一块铁，又像是一桶冷水，或者是一团发臭的污泥——这一切都是人的语言。甚至在沉默的时候，语言常常会成为最意外的举动。在那需要辛辣、直率、诚实的语言的地方，有时我们会遇到可耻的沉默，这是最卑鄙的举动——背叛。而有时正相反，当我们应该沉默、保守秘密时，这时语言就成为背叛。聪慧、善良的语言使人欢乐，愚蠢而恶毒、轻率而缺乏分寸的语言给人带来不幸。语言可以置人死地，也可以使人新生；可以给人造成创伤，也可以给人抚平创伤；可以使人惊慌、失望，也可以使人充满崇高精神；可以使人垂头丧气，也可以使人消除疑虑；可以引人发笑，也可以叫人流泪；可以产生对人的信任，也可以播下不信任的种子；可以鼓舞人去劳动，也可以使人的精神力量麻木。那些凶恶的、令人不满的、有失分寸的蠢话会使人受到侮辱、叫人伤心、为之震惊。当你接触的人，需要你说话的时候，或者当他急需你沉默的时候，你要善于了解到和感受到：你的一句话，就可能给别人造成蛮横无礼、愚昧无知，或夸夸其谈的印象。

要爱护、要怜惜人的不可侵犯性、易感受性和易伤性。不要令自己的举动使他人遭受凌辱，使他感到痛苦、焦急和不安。不要让自己的愚蠢和不妥当的行为在人的善良本质中播下不信任的种子。生活中的不良行为越多（不良的行为有可能是话语，也有可能是沉默），道德根基不坚固和缺少经验的人们就越有理由对善良和公正的胜利表示怀疑。当人们不再注意反映在积极活动中的那些不良举动的时候，那种毫无意义的行为数量就会增长。两者交织在一起就会造成不利于培养人的环境。也就是说，在那种环境下，形象地说，不可能像培养生物培养基那样，像培养高尚行为举止的根基那样培养道德意识。由此，你可以得到一条十分重要的生活准则：假如你对丑恶现象视而不见，继而用市侩哲学"与我无关"来安慰自己，那你就会在丑恶现象面前失去自卫能力。你越是逃避同丑恶的现象的斗争，你就越容易遭到丑恶现象的攻击。因此，为了生活安全起见，你应当永远做一个在道德上进攻的人、一个毫不妥协的人、一个不屈不挠的人。

这段教诲的力量，取决于一个非常重要的规律性，准确地说，取决于在学校生活中如何体现这种规律性。这里涉及的是道德意识活动。被受教育者当作善的表现来理解的道德真理，存在于行为之中。道德只有在行为之中，表现在人的相互关系之中才有活力，只有在这种情况下，上述的教诲才不至于化为乌有。如果对良好行为的教诲只停留在滔滔不绝的口头上，而没有落在良好的实际行动中，那么，教育集体的精神力量就将消耗在同这种过错进行的斗争之中。你的智慧和意志就将放在对是谁做的、谁是过错人的判断上。凡是道德不体现在崇高行为之中的地方，就会出现大量受害者，也很难找到过错人。

绝不能忘记，我们在学校内是跟孩子们打交道的，他们的道德意识正处在形成之中，而且恰恰在行为举止中才能产生道德意识。校园里应该充满鲜明的、有道德的气氛，而这种气氛使人相信，高尚的道德情操会成为主流。在有许多鲜明的道德行为的地方，善才会成为消灭恶的一种力量。在受到高尚行为鼓舞的少年心灵中是决不能容许恶劣行为存在的。

一天，课程结束了。天渐渐黑了，下起了雪，继而是暴风雪。这在村里是最不安的时刻：许多孩子回家路程很远，有的要经过草原和峡谷，很有可能迷路。家长们一般都来接孩子，但有 13 个孩子因为没人来接回不了家。教师把这些孩子们委托给高年级学生。我们启迪他们，号召他们发扬勇敢精神。学生们懂得，他们身上担负着多么重要的责任：他们要对那些孩子的安全负责啊。每个小孩由两三个力气大又勇敢的高年级学生护送，以防发生意外。当力量和无自卫能力相接触的时候，就会产生高尚行为和勇敢精神。每一个对小孩负有责任的高年级学生都会感到自身的担子不轻。有时恶劣的环境是难以忍受的，他们为了克服积雪的一段路，不得不把小孩子抱在怀里。

困难越大，心灵就会变得越高尚，年轻人身上那种自豪感就会越深刻。这种情感应当成为心灵的财富，对此，不必大肆评说，对这种忘我精神也不必大肆去夸奖。

越深刻地确立这是履行义务的思想，认为这件事并没有什么不寻常的，那么，对丑恶现象和不端行为的观察就越敏锐，感情就越细腻。道德意识在起作用，意味着高尚的行为在同过去的行为进行斗争。

在那件艰难而又欢乐的事之后，也就是当高年级学生们初次感到自己是个勇敢的人之后，仅仅过了一周就在学校内发生了一起不愉快的事件。15 岁的学生亚历山大放学回家，在堆满积雪的一条小街上，他追上了小莉娜。小莉娜为了给他让路，陷入雪堆中，还掉了一只靴子。亚历山大看到此事，非但没有去帮助，反而笑了起来。小莉娜坐在雪堆上哭了。一位妇女看见了，过来帮助了她，相比之下，小伙子对待小女孩的行为多么糟糕啊。亚历山大没有料到他的行为会激起同学们强烈的不满，特别是那些曾经在暴风雪中护送孩子时表现出顽强、不屈不挠精神的同学，他们非常关心这件"嘲弄人"的事（15 岁的学生维克多的话）。他的同学们在同亚历山大谈话中纷纷地说：

"卑鄙行为是不用智慧，也不需要勇敢的。下流的家伙就是卑鄙的人，这就是一切。"

"瞧你干的事，把人家孩子挤到雪堆里，而你却在幸灾乐祸。"

"嘲笑儿童哭泣，这是背叛行为。"

"你应当把她抱起来，带到没有雪堆的地方，而且跟任何人也不要谈到此事才对。"

亚历山大的过失对大家在精神上有着很大的震动，这事让我们感到欣慰。就是说在这些小伙子们的态度中（要知道他们的道德正处在形成之中），在他们的愤怒中，在他们的激情中，在这一切都有着天然的性格中，我们已看到道德意识在起作用。

我们毫不怀疑，只有在好、坏行为发生冲突的时候，道德才会成为一种积极的力量，青年人对卑鄙行为才会报之以愤慨、不满、毫不妥协的态度。这是复杂的、细致的心灵活动，谴责坏行为本身就是一种高尚行为。这对于教育学生集体，对于形成道德信念，其作用是不可估量的。被亚历山大的坏行为激怒了的同学们说，不想把他看作是自己的同学，而且他应当想一想，怎样"表现自己"才能得到人家的尊敬（这是 16 岁的学生米哈依尔的话）。

在道德上鲜明的高尚行为去战胜精神贫乏、道德无知、思想空虚的时候，高尚与卑鄙是有冲突的。在这一冲突中，我把在善良战胜邪恶看作是集体的首创精神。关于这种首创精神已谈得很多了，而且在许多情况下暂且只是一种理想。要把这种理想变成现实，这对教师而言是一种真正的幸福，是道德标准的一个顶峰。要达到这个顶峰相当艰难。怎样才能达到这个顶峰呢？怎样才能达到使道德意识活动变成集体的真正首创精神，怎样使道德信念在行为中永存、反映出来、巩固和强壮起来呢？最主要的一点，就是要使集体的生活永远应当成为思想的生活。教师的使命就在于使集体永远有一种精神去追求高尚品格，去追求道德美。应当在儿童、青少年的思想意识中播下善良行为的种子，使他们有能力去同冷漠无情、道德无知、利己主义斗争，使大家的思想意识永远处在对抗不道德行为的境地，使每个少年心灵中的善良能随时反对邪恶，使邪恶成为一种不能被人容忍的东西。教师应当是道德财富的创造者，而不应当被迫经常充当同不道德行为的肇事者斗争的裁判。

集体的精神状态应当永远向上，使那种坏行为、不良思想引起普遍的激愤。打个比方，我们大家，我们这个集体好比是个合唱队，我们正在唱着美妙的歌曲，我们的心灵已被我们所创造的美所陶醉，可是突然，有一个流氓出现在我们面前，他想以自己的造作、扭捏作态、怪相来破坏我们所创造的美。在我们心中必然会激起一股愤怒，有人会把这个流氓赶走，然后继续做我们的事，而且这个令人愤慨的事会像令人遗憾的争吵那样永远留在人们的记忆里。

这就是思想生活。我是这样理解集体生活，即思想生活的：对于想去破坏我们所创造美的流氓，我个人是不能容忍的，因为它不让我生活，一时不除掉这种丑恶现象，我就不会得到安宁。我对邪恶毫不留情、毫不妥协，使我和我的学生们的这种情感融为一体，共同组成一股力量，这股力量会使行为不轨的人感到很不舒服。这就是道德意识的活动，以及它付诸行动的一种准备。没有这种活动和准备，学生集体就会在邪恶面前解除武装，不会再是一股严厉谴责邪恶的力量，相反，它还不得不防备意外行为的袭击。

我们教育工作者所关心的是使学生们能细致地感受到语言的道德和情感色彩，使他们能在语言中理解和感受到某种行为，而如果这些行为本身带有非道德的东西，他们就会站出来谴责它。有时候一句话就能玷污自己和自己的家庭，这是我们要告诫孩子们、青少年们要明白的。你说的每一句话，往往都能表现出你的道德纯洁或者行为卑鄙。

有一天，一群少年在体育场踢球。他们踢得甚是开心，无忧无虑。有一位拄着手杖的老奶奶从体育场旁边经过。她眼神不好，步履艰难。突然，有人踢过来一球，把老奶奶的手杖撞掉了。老奶奶只好站住，弯下腰寻找手杖。这时有几个孩子停止踢球跑过来，帮助老奶奶找回手杖，并道了声"对不起"，可是也就在这时，传来一句嘲讽的话，有人嘲笑老奶奶人老无能。老奶奶哭了起来。她抓起手杖，也不听道歉的话，摇着头就走了。少年们不再踢球了。许多人因此事心情沉重，只有某些人不大理解，为什么不踢球了。大部分少年因为自己的同伴的行为而感到羞耻，他们无精打采地走到那个同伴跟前说："你怎么能这样？"他们因感到羞耻而回家了。而那个侮辱老人的少年，躲到一旁，莫名其妙地坐在草地上。教师得知这件事后，沉思了许久。他知道这些少年还缺乏勇气去谴责这种行为，他们只能做到使那人感到羞耻。在这种情况下，应当帮助他们学会观察到丑恶现象，并能对照自己。

下课后，教师请少年们到村头，一起坐在绿色的草坪上。大家看到白房子旁边的长凳子上坐着一位白发苍苍的老人。

"你们看看这位老人。"教师说，"你们到了老年也会像他那样。他都70岁了，还在耕地种田。如果不是这些人辛勤劳作，这个世界上就不会有你们，也不会有你们的父辈们。劳动也在等待着你们。你们要为他人的诞生和成长而生活和劳动。因为劳动和代代传承，人民才会不朽。在这些老人身上，我们能看到人民的不朽。应当像珍爱人民的无价财富那样去尊敬老人。凡是愚蠢地侮辱老人的人，都应当向被侮辱的人赔礼道歉。如果是极其恶毒地说出侮辱的话，那就等于背叛。"

许多年前，我们的教育集体就考虑到，有个别学生在童年、少年和青年早期都没有迈出需要付出精神力量的任何的一步。虽然他们从来不违反纪律，也没有给教师带来不宁。但这样勤奋的学生从学校毕业一两年之后就很难被想起来，他的面貌已模糊不清了。而且他的生活会很艰难：在困难面前会惊慌失措，在应该表现出独创精神的地方显示出软弱无能。在细心观察这种得过且过、缺乏进取心的学生时，我们便得出一个结论：他们把自己置身于教育的影响之外了。如果一个人没有什么可表现自己的地方，没有拿出任何一个需要付出精神力量的行动来，那他就可能在实际生活中表现为一个精神上的软弱者，会轻易受骗上当，走上一条错误之路。我们认为一项非常重要的教育任务，就是不要培养出任何一个没有勇敢行为的人，应使每个人能在某种具体的、感觉得到的事物中表现出精神的力量，与那种对待邪恶采取不关心、不闻不问的态度相对立。我们所担心的一种教育危险，就是培养出的人，成为只会躲避暴风雨和恶劣气候的娇生惯养的人。

激发学生们具有勇敢行为，是教师一项智慧与意志方面的工作，这项工作要求教师善于看到可能激励学生本身具有精神力量的那无穷尽的天地。

五年级学生格里沙，是个软弱、缺乏意志力的男同学。在低年级时，教师为此感到不妥，得常常保护这个男生免受欺负。当格里沙到了五年级时，他已无须帮助了。但又出现了一种危险和令人不安的情况：格里沙部分地能习惯忍受欺负，部分地学会了避免与同学发生冲突。格里沙不再受人注意了。教师们的注意力和精力都被那些具有狂热而自我表现的自相矛盾的个性鲜明的学生吸引过去了。然而，就是这个集体被一次意外事件引起不安：格里沙每天借给学习懒散的同学沃洛佳抄习题答案。

毫无个性，严重消极，应当救救这个孩子。这是个长期而艰难的工作。

格里沙住在离学校只有1500米的地方，从他家的窗口可以清楚地看到学校的窗口。在一个窗台上放着一个鱼缸。冬季，白天晚上都有一盏小电灯给鱼缸里的水加温。有一次，格里沙对教师说："夜晚我能看见鱼缸里的光。有一次，我似乎看到小鱼在游。"教师对这些话思来想去，脑子里闪现出一个有趣的念头。明天开始放寒假，外面正值寒冬了。

"格里沙，"教师说，"假期里，晚上你可要保护好小鱼，别让它冻死了。"

"您说什么？"格里沙惊奇地问。

"学校里夜间没有人。一旦灯泡烧坏，到了明天早晨小鱼就会死掉。你能看到鱼缸里的灯光，只要灯光一灭，就是说，应当马上到学校去。这里放着十个备用灯泡，怎么换你知道。"

教师的要求令格里沙又高兴，又难为情。格里沙有点怕，夜晚他能大胆地出去吗？但他羞于说出自己的胆怯。他同意了。教师把学校的钥匙交给了他。

假期开始了。格里沙待在家里，望着窗外，欣赏学校窗外那远方的小星。快到半夜了。突然灯灭了，格里沙穿上衣服，朝学校走去。周围一切都沉睡了，多可怕呀，可是不去吧，意味着丢脸。格里沙走到学校时，已冻得发僵了。他打开放着鱼缸的那间房门。鱼缸里的水已冷了。他换上了一个新灯泡，轻轻地说："小鱼，暖和暖和吧！"然后就回家了。

过了一天，灯泡又烧坏了。又得在夜间两点钟时出去。经过墓地和老教堂是很可怕的。但夜间外出回来后有股说不出的高兴劲儿！格里沙在假期中到学校去了五次，而且都在夜间。

男孩变得不胆小了。他不仅不怕天寒地冻，而且也不怕沃洛佳了。当沃洛佳说"把笔记本给我，我抄一下习题"时，格里沙说："自己解题吧！"沃洛佳从桌子底下伸出拳头来，格里沙摇了摇头，也伸出了拳头。课间休息后，沃洛佳走进教室，像只公鸡，头发蓬乱，满脸通红。格里沙回到教室也是红红的脸，但很平静。他们之间发生了什么事，谁也不知道。教师称之为"班里最后一个食客"的沃洛佳，开始自己解答习题了。

对于每个需要激发精神力量的学生来说，我们认为这天地可以在战胜困难中反映出来，表现出来。我们不允许任何一个人在道路上掉队，这条路的名字就叫"勇敢行为"。

43

怎样把孩子行为中的"应当""困难"和"好"连接起来

　　人的最大的胜利就是战胜自己。一个人从童年起就要学会支配自己，从小就要学会命令自己，管束自己。逼迫自己去做应当做的事，而且把应该做的事变成愿意做的事。这是一种和谐。这种和谐，是你的纪律性的基础。履行义务，则是意志的主要源泉。

　　如果你只善于听命于他人的意志，那么，你只能长成一个苍白的影子。真正的人善于命令自己，而且善于看到那些应当命令自己的环境。这也就是善于生活。

　　只有在你懂得什么是困难的时候，你才会成为一个真正的人。如果你在童年、少年、青年早期，处处感到轻松，那你就有可能长成一个软弱无能的人。只有那种不去逼迫自己去做应当做的事的人，才会感到轻松。既懂得"应当"，又懂得"困难"，把两者结合起来，这便是自我教育之道和真正的人的成长之路。要学会去判断什么事是应当做的和什么事是你要逼迫自己去做的。

　　不要走轻松之路，要走最艰难的路！克服困难能使人变得高尚。凡是能吃苦耐劳、克服困难的人，都会完全以另一种方式——成年人的方式去看待世界和理解人们。了解人，这是独特的一种人的智慧，是学校课程表上所没有列入的一门课。这种智慧只有在你的心灵里将"应当"和"困难"结合在一起的时候才能理解。掌握了解人的才能，你将能避免许多危险和意外。在了解人方面，最重要的是严格要求、尊重和考虑人的个性的可能性。不严格要求，既不能去评价、尊重人，也不能去珍惜人。

如果你本人不能逼迫自己，不能严格要求自己，即使给你派来一百位教师，他们也是无能为力的。如果一个人靠他人逼迫自己去学习，靠他人逼迫自己去劳动，靠他人逼迫自己成为自己父母的好儿子，成为自己孩子们的好父亲，这种人就会成为社会的异物，因为社会的精神和本质就在于创造。

这段教诲涉及一个人的自我教育的问题，是集体和个人精神生活中艰难而复杂的一个方面。在教育工作方面有个很严重的问题，那就是许多教师只会去逼迫学生去做某事，而不会启发学生让他自发地行动起来。

如果学生不能理解教师的良苦用心，便会使教师和学生的关系渐渐疏远。在学生们看来，他们之间有一些利害关系，可教师却有着另外的利害关系。由此某些学生和教师之间产生了不信任和不信赖的情感，因此教师很难再组织学生去做好事和需要做的事，如果教师不能卓有成效地去组织学生做好事的话，那他也就不能成为合格的教育者。凡是没有自我教育的地方，教师就很难开展工作，完不成的工作会逐渐多起来。如果教师在学校里总爱采取"逼迫"的方式（遗憾的是，这种事经常出现），那么，他们便会对教育学上的许多思想和理论原则丧失信心。可以想象得到，这种情况的出现在学校里是一种非常令人痛心的事。不仅如此，令人痛心的危险还在不断加深，这是由于谁也没有看见这件事的任何危险和任何令人痛心之处。在这样的集体中会产生一种念头——教育只不过是一番理论，实际上是不能实现的。

教育者的使命就在于教会孩子们去追求美好的东西，去逼迫自己做好事，对自己心灵上的消极和懒惰要感到不满。我们应当启迪自己的学生产生一股精神力量，使他们想成为好人，而且使这种愿望转化为他们自愿的劳动。凡是做到这一点的地方，在相当艰难的教育事业中，学生本人会成为教师的第一助手，他会分担您在教育上的负担，和您一起面对困难，他会同情您、怜悯您、帮助您。

在实践中，我们怎样才能做到这一点呢？应从何下手呢？怎样为这种教诲准备土壤呢？

依我看，最主要的，就在于在儿童的思想意识中，不能把美好的东西同愉快的，尤其是轻松的东西混淆起来。应当使一个人从幼年起就懂得，美好的东西是劳动的结果，是手和脑创造的结果。美好的东西，往往来之不易。没有劳动，你甚至领会不到大自然的美。

在我们集体农庄里，有一位农艺师，他有个五岁的儿子。夏季，天刚蒙蒙亮，父亲就唤醒儿子："起来，谢辽扎，我们去寻找美。"

儿子很快起了床，穿好衣服，跟着爸爸走到田野里。东方的天空出现鱼肚白，渐渐呈现出蔚蓝色，然后又现出玫瑰色，星星渐渐隐没。远处田野里的某个地方升起灰蒙蒙的一团，渐渐升向高空。突然间，那灰蒙蒙的一团像火一样在浅蓝色的天空中燃烧起来，而且就在这一瞬间，父亲和孩子听到了美妙的音乐。田野上空仿佛有人在弹琴，又像是一只小火鸟，用翅膀拨动银弦，在田野上空发出美妙的声音。儿子屏住呼吸，头脑里产生一个问题："如果我们还在睡觉，云雀还会唱歌吗？"

"爸爸，"男孩子小声地说，"现在睡觉的人，不会听到这奇妙的音乐吧？"

"是的，听不到。"父亲小声回答。

"那他们的生活该多么乏味啊……"

整个暑假男孩都在田野里干活。每天他特意比父亲早起半小时，到村边去听云雀唱歌，看日出。然后，父子俩再一起到田地里干上一整天，到了傍晚才一起回家，一路上，他们观察着星星的闪烁，体会着夜晚的寂静。

我坚信，人的精神力量是从理解美开始的。会思考、会创造、会控制自己行为的人都懂得并感受过克服困难的快乐与美好，他们的良好品格也正是伴随着克服困难产生的。要使"应当"和"困难"结合在一起。没有这种结合，一个人就不可能具备强大的内心，就不可能有能力战胜自己的弱点，并感受到自己胜利的果实。这种结合是从孩子在精神生活中克服困难、创造美开始的。美的创造，是使人逼迫自己成为好人的某些力量的源泉。

创造美的概念相当广泛。创造美，并非只意味着卷起袖子下地干活。农艺师的小儿子早早起床，匆忙下田，为的是聆听云雀的歌唱。这也是劳动，是创造美的劳动，况且还是不轻松的劳动。所以，只有在孩子理解艰苦最终会变为美好之后，他才会自愿去做艰苦的事。在我们面前的教育中，精神力量、劳动、美、自我教育等有着千丝万缕的联系，展现出十分意外的从属性。

没有劳动就不会有精神力量，没有美的创造就不会有劳动，没有基于劳动的精神力量和美的创造，就不会有自我教育和自我约束。这些事物之间的相互作用创造着一种理想，即善于使人去看到自己生活和斗争的目的，善于想象出自己的创造和自己的未来。

在整个教育过程中，有一件特别重要的东西就是培养人的这种精神力量的方向，使他想象到未来——为什么而去劳动。我们的学生在把荒地变成良田的同时，会为一种崇高思想所鼓舞，即这块荒地将会成为美好的园地，在这种美的创造当中，他会看到自己的未来。只有受到崇高理想所鼓舞的人才有可能逼迫自己去做应当做的事。这种理想便是劳动、美、精神力量、自我教育和自我约束综合教育的结果。我坚信，学生对劳动（包括对学习，这是非常复杂而紧张的劳动）持消极、冷漠的态度，是教师不善于在自己的学生面前展现美好的未来的缘故。

我认为有一点十分重要，就是要使一个人在青年时期的追求水平比少年时期更高。青年时期的勇敢精神必须在少年时期锻炼出来。这就要求孩子在少年时期能有许多提高追求水平的练习机会。少年时代蕴藏着无穷无尽的力量。让每一个少年想去做似乎难以做到的事，让无穷的胆量和悲观的情绪同时涌现出来，这要比沉默地服从和一味地盲从好得多。

引导一个人用自己力量沿着惊奇之路度过自己的童年和少年，我们的教育智慧就在于此。凡是有惊奇和喜悦的地方就有不满足。人的追求是无限的，人的追求水平越高，他对自己所取得的成绩就越不满意。在这种情感之中，产生了一种似乎微不足道的刺激因素，这种刺激因素会使人懂得什么是"应当""困难"和"好"。

44

怎样教孩子懂得敏锐而有分寸的行为

要容忍别人的个别弱点，对邪恶则应毫不妥协。容忍与毫不妥协是一个人精神素养中非常重要的因素，你必须掌握，为的是了解人的种种激情和性格的复杂性。容忍、善良，同毫不妥协、决不折中，你应当兼而有之。你可以不去计较别人的弱点，对它采取宽容的态度，但在学会宽容他人的同时，也应当毫不留情地对待邪恶。

有时，必须学会装着看不见你亲近的人的弱点，特别是老年人的弱点，你的道德修养就反映在这一点上。人类社会是个复杂的世界，在这个世界里，有善良的东西或邪恶的东西，有对周围有益的东西或有害的东西，有令人迷惑或令人讨厌的东西，还有稀奇古怪的、难以理解的东西。弱点往往会变为邪恶，这种变化取决于人的道德发展被弱点影响到什么程度。要自己教育自己，不允许这个弱点变化成邪恶，也要善于告诫学生预防这种变化。在你与他人接触的时候，要善于发觉弱点转化为邪恶时的一刹那。如果你发现正确而又有分寸地干预他人生活的精神力量和方法时，那你不妨尝试去预防产生这种邪恶。即使失败了，对你来说也是一次经验教训，你将在自我教育中变得更聪明。要记住，过于仁慈和无条件的忍让，可能导致宽恕一切；过度的不容忍，会导致任性和专横，妄自尊大，也就是不善于看到自己弱点的那种自尊心，将会变成自私自利和自我陶醉；习惯于消磨光阴，会变成懒惰和懈怠；对孩子无故的过分宠爱，会对邪恶产生放任和纵容；谨小慎微，会变成胆小怕事，畏葸不前；犹豫不决，会变得意志薄弱、精神空虚，过于谨小慎微，缺乏自我的信念；过于节俭，会变得吝啬和贪婪；过于慷慨，会变成铺张浪费；经常对某事和某人不满，会对神圣的东西产生不尊重；过于关心个人，会变得利己主义；多疑，会发展成为病态的疑心重重；对好事情的盲目自信和对坏事情过分敏感，会成为蛊惑性的奢谈和诉苦；一味平静，会导致冷淡；过于健谈，会变成说大话、不谦虚；过于好奇，会成为不知深浅和爱打听人家的私事；轻易爱恋而又轻易抛弃，会变得放荡；处处轻浮，会导致背信弃义；各方面都爱出风头，会导致认为自己比别人都好，养成骄傲自大、不尊重别人的恶习；过于富有同情心和感伤，会变得多愁善感……

在对待老年人所有的弱点方面，要表现出忍耐、有同情心和有分寸。要宽容病人的毛病。你对自己的同龄人所讲的话，不能当着老人和有病的人的面全讲出来。对有生理缺陷的人，应当特别容忍和宽容。

有些人非常老实而忘我地干活，但取得的成绩极其平淡，如果因此就认为这种人不合格，甚至在他们面前显示自己的成就，这种做法是没有分寸、不谦虚、很不正派的。

有的人个人生活很不顺利，我们要善于体贴和理解这种人的痛楚。要懂得，如果经常在亲近的人面前显示自己的幸福和顺利，一定不会使他们高兴。展示幸福和顺利时要谦虚和有分寸，这是表明你为人正派的一个非常重要的特点。

我们要特别注意，应使孩子们、青少年们做到会忍耐、宽容，而对老年人表现出来的弱点尤其应当同情。跟孩子们谈谈老年人，依我看，这是有关智慧和尊严非常重要的课题。根据你怎样对待年老体弱、虚弱无力者的态度，你怎样对待作为人类不幸衰老的态度，我作为一个教师就能得出一般情况下你是什么样的人的结论，并且也能得知我对你的教育能达到什么效果。青年不喜欢接近老年人、不乐意与老年人为邻、不善于同情老人、不关心与他们和睦相处，这是很大的不幸。对于这种不幸，我们社会应当予以更大的关注。老年人有智慧，有丰富的生活经验，有其独特的见微知著的观察能力，只有他们才能帮助年轻人树立品行端正的人格。但是，我要再一次地强调：老年人不仅有智慧，而且有不幸，特别需要人的同情。

一个人从童年起，他的精神生活就与这个非一般的不幸——衰老相邻。我教育孩子们，并向他们建议，要与爷爷奶奶共享自己的欢乐。每逢节日，你要同他们在一起，在老年人生活中，会有些东西让你觉得奇怪和不习惯（将来等你老的时候，也会有这种古怪行为），不要为此感到不安。多年来的经验告诉我，孩子同老年人生活在一起，会产生和发展心灵上的高尚品质。孩子尊敬有智慧且有弱点的老年人，这种仁慈心会变成心中一股巨大的力量。使仁慈心变得坚强有力，使孩子充满意志力和不屈不挠的精神，这一点是非常重要的。

毫无疑问，医治这些不可避免的不幸（老年的许多弱点）产生的最有效的药方，就是忠实、真诚和信任。老年人对于别人怎样对待他很敏感，他们会以内在的巨大力量去酬谢仁慈，旨在消除自己的弱点。所以，要像担心更大的邪恶那样，担心孩子们对老、弱、病人和孤寡人的弱点采取不宽容的态度。这种不宽容的态度，宛如有毒的果子，是从利己主义和自私自利的小花逐渐长成的。

一个人只有当他从幼年起就生活在操心、焦灼不安和忧虑的世界里，才会成为幸福的人。尊重人的这一复杂的、有时是矛盾的、在我们觉得又是奇怪的世界，就意味着要教育未来的公民学会观察自己和严格要求自己。我多次地强调，一个在童年、少年时期没有任何毛病的人，不可能成为可靠的、忠实的丈夫和父亲（同样也不可能成为可靠的、忠实的妻子和母亲）。不理解人的弱点这一真正的天性，就做不到对人的真正的爱，因为爱在一定程度上是理想化的。理想化则要求非凡的智慧、高超的技能。为了使可爱的人完美，而且在完美的可爱人的面前，自己本身也要追求达到理想目标而奉献出自己的精神力量，这一切都是与"不断地克服缺点"的艺术分不开的。

怎样培养人的尊严

有一种细微而娇嫩、坚强而勇敢、摸不着而又不屈不挠的概念，那就是人格尊严。生活中，人总是要接触美与丑，欢乐与痛苦；在人的精神生活中，往往有庆幸的时刻，也有痛苦的时刻；充满整个身心的爱和对卑鄙行为的感受交替振荡着人的心灵；常常会有一种紧急情况和偶然情况，需要你放弃快乐、做出牺牲；为了亲友的幸福，特别是妻子和孩子的幸福，应当用自己的思想、信念的力量，去战胜情感和冲动。

这一切都需要尊严。人应当有尊严地活着、劳动着，享受属于你的物质财富和精神财富，有尊严地去感受欢乐和痛苦，有尊严地对待病痛和迎接自己生命的最后时刻。在最艰难的情况下，甚至在失去生命的情况下，都不能跨越理智控制行为的那条界线，并且绝不能让本能的落后势力和利己主义的动机抬头。要珍惜、树立、发展、提高自己的人格尊严。你的尊严的根基，就在于你具有高尚的信念和思想。人之所以被称为人，是因为人能用自己的思想控制生活中任何可能的激情、追求以及愿望。

尊严，是控制自己感情的一种"智慧权"。你人格的高尚表现在你善于明确而细致地判断什么是体面的、什么是不体面的。体面的东西应当成为你精神素养本质的东西，不体面的东西应当激起你的蔑视和极端的厌恶。

懂得卑鄙、下流、丑恶、庸俗是不体面的东西，这应当成为你的性格的特点。

我认为一个非常主要的教育任务，就是去培养个性（我着重指出，尊严属于深层个性的范畴）都能反映出体面与不体面观点的独特世界观。既然人的尊严就是学会克制自己，那么公民从小在头脑里就应当树立关于抵制不体面的卑鄙行为的信念。这种信念能够使人产生道德免疫力，帮助人维护自己的尊严，保持高尚的品格。

多年来，我校在教育工作实践中制定了关于"哪些行为是不体面的"的道德准则。我们要在孩子们的思想意识中树立关于不允许卑鄙行径和一系列坏行为存在的思想。只有在这种思想、信念的基础上，蔑视不体面的行为的情感才会得以巩固。信念与情感的融合，才能树立个性的重要道德特征——厌恶自己行为中不体面的东西，积极追求使人向上的体面的行为。

这里谈谈几种不体面的现象，一个道德正派、精神美好的人的信念和感情世界就建立在蔑视这些现象的基础之上。

靠压制别人，给别人安排不当的工作，使别人苦恼和不安而获取自己的幸福、欢乐、满足和安宁是不体面的。不让别人欺负自己，但也不要欺负别人。

我们尽最大努力使孩子集体中充满一种幸福、欢乐、和谐和气氛。一个孩子的幸福不应当建立在损伤别的孩子的幸福的基础上。孩子不应当局限于自己幸福的小圈子里。我们认为，理想的情况就在于一个幸福的人要能为自己的同龄人失去幸福而感到良心受到责备。这种感受，是儿童心灵中最敏锐的一角，它隐藏着微妙的尊严感。真正的尊严，不可能对他人身上所发生的事而去扬扬得意、安然自在、漠不关心。

在同志处于不幸、危险之中时，丢下他们不管，对别人的痛苦、忧伤采取冷漠的态度，是不体面的。道德上的聋人、盲人，心灵麻木不仁，是最恶劣的毛病。感受到别人的不幸，并对别人的不幸采取不予理睬的态度是恶劣的和令人讨厌的——这是整个教育工作的一条主线。我有几个形象的故事，这些故事对孩子们的意识和情感世界来说都是容易理解的，这些故事揭露了对他人不幸采取冷漠态度的卑鄙行为和不正派行为。教育集体通过高尚品德的教育，会使学生逐步树立起正确的世界观，提高他们的思想水平，使他们具有美好的情感。体面的东西会给人带来欢乐，而不体面的东西，则会激起大家强烈的谴责和不满。

应把在掌握知识方面的不顺利，视为学习上的最大不幸。所以，在培养如何对待不幸这一点，学校生活起着非常重要的作用。尤为重要的是，要使孩子们在同学学习落后的时候，看到他们的不幸并同情他们，而不是对班里的这些同学采取冷漠的态度。

躲在别人的背后，享受别人的劳动成果是不体面的。这是非常细微的精神关系的范畴，这种精神关系是与学习相联系的，也是与集体和个人生活的各个方面相联系的。劳动者光荣，不劳而获者可耻。我们认为培养这种观点就是培养信念的核心。

蔑视懒惰、游手好闲和懈怠，憎恶那种靠别人来养活的人和长期受人抚养的人——这些道德面貌的宝贵特征，是在体力劳动受到崇高思想动机的鼓舞和充满思想的地方才能培养出来的。按其本质来说，一个人正在形成的尊严，就是给他打下劳动的根基。劳动能够培养孩子克服困难的精神，提高他们的自豪感，缺乏这种劳动的尊严是不可思议的，因为在劳动中，体现了我的力量、我的智慧、我的创造。

做一个畏葸不前、软弱无力的人是不体面的。在危险面前，表现出犹豫不决、退却、哭泣是可耻的。胆小、犹豫不决会造就胆小鬼、可耻行为和背叛行为。英勇果敢才是勇敢精神的源泉。凡是有危险的地方，就应当挺身而出，我们教育工作者的任务就是要把这样的道德原则变成为行为准则。这种道德原则的实现要求一定的条件，那就是表现出英勇行为。发现生活中的这些条件或创造这些条件，是件很细致的事情：教师要对学生的生命和健康负责。如果我的学生在童年时期不敢爬上树顶，不敢游泳过河，不敢深更半夜到森林中去找回一根需要的木棒或者在行军时某位同学丢失的指南针，不敢从屋顶上把过早爬出鸟窝并卡在瓦缝中的雏鸟捉回鸟窝，不敢在暴风雪中护送年幼的、无自卫能力的孩子回家，那我就把这种教育说成是温室里的教育。只有培养学生敢于去做那些事，才能教育出英勇果敢的学生。在那些勇敢行为中永远会有冒险的成分，但是，没有聪慧

的父亲般的冒险，是不可能谈及教育的。

在面临危险时表现出英勇、无畏、果敢、坚强——这是一种无与伦比的精神状态，它会给人的整个面貌打上烙印，从而能产生出真正的高尚品格。我坚信，一个人只有具备英勇无畏的品格才会真正地反映出和认识到自我。只有具备英勇无畏的行为，才会对别人需要去保护和同情的不幸和痛苦，终生保持着心灵和思想上的那种细致的敏感性。英勇与无畏、果敢与坚强，是注入少年心灵中的一种对卑鄙行为免疫的最有效的抗毒剂。高尚的英勇精神，形象地说，这是创造人类真正美的一把最精致的刀具。我通过了解数十人的经历，可以得到这样的结论：英勇、无畏、果敢、坚强能磨砺出对劳动的特殊态度，也就是说，人们认为在做艰难的事情中表现出轻浮和缺乏意志都是有损于人格的。在劳动中表现出刚毅和意志力，才是童年时代英勇行为之花结出的果子。

我一向关心的是，如何使集体中形成一种蔑视胆小、软弱、犹豫不决、爱哭的气氛。这是人的精神生活非常重要的一个特征，它决定着人与人之间相互关系的高尚品格，并成为每个人自我教育所必需的力量源泉。只有在蔑视意志薄弱的地方，孩子才能感到羞耻。蔑视胆小、软弱的精神，同时也是一个人避免自私行为的约束力。凡是在蔑视恐惧、胆小的地方，凡是在认为"这不关我的事"是卑鄙的想法的地方，利己主义永远处于阳光普照之下，无处藏身。

怎样才能使这种精神在集体中起决定性作用呢？最主要的，就是当需要表现英勇、无畏、坚决的一瞬间能毫不迟疑地表现出来。教师应该敏锐地感知什么是需要英勇的环境。

放任的要求和欲望，不受人的精神的监督是不体面的。你想吃或想喝，想休息或想在篝火旁取暖——这是你身体的需要，但不要忘记，你是人！在满足自己需求的同时，你应该表现出审慎和克制。这不是谦虚，这是一种更为崇高和更有意义的品格：在控制住自己的要求和欲望的同时，应使自己的精神本质高尚起来。

我总是向步入少年时代的孩子们讲述一位高尚的旅行者的故事。有一个人在荒无人烟的草原上走了三天。他已没有食物了，只有一壶水，在他渴极了的时候，才喝上一口。旅行者终于走到了一个有人居住的地方。当地人很好客，热情地迎接了他。他们在绿荫如盖的苹果树下铺上了桌子，摆上了好吃的食品。但旅行者并没有马上坐到桌旁享受，因为他是人。他同住宅主人一道去绿色草原中间的井边去取水。主人抱怨说：井里的泉水被淤泥给污染了，可他又没有力气去清理。于是，旅行者清理了井，取了水，然后才坐到桌旁。他喝了一碗汤，吃了一小块鱼。主人再三劝那位旅行者多吃点儿，好有劲儿继续赶路，可他没有再吃。

孩子们应当学会控制自己的愿望、要求和欲望。

我们到森林里去，路上经过一片被晒得发烫的草原，大家疲倦极了。突然遇见一口清泉，大家都想喝。但教师告诉孩子们要克制。孩子们便坐下休息，谁也没到泉水边去。问题的关键不只在于在大家身体发热的时候喝冰冷的水不好。教师告诫大家："你们想一想，大家都挤到水边，彼此头碰头了，我们谁也喝不到水，这是有辱人格的。最好让女孩子们先喝。"听了教师的话，孩子们按顺序去喝水了，只有身材魁梧的、灰眼睛的托里亚不知为什么没有去喝。于是教师问："你不想喝水吗？"托里亚回答说："想喝，但我不急于去喝。我想成为一个真正的人。"老师微笑着。让他高兴的是，他看见托里亚正在从事最繁重的劳动——自我锻炼。

在培养克制、宽宏大量的品质的同时，教师要在少年心灵中树立重要的道德品质——文化修养、意志的纪律、相互关系的高度素养。孩子们要学会互相让步。

特别重要的一点，就是要使学生从小就认为在劳动中表现出自己的软弱、疲倦、无力是不体面的。你可能一点体力也没有了，也可能挪不动脚步，或者拿不动铁锹了，但在明白你是真正的人之后，只要你有精神力量，那就谁也不会考虑到你已经筋疲力尽了。我们认为这种精神状态，是真正道德教育的一个非常重要的条件。

当说话能表达你的诚实、勇敢的高尚品格的时候，你沉默不语是不体面的，这种沉默就是意志薄弱和卑鄙行为。当需要你用沉默来表达诚实、高尚品格和勇敢的时候，你却说话了，这也是不体面的，因为你的话就是意志薄弱和卑鄙行为的表现，甚至是背叛行为的表现。

如果一个孩子不认为当着众人的面，或教师的面公开说出他所犯的不道德的行为是对他有益的话，那么，整个教育工作体系就归于失败。我认为非常重要的一点，就是去培养孩子在责任感面前对自身的怯懦、意志薄弱和恐惧感到蔑视。不道德行为可能是个错误，而怯懦比这更危险。我努力做到能使孩子的头脑中树立这样一种思想：对自身的卑鄙行为应有一种不妥协的态度。在道德教育的细节问题中间，有一个最细微、最敏感的问题，就是在自己良心面前培养责任感的问题。我极力使一个有不道德行为的人，能用良心责备自己，使他自身的胆怯像压在心头上的石头一下落了地，整个人变得轻松。使孩子感到轻松的，不只在于不去隐瞒那些不道德的行为，而在于他有了勇气从蒙受耻辱的秘密中解脱出来。很重要的一点，就是使一个人在童年时代要感受到这种放松。

如果有人做了不道德的事，我要教他勇敢地去承认，并考虑自己去惩罚自己。惩罚犯错的人是为了他好。要考虑怎样给自己带来最大的好处——使自己变得更好。

我教育孩子们：要保守朋友告诉你的秘密。有很多东西是不能说给大家听的。高尚的沉默，也是一种独特的勇敢。把应当成为内心友谊世界的财富都拿出来夸耀，就意味着降低人格。废话可能导致背叛。

一个真正的人，不仅认为撒谎、口是心非、卑躬屈膝、听从某人的意志行事是不体面的，而且认为没有自己的观点、丢失自己的面子也是不体面的。暗中诽谤是卑劣的、令人厌恶的，它比背叛还坏。暗中诽谤，出卖同志，等于从背后开枪。为了培养学生说话的勇气和沉默的勇气，教师本人首先应当是品德高尚和勇敢无畏的人。应当善于尊重儿童，特别要尊重他们自己的观点和信念，即使他们的行为似乎没有全部被我们所理解和证实，我们也应尊重。压制观点、摧残信念，原则上可以达到这一点，然而结果是一种卑鄙行为。

观点和信念受到摧残的人会变得可怜，他在精神上也会变得空虚。摧残个人的观点和信念，则意味着使一个人变得更加冷酷无情。

不履行诺言，轻率、不负责任地乱说是不体面的。教师精心培育真正人的性格的最精细的一个方面，我认为就在于使学生能成为说话铿锵有力、说话算数的人。为此，必须培育少年心灵中具有我称之为意志高尚的品格。一个人从幼年起就应当学会向自己提出自我教育、自我完善的目标。尽管这一目标一开始似乎并不大，但一个人不应虚度年华，应当有一种志向推动着他。达到目的会给他带来快乐和骄傲。在我们艰难的事业中，一个最脆弱而且难以捉摸的东西，就是用志向去鼓舞人。志向根本不同于愿望。愿望往往产生于懒惰的心灵之中；大人不让孩子付出紧张的精神劳动而满足他的愿望越多，孩子生活中意志的高尚品格就越少。志向是同一个人对自己的约束、承诺、要求相互联系的。

你要把让孩子懂得把这一真谛看作自己的崇高使命。只有在这种情况下，孩子才能珍惜自己的话，才会懂得不负责任地乱说、信口开河，就是在破坏自己许下的诺言。

学校应当成为一块圣地，校园里应当只有诚实、坚定、勇敢的话语。这是培养人品最基本的一条。我认为集体精神生活最重要的方面，就是应当让孩子们从小就树立蔑视说空话的思想。

对自己过分怜悯、对他人冷淡无情是不体面的。过分夸大个人的痛苦、委屈、不幸、苦难是不体面的。哭哭啼啼是不体面的。人应当用克制来装点自己。

教师应当善于看到那种危险，如果说有个别学生从童年爱哭，一直到少年、青年早期仍旧爱哭，这种人的生活不会轻松，一旦碰到真正的困难就会不知所措。

"一个真正的人因为疼痛而哭泣是不体面的。痛苦时，你要忍耐。不要从心灵上垮下去，要做一个坚强的人。"这是教师在孩子遇到困难时所应该说的话。有一次去森林旅游时，一个九岁的男孩从树上跳下来，不小心摔伤了腿。教师给他包扎伤腿时，对他说："男子汉，由于疼痛哭鼻子可难为情。你应当勇敢、克制、坚强、不屈不挠。在你们的生活中，一切都可能发生，在精神上要有准备，要有在战场上负伤的准备，要有经常在零下50度严寒条件下生活的准备，要有不间歇地百公里行军的准备。"

要有坚强、坚忍、不屈的气氛，形象地说，这好比灯光，孩子借助于这种光能看到自己行为的真正价值。我教育孩子们从小起就要有一种信念：因自己的痛苦而流泪是可耻的，能够克制是英勇行为。

在你身旁有妇女遇到困难时，你不闻不问，表现出若无其事是不体面的。

关于在道德价值上，人们对待妇女的态度起了什么作用，我们还将不止一次地谈到。这是个相当重要的问题，可以毫不夸张地说，为了培养真正的人，我们足足有一半精力是花在如何教育孩子们、男人应该怎样对待女人的崇高态度上的。有些道理暂时还不能对年幼的孩子讲得很清楚。应当从最起码的一点做起：让孩子们感到对待妇女采取冷淡无情的态度是卑劣行为。我极力使孩子们，首先是男孩子们意识到这样一种思想：妇女身上体现出了人类的伟大。女人的崇高使命总是伴随着艰苦的劳动。女人要比男人艰难得多。女人不是"弱者"，可女人需要关怀和保护；女人是坚强的、勇敢的，但女人的处境又很艰难。男人应当与女人分担这种艰难。

"如果你听到'女人'一词，你的意识，你的整个身心，都应渗透着一种想法：我应帮忙她们做点什么呢？"当我的学生已懂得"我是女人生的"这一真谛时，我便这样去教育他们："女人有特殊的权利要求我们男人时时处处去减轻女人的生活困难，因为她是女人。看到女人有了困难时，采取无动于衷、不闻不问的态度，是可耻的。"我们生活中的奉献，实质上就是从我们每个男人做起，去感谢母亲给自己带来的幸福。我们社会里的男女平等是有前提的，那就是男人没有权利拣轻的担子挑，而女人有特殊权利去选择较轻松的劳动。这并不说明女人弱，而是因为女人的艰难是男人无法比拟的。不理解女人的艰难，有与女人斗争的想法，是不可思议的。

酗酒和贪吃的人是不体面的。酗酒与人的关系就像背叛与忠诚那样不能相容。酒会使人失去意志，露出本性，甚至使人变成禽兽。我认为学校一个非常重要的使命，就是在少年心灵中去树立蔑视这种卑劣行为的情感，在这一教育工作中最主要的，就是去丰富学生们的精神世界，培养他们作为有思想的人的自豪感。对孩子，特别对青少年们来说，最大的幸福和享受就是同好书打交道，去读书，去思索。同样细心地去理解和感受大自然中、艺术中、人际关系中的美，也能培养出蔑视毒害意识的情感。我们的理想——美，应当成为个人品德的尺子，使享受和美融为一体。对美的理解和感受越细微，对一切粗鲁的、无理性的、本能的东西的厌恶就越深刻。

人的精神不应该是空虚的。在业余时间，少年的心灵首先应当成为美的容器。对美的吸引，对丑恶的东西的厌恶，是防止产生酗酒行为的一种强有力的抗毒剂。

46

怎样培养孩子自觉地去追求善良

　　你生活的世界有幸福、善良，也有罪恶。你的父辈、你的人民、你的祖国的最大幸福，当然也包括你个人的幸福，就是社会主义在你的国家取得了胜利，并正在进行共产主义建设。你生在一个没有人压迫人的社会里，在这个自由的社会里，彻底消除了"人吃人"这一仇视人类的现象。社会主义生活的幸福，正是指祖国的一切财富属于全体劳动人民所有；正是指你在为自己的同胞工作的同时，也在创造大家的和你个人的幸福；正是指在我们社会里，人与人都是朋友。这正是你要感悟的一种不言而喻的真谛，你要把它看作是一件东西那样，从老一辈那里承继下来。是啊，要成为社会主义各种利益的继承者。这不单纯是一种莫大的幸福，而且要求你具备很高的道德水准，要求你具备远见卓识的才智，能洞察过去、现在和将来的才智。

　　你那公民的智慧应当懂得，我们的祖辈用鲜血和无穷苦难换来的社会主义福利，是善良永恒的基础。向我们提供社会主义福利，就是为了弘扬善。随着你的意识的初次闪现，随着你对周围世界的初次领会和思考，善良的意念就会进入你的脑海和心中。当你年龄尚幼，刚刚学会迈步时，看到一位老人受欺，老人在你面前现出痛苦不堪的样子，你就懂得，并用咿咿呀呀的儿童语言说：不该这样！再不能这样！这是不公正的！善，会战胜恶的！当你走到妈妈、哥哥跟前寻找保护善和被践踏的正义时，你就懂得邪恶和不公正在哪里，自己行为的过错在哪里。当你看到人们为别人所创造的财富被浪费时，你会愤怒：不该这样！再不能这样！你本人还无能力同破坏善的现象作斗争，但你已经感到，在我们的社会里有一股强大的力量，它能够制止邪恶。你已经朦胧地意识到，在我们正义的社会里有着保护善的一种法宝，那就是社会主义制度。随着时间的推移，这种概念会变成你自觉的观点，变成你的信念。

善的意念似乎是你自身的一部分，它与你的思想、观点和信念是分不开的。善的意念好比一把尺子，用它可以去解释和评价自己周围的人际关系。你的道德教育和自我教育归根结底取决于善的意念在你的意识、你的生活和你生活的实践中持久地树立到什么程度。善的意念，并不是老一辈人向你的心灵灌输的抽象真理。列宁认为，善被理解为人的实践。善就在于：世界不会满足人，人决心以自己的行动来改变世界（参见《列宁全集》）。善，并不只是一朵美丽的小花，还是一朵娇嫩的、无力自卫的小花。善是为正义思想的胜利而斗争的武器，是我们的活动、我们的意志、我们的劳动、我们对恶毫不妥协的斗争。

善的意念在你的头脑里确立，本身就是作为你对人际关系的一把尺子，没有你的意志和积极活动是不可思议的。善就是加上意志的一种思想，只有在这种情况下，我们才会得到与邪恶毫不妥协斗争的结果，而这也就是善的本质。

可是，世界上不仅有善，而且也有恶，有社会的恶，那就是资本主义社会里的人压迫人，秘密准备可能毁掉人类的罪恶战争（请深思这个问题吧！），或者使人类倒退到几千年前的野蛮时代。你心灵的每一部分都应当憎恨社会的恶，并随时准备同它作斗争。你并不是一粒默默无闻的、无能为力的尘埃，你具有强大的力量。全国人民在信念上的一致，这就意味着社会主义国家不可抗拒的强大。帝国主义的思想家们总想去腐蚀苏维埃人，特别是苏维埃青年人的心灵，他们把赌注押在今天正坐在书桌旁学习的你身上。他们总是幻想使你对政治冷淡、漠不关心，让国内外发生的一切都触动不了你的心灵，以此看作是他们自己的巨大胜利。因为一个精神空虚的人，对善与恶采取冷漠的人，不可能成为为了善良而斗争的战士，也不可能是我们生活中巨大福利——社会主义成果的保卫者。善的意念应当在你心灵中扎根，应当每时每刻用它去衡量我们星球上任何地方，包括最遥远的角落所发生的一切。这样，孩子的公民生活的世界也就无比的扩大了。

我们内部也会有恶——道德上的恶。在社会主义社会里，没有道德上的恶的社会根源，但这种恶习依然存在，而且通常滋长得特别快。它以各种形式出现，如凶杀、仇视人类、背叛、暴力、盗窃、虚情假意、欺骗、背信弃义、胆怯、卑鄙等等。科学家们对滋生罪恶、违法行为、家庭破裂、孩子们的不幸等道德上的邪恶根源考虑得很多。解释这些原因，并不是我们研究的直接对象，然而应当指明道德上的恶，对社会上的恶有着非常复杂的、非直接的关系。恶之所以存在，是因为它是在善淡薄的地方生长起来的。使一个人变坏，无须付出特殊的力量，但要使一个人成为好人，那可得要付出极其艰苦的劳动啊！恶是从道德无知、缺乏道德教养，是从人在本身发展的一定阶段里不懂得人的素养的基础上开始的，所以才会逐步掉进道德无知的泥沼中去。这就是为什么道德教育在我们社会里有着社会的、政治的意义之所在。

这一大段教诲，乍一看似乎是抽象的，而读者可能有所怀疑：以这种形式是否能够把道德修养和素养的真谛传送到孩子们、少年们、青年男女们的意识中去？

多年的教育实践使我深信：理所当然要同小孩子们谈这些道理，如果您在培养的同时，想看到今天的不机灵的孩子会成为明天的公民、劳动者、祖国的保卫者、父亲和母亲的话。在七八岁孩子的意识中，应当有"什么是好"和"什么值得称赞"的抽象的道德思想的初步轮廓。自觉地追求善和自觉地去达到既定的目标，请记住，要达到自己的智慧、自己的意识提出的目标，在这个年龄就应当给人带来更高的、无与伦比的满意和生活充实之情感。

善的意念的取得，善于用唯一精确的道德理想的尺子衡量世界以及对恶进行毫不妥协的斗争——这一切都是与劳动、幸福和义务紧密相连的。

劳动、幸福和义务在少年心灵中的有机融合，就是对善的吸引、真心地赞美行善，并对恶行产生厌恶、不能容忍、毫不妥协的一种必需的条件。

善的意念并不喜欢大肆宣扬自己，善作为一把道德尺子，是非常温文尔雅而又害羞的东西。真正的教育之道就在于树立善的意念之后，学会少谈一些善，少发一些誓言。在童年、少年和青年早期，道德是逐渐形成的，孩子对一些概念、观念、思想、信念、关系的看法在不断地改变。在这个时期内的任何一种道德特征、道德状态和道德特点，决不能说都已经成形了。

在学生时代，一切都在向往着未来，一切也都处于自我监督状态之中，当然，这要在正确地进行教育的条件下。但决不能在少年心灵中建立一种已胜利和完成的幻想。

人的信念，是意志活动的集中点。我认为教育的实质就在于使每个学生在培养自己的信念时，去锻炼自己的意志和精神力量，去反映自己积极的对善的追求，果断地去达到善的理想。

47

怎样培养个人对待邪恶毫不妥协的态度

在我们的生活中，还存在着种种道德上的邪恶，它会贬低社会主义社会里的人与人之间关系的公正、庄严与高贵品格。在我们美好的世界中，最大的丑恶现象，就是我们当中的个别人只去追求和习惯于"吃喝玩乐的生活"。（参见《陀思妥耶夫斯基全集》）利己主义是对心灵、性格、个性的一种可怕的歪曲。利己主义者目光短浅，不会为天下之忧而忧。

丑化生活、使人丧失幸福的恶有各种形式，如虚情假意、两面派、谄媚、见风使舵、卑躬屈膝等。使人降低人格的恶，则是懒惰、玩忽职守、追求轻松安逸的生活。

我们社会机体上的溃疡就是酗酒。它能严重地损害人格。嗜麻醉品有瘾的人，就其个人而言已濒临死亡的边缘。酒鬼类似牲畜。

对待丑恶现象的积极态度，首先是要憎恨它。去憎恨恶，对它采取不容忍、不妥协的态度，说明你在反对恶。对于刚步入社会生活的青少年来说，要做一个为我们世界真正的美而斗争的战士，就要勇敢地去树立自己的道德品格。勇敢地对待恶，意味着在你看到恶的现象时，不能置之不理，更不能保持平静。要以勇敢的态度去反抗恶，对自己的行动要深信不疑。如果你见到丑恶现象，如果你确定身边发生了不公正现象，那你就要勇敢地、直率地去批评它。你不仅要通过自己对道德准则和我们社会基础的态度反映出已形成的信念，而且要去培养它。勇敢的人宁可死，也不会背叛自己的信念。

要深思这些话的意思：最难得的勇敢精神，就是那平素积累起来的勇敢精神，日常生活中的勇敢精神，以及发生在你眼前的小事（比如，社会企业里一个不重要的地方放着一台生了锈的机器，或者村边住着一位把经管葡萄当作自己生活全部意义的人），似乎不会触犯任何人，也不会直接有害我们社会的利益，这时你表现出来的勇敢精神。日常生活中丑恶的危险性，就在于我们对一些不良现象感到习以为常，视而不见，似乎在同它和睦相处。你应该在道德上迈出独立的头几步，善于发现和感受你身边的恶现象，使你的智慧、你的心灵去反对恶现象，这才是你应有的态度。

诚实心灵的初次活动是最高尚的活动。看到恶现象无须去思量，也不要去掂量是斗争呢，还是不予理睬。听凭心灵和良心的安排就可以了。高尚的情操是良心的忠实捍卫者。但是，没有思维、没有意识、没有信念，是一定不会有良心发现的。以勇敢的态度去对待恶现象，并且果断地去行动，这些只能在生活智慧的土壤里培植出来，在这个以"一切都是为了人，一切都是为了人的幸福"为旗帜的社会里，人们的相互关系的公正、美的意识就建筑在这个基础之上。古人云，思想是通过感情之门进入我们的心灵的。这一真谛就是一个规律，它在教育上起着非常重要的作用。然而，如果一个人没有丰富的思维生活，无论我们心灵的大门怎样敞开，都不会有什么东西进来。形象地说，感情是需要丰富的食粮的，这种食粮就只能是思维和思想。没有思维、思考、思想，感情就会变成微不足道的东西。在如何对待恶的教育中，思维与情感的相互联系起着特别重要的作用。我们常常谈到的诚实心灵的初次活动会变成一股特殊的毅力，当然，这只有在思维使人不宁，在一些生活中所见到的小事情上，才有可能使你产生大的思想波动。

这段教诲涉及道德关系上一个最复杂的范畴，即个人对恶现象的评价，以及个人对成为冷漠的旁观者的前景毫不妥协的态度。培养真正的公民的教育信条，就在于使一个人能看到并感受到自己身边发生的恶现象，并能勇敢地、无条件地站出来反对它。这件事看起来并不那么简单，其原因似乎是恶现象并不会直接伤害人。我认为教育任务非常重要的一点，就在于使少年公民的意识中消除这种幻想。更准确些说，就是以小的恶现象引起少年心中的大波澜，只有那时他才会成为一个真正的公民。

当学生即将成为少年的时候，让我们跟他们一道去体味高尔基这段意味深长的话吧。他说："我不会宽恕任何有害的东西，尽管它没有伤害着我。我不是一个人生活在这个大地上！如果今天我允许有人欺侮自己，即使可能这种欺侮没有刺伤我，只是自我解嘲一番，那么，到了明天，欺侮者在我身上试验了自己的力量之后，就会从别人身上剥下一层皮。（参见《高尔基全集》）"很重要的一点，就是使小孩子能感到自己是个公民，在恶没有能力去剥下一层皮的时候，他看到恶现象后，就要去反对它。

当我们坐在林边，回味高尔基那番深刻而又有教益的话时，在我们面前，突然展现出我们以前谁也没有注意到的一个情景。在上百公顷的大片田野上，我们影影绰绰看到了一个小水沟。这个小水沟是不久前形成的。田野有个不大的坡度，雨水顺坡而流淌，已"勾画出"未来沟壑的最初线条。孩子们！你们现在已经 11 岁了，你们刚刚迈向少年时代第一个阶梯。你们要仔细去看看这片土地。要想一想，我们应如何对待这片土地。这块肥沃的土地，是人民最大的财富，这百公顷的每小块，都是我们生活的源泉。这个源泉有着自己的局限性。如果我们祖国肥沃的田地变为贫瘠的荒地，那我们将来吃什么呢？它不是任何人的财富，而是人民的财富。你、我、我们中的每一个人，对它都有责任。在那勉强看得见的、被春天雨水勾画出小沟的地方，再过 10 年就会出现一米深的大沟，再过 30 年，就会出现 3 米深的沟壑，它将侵蚀掉 20 公顷的肥沃的土地。这块地里有一条小沟，那块地里有一条小沟，第三块地里也有一条小沟。你们看，附近的这块地里不也出现一条不大引人注意的小沟吗？现出弯弯曲曲的地带，是自然的破坏力在起作用的呀。

这是巨大的恶现象。你们要思考一下，年幼的朋友们，假如有人把一枚拨到 10 年、甚至 30 年的定时炸弹放到我们的床底下，我们会感觉如何？我们能睡得安稳吗？须知，这里就如同在我们床底下放上一颗定时炸弹，怎能叫我们安稳地去睡觉呢？

要打开孩子对待似乎是无害的恶现象的眼界，不是一件容易的事。以小的事实唤起更大的思想波澜，才会认识到这是一种恶现象。我再一次地指出，从您当老师的最初开始，就应当有反对恶现象的构思。不应让恶现象安稳地睡觉。看到和感受到恶就应当唤起公民的觉悟和公民的责任去斗争。

我看到我的学生们的眼里有一种不安的神情。好极了，这正是我渴望达到的目标。他们的目光注视着我。在学生们的目光里，我发现了一个问题：我们怎么办呀？这是我曾谈到的那种伟大思想的头一次火花。这一火花会使儿童变为少年，会使他的生活充满一种公民的激情。

"现在怎么办呢？"我听到我的一个学生这样问。这个问题让我的心激动不已。是啊，不应当用话语同恶现象斗争，而应当用行动，对待那种似乎没有直接作恶者的情况，这一点尤为重要。尽快地行动起来，以便能安宁地生活并使自己的心灵从一种因恶现象造成的负疚感中解脱出来。

我们围绕田地走了一圈，从不同的方面查看了一下可能形成的沟壑，研究了水是从什么地方流下来的，无数的小水流是怎样汇集成大

▲ 苏霍姆林斯基带领孩子到树林间开展教育活动

水流的。我们终于弄清了这里的情况。必须阻挡住造成破坏力的水源，把水引到森林中去。水流到那里，一部分滋润土壤，一部分引入小溪，注入邻近的池塘中去。我高兴地看到我的学生们都充满一种思想：我们并不是软弱无力的，有些事我们能够办得到。

我们去请林学家和农艺家来帮忙。他们跟我们来到田里，重新查看，研究了一番。我们冒着大雨，也感到是一种幸福，因为我们看到了水流的形成和怎样才能保住这块地。现在的危险性尚不大，劳动也不需要那么多：应当垒一条土堤，在堤上栽上树，树根会形成一条强大的保护体系。

我们行动起来了。这件事似乎不像最初想得那么简单。不过有一种思想在鼓舞着我们，那就是我们都是抵抗邪恶的战士，我们要去做好事。

生活经验多次地使我相信：假如您想使自己的学生们能把自己的思想提高到信念的话，就要使自己的思想在劳动中反映出来，加以巩固，并可以说，让它在劳动中取得胜利。一般地说，没有创造，没有积极的创造性的劳动，反对恶是不可能的。

为人民的福利而去劳动，才能使人对恶的现象采取不妥协的态度。只有甘愿用劳动确立真理的人，才能勇敢地去捍卫真理。

当产生爱的欲望时，男女青年应该
具有怎样的素养

  生活中的伟大的幸福和伟大的劳动之一，就是爱。青年男女之间的爱、夫妻之间的爱，是独特的道德主权范围的爱。学会不去干预人际关系中这一极细微的领域，是教育上的、人的智慧与文明的标志和准则。不经允许就闯进他人幸福之室，窥视、好奇地打听、粗鲁地干涉别人的私事，再没有什么比这更明显地表现出无知的了。爱情、婚姻、生育，是人的自由的一个最细微、最公开而又最脆弱的方面。凡是善于聪明地、美好地、富有自尊地去爱的人，才会有真正的美，真正的自由。在爱情方面无知、缺乏修养和道德上的卑鄙，都会使人变成禽兽。

  爱情具有不可侵犯的主权的特点，同时又在我们社会的基础上深刻地表现出来，因为爱情能创造家庭，生儿育女。要做一个有高尚情操、道德纯洁而美好的人。要记住，这是人最美好的自由，同时也是最严肃、最不可违反的义务。爱情，只有当一个人在行为上把"我想要"和"我应当"和谐地融合在一起的时候，才会是高尚的。在爱情上最能反映出人的欲望的素养。从精神上培养自己具有高尚的爱，这意味着要学会表达和控制欲望。请记住，你的人品就表现在控制欲望的素养之中。能自觉地控制自己欲望的人，大都能成为真正的人。实质上，人与那些只会盲目的本能冲动、粗暴地去满足肉体需要的动物的区别也就在这一点上。动物靠强制手段去满足肉体的需要，而人则不同，人是受精神所支配的。真正人的自由与美表现在人能决定自己，能决定他想干什么或不想干什么，能向别人合理地表达自己的欲望，或者严格地控制自己的欲望。人的欲望应该与人的身份相称，不相称时便会受人谴责。道德上的纯洁和美，反映在人对不相称的欲望表现出不能容忍和毫不妥协的态度，摒弃和抑制自己身上的欲望，也憎恨别人身上的这种欲望。对不健康的欲望采取不容忍的态度，首先需要我们最大限度地远离动物的欲望，并且最大限度地去攀登人类素养的高峰——坚信自己的高尚欲望。

要像怕火一样害怕自己的欲望放任自流，缺乏教养。如果你不善于预防这一点的话，这一最大的道德缺陷将会给人们带来不幸，也会使你的个人生活变得空虚。青年男女之间、夫妻之间在精神心理方面和道德美学方面表现出来的轻浮，都是欲望方面严重的无知所造成的结果。

人的精神是完整的，无穷无尽的。爱情是需要付出巨大努力的劳动。这些努力也可能花费在一些琐事上，要当心这一点。爱意味着奉献出自己的全部精神力量，把它倾注在自己所爱的人身上。乌克兰有句谚语说得好："有好丈夫就有好妻子，有好妻子就有好丈夫。"如果在爱情中能将"我应当"和"我想要"和谐地融合在一起的话，那么，相爱的双方就会变得更完善，就会为自己、也为他人创造人类的美。这种美，会成为教育他人的一种力量。创造和形成的这种欲望的高尚和美，是培养孩子们的最巨大的精神力量。凡是没有这一极美的精神力量的地方，人就会变成一个有知识的禽兽，这太可怕了。

在你爱上一个姑娘，或者爱上一个小伙子之前，首先爱的是她或他本人。要有从精神上多方面的、丰富的与人交往的欲望——从此出发，可以使欲望变得文明，使欲望变成需要。要教人去爱人，这是教育之道最细微的一个方面，这里教育技巧与教育艺术是密切相关的。

每个人都能享有一定的爱，爱的力量并不是无穷无尽的，所以应当慎重地去使用它。

从少年时起，就要珍惜自己的荣誉。不要在一些小事情上浪费自己的精力。如果你从青年早期起就浪费精力，无休止地沉湎于爱情，经常去寻找新的恋爱对象，那你就会怀着空虚的心灵进入成年生活。

如果你以冷淡无情的态度对待自己的母亲、父亲，那么，你的子女将来也会以那样的态度对待你。

爱的情感是要经受时间考验的。要知道，你那年轻美丽的妻子最终会变成老太婆，而你，也会变成老头子。真正的爱，就是坚贞不渝地去爱。即使人已死去，仍旧去爱，那是充满怀念的爱。

我们认为，使学生成为具有高尚欲望修养的人，有着特殊的重要意义。在这一极其微妙的教育领域中，我们是在培养未来父母的高尚道德情操。培养出好的母亲、好的父亲，这实质上就解决了学校全部教育任务的一大半。

在我们每天接触孩子们时，看到他们从家里出来跨进校门那一瞬间的眼神时，从每一个孩子的话语中、眼光中、微笑和忧伤中捕捉到成年人之间复杂关系的反映时，我们更加相信，成年人欲望的高尚与否，对孩子道德品格的形成起着何等巨大的作用。成年人那些低级下流的、不道德的、与人的称号不相称的欲望，一旦在行动中表现出来时，会使儿童心灵空虚，受到荼毒，从而引出一些低级下流的情调，更可怕的是，它会毁掉对善良、对人道的信仰，使他们变成小骗子和小伪君子，打从童年起，他们就准备着从精神上去奴役别人，或者对别人奴颜婢膝、阿谀奉承。遗憾的是，怀有这种不道德欲望的家庭确实还有，如果不采取任何措施来改变的话，那么，这个人从小就会可能变成难于教养的人，或者成为十分没有教养的人。

在向孩子们讲述高尚欲望的巨大力量时，要使他们相信，良好的欲望能鼓舞一个人有忘我行为，能拯救一个人，而不良的欲望能毁掉一个人。

教育上的一个最重要的任务就在于使每个孩子的心都能受到人的崇高欲望的鼓舞，而给别人带来欢乐、幸福和安宁。使孩子具有高尚的欲望、充满崇高精神的行为，这大概是教育中一个最复杂的问题。这也就是真正去爱人的一种道德素养，即一种对人的内心精神世界培养敏感性的素养，为了亲人的美好而准备奉献自己全部精力的素养。

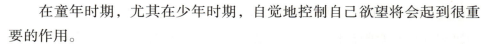

在童年时期，尤其在少年时期，自觉地控制自己欲望将会起到很重要的作用。

要教会孩子去真正地爱人，要做一个忠于自己义务感的人，要做到这一点，只有在心灵中产生被美好的、纯洁的、高尚的思想之光所照耀的欲望时才有可能。只有善于用高尚的品格去思考的人，才可能拥有高尚的欲望。

对良好欲望的向往，只有在鲜明的、崇高的道德思想影响下才会产生和确立，而这种思想本身是不会在儿童的头脑中自行产生的，它要靠教师去灌输。我力求做到使每一个学生能看到一条可以达到拥有良好欲望的小路。最主要的是，使孩子看到、感到并理解亲近的人的心灵，能看到自己周围需要在道德上得到支持的人。当我的学生受到人之间的爱那种美的鼓舞时，我就暗示他注意几周前从学校退休的一位女清洁工，现在她感到孤独的日子很不好过。只要有一点暗示，这个八岁的小女孩就会产生去帮助那位退休的女清洁工的欲望。

帮助孩子在思想意识中去弄清人与人的相互关系、细腻色彩、思想、什么是好、什么是坏的思想越鲜明，他们对自己冷漠无情的羞耻感就越深刻。羞耻感是思想意识的产儿。不善于思考自己行为的人，永远不会感到耻辱。马克思说，耻辱就是一种内向的愤怒……。耻辱本身已经是一种革命（参见《马克思恩格斯全集》）。教育者的任务，就在于在每个少年面前展开生活的各个方面，通过认识生活的各个方面唤起积极的追求，以便用崇高道德的尺子去衡量自己。衡量这一点的结果在于使孩子愤怒并仔细地去想：我做的好不好呢？一个人只要有羞耻，只要对自己有愤怒，他就会以批评的态度对待自己的欲望。这不是悔恨自己，因为悔恨自己是指扼杀、压制自己的欲望。以批评的态度对待自己的欲望，是一种高尚的心灵活动，它能把"我应当"和"我想要"融为一体。

我认为非常重要的一项教育任务，就在于使学生们在刚刚跨入童年和少年时期，特别是少年时期，就能把爱当作道德上的高尚和美来看待，把生活中的爱当作是无限的忠实、人对人的忠诚来看待。爱的思想应当是对人的真正的美的认识。我在培养孩子们时，力求使我的每一代学生对这种美感到惊讶和心旷神怡，让忠诚之光去照亮少年智慧和心灵上的生活之路。我竭尽全力使我的孩子们接触到这种光，使他们在少年时代就去赞美人的忠实的美，而同时，要用自己的全部精神力量使自己在初期萌动的性欲变得高尚起来，使自己对将来做丈夫、妻子、父亲、母亲的崇高使命有所准备。爱之纯洁、高尚、忠诚，是人们组合最持久、最牢固的家庭的一种力量。真正爱的榜样能启迪少年心灵中隐秘的一角，而且那颗心也很容易受到教师教诲的影响。

几乎每个星期日，男孩子和女孩子们总要送彼得·阿法纳西耶维奇爷爷到森林去，并在那里等待他回来。遇到寒冷天气，他们便燃起一堆火。老爷爷归来时，满意地坐在火旁休息。他去过我校的温室，带来有根茎的铃兰花，教孩子们领会和感受美的最细微差别。

一天，我发现孩子们在打算做点什么。噢，猜对了。他们想做些让彼得·阿法纳西耶维奇爷爷高兴的事。而且孩子们想，做了让他高兴的事，还不能被他发现是谁做的。看来，他们打听到了爷爷故去的妻子的生日，在她生日之前，孩子们给墓上送去一束玫瑰花。孩子们对这件事守口如瓶，老爷爷也只字不提这件事。但关于老爷爷看见玫瑰花的事，孩子们个个都知道。就在当天，他给妻子的墓上带去了特别美的一束花。彼得·阿法纳西耶维奇爷爷沉静思忖了好几天，后来，他遇见孩子们显得格外高兴，抑制不住自己的情感。在这位卓越的人的影响之下，孩子们变得更加温和、善良、热诚了。

我更加相信，这种美和忠诚的思想会使孩子们的情感变得更加细腻。

49

怎样培养青年们正确对待爱

你喜欢上了一个姑娘，这是种族繁衍本能的唤醒。人的文明使种族高尚起来已有数千年之久。自从人成为整个生物界的最高层那时起，人的性本能就不再是盲目的了，人就有了人类之爱的初次火花。你来到人间，为了使种族繁衍的本能逐步变得高尚，同时，把自己的一点一滴的天才和创造带给伟大人类的美。

你是人，你有性的本能，如果它不变成高尚的、崇高的、美好的人类之爱，就有可能使你变成动物状态。要提防这一点！爱情上的道德无知会给我们社会带来数不尽的不幸。凡是认为爱情只是一种玩乐的人，必定会给他人带来痛苦、不幸和悲伤。有些子女们被父母丢下不管，有些子女不知谁是自己的父亲，有些孩子的父母并不喜欢他们生下的孩子，这都是人在应尽天职和义务方面严重愚昧无知的结果。性的本能只是爱情之花的一个小花瓣而已。人与动物之所以不同，就在于你要对社会的未来和命运，以及要对与你相伴的那个人的幸福负责任。

要尊重姑娘，要爱护她们的名誉、人格、自尊和自由。引起你好感的姑娘，有可能成为你的妻子，你的孩子们的母亲。她会在新一代人身上再现你和她自己，人类种族得以延续就体现在这一点上。爱，并不只意味着性的关系。如果你以为婚姻和长年的夫妻生活只表现在性的关系上，那你在道德方面就是无知，而在生活中可能成为下流的人。

你对妻子的爱，你对丈夫的爱，是在精神生活、精神心理和道德美学上的一个最细微的方面。请记住，要思考一下，终生都要用自己的心深刻地领会这一真谛：爱，是一种关系。一个人只有对爱是始终专一的时候，他才会有最牢固的、最高尚的爱。忠实于自己的爱情的人，意味着把自己的一部分给了所爱的人。如果过去的确存在爱还去背叛自己的所爱，这就意味着去破坏用自己的精神力量所创造的财富和美，如果存在这种财富和美的话。

爱，不仅仅是充满激情的欣赏，为你所创造的美的一种享受，而且意味着要为你所爱的人永无止境地创造美。凡是不会创造爱的人，很快就会感到失望；外表看起来很美的人，也会变得令人讨厌。跟他交往使人厌烦，可他又会吸引着别的"爱的对象"。这不是爱情，而是不道德行为，是精神上的空虚。为了能做个一辈子忠于自己所爱的人，人应当一辈子去创造美，时时处处去修复他的美，为此在奉献自己的精神力量的同时，还要倾注自己的智慧、情感和志向。

在这种奉献中，在这种创造中，与人相称的欲望起着决定性的作用。只有善于控制自己欲望并能在高尚的情感冲动中找到真正的幸福的人，才会深深地爱恋着自己的妻子。形象地说，我们欲望的素养，就好比人类智慧之树的花朵。我们感情上是否融洽，对自己所爱的人是否忠诚，取决于我们欲望的高尚程度。

道德上的"我"是不可分的，也是分不开的。一个在精神心理上、道德关系方面渺小而空虚的人，绝不可能成为一个好公民，也绝不可能成为一个为崇高理想而奋斗的真正战士。爱情上的背叛者和下流的人，在其他方面也会是个背叛者和下流的人。孤芳自赏的人不可能拥有真正的爱，尽管自我欣赏的自私自利者们也会热烈地爱恋着姑娘，但这种爱，仅仅是为了追求享受。因为利己主义是毒化爱情的一种病。

多年的经验令我相信，父母的爱，才是教育子女最重要的精神力量。

母亲对父亲和父亲对母亲那种爱情的高尚品格、道德上的美和纯洁，他们之间的相互尊重、彼此信任、坦诚相见、志趣相投、彼此忠诚、同甘共苦，这一切都是形成少年心灵上敏感的核心部分的不可缺少的道德基础。

"爱，是一种责任。"我们极力使那些怀着惊讶和喜悦的心情初次敞开爱情的男人和女人，以及那些正在以自己的言行和自己的经历教育子女的人，在他们的思想意识中能树立这种信念。不负责任的态度，到头来定会得到报应。对背叛者的父亲，忠实的子女们会投以蔑视的目光。无论是青年人，还是年轻的父亲们，都要认真深思那个《父与子》的故事，故事的主人公们就生活在我们中间。

青年男女们，你们想想吧，总有一天你们会成为自己子女的父亲和母亲，最终你们会变成体弱多病、行动无力的人。你们本人也好，你们的子女也好，都清楚你们余生无几了。然而唯一能减轻晚年生活之苦的，就是子女们对你们的诚挚的、忠诚的爱。在这崇高的、真正人的欢乐面前，所有其他的欢乐都显得逊色。只有一生都善于点滴积累这种财富的人，才是真正幸福的人，真正英明的人。这种财富的库房就是你们孩子的心灵。给它起个名字，就是你们对孩子的责任感。只要你们关心这种财富，它就会回到你们身边。要知道，总有一天你们的孩子会变得比你们更强、更聪明，这是不可避免的，是一条很有哲理的生活规律。

青年人对待爱情、婚姻的精神准备，首先是关于人的相互关系的那些明智的忠告和教诲。

我认为教育上一条很重要的、细微的，也可以说优雅的使命，就在于使青年男女们在结婚前就去思考怎样培养自己的子女对他们的忠诚感。

50

致未来的父亲：与小伙子们谈爱情

在建立家庭之前，要检查一下你自己是否对下列问题有所准备：

你是否能成为一个忠诚的人；

你是否懒惰、自私、冷酷无情；

你是否善于控制自己的欲望；

你是否对家庭物质上的保证有所准备，因为你的妻子可能长期不工作，她要养育你的孩子。

在结婚前，要征求父母的意见。他们的生活智慧会帮助你正确地迈出生活中这尤为重要的一步。家庭生活的意义和目的，就是教育子女。如果你在结婚前夕，不去想未来子女的事，这就好比，你打算终生去远方旅行，既不清楚自己的能力，也不知道你所要走的路。

家庭生活不可能也从不会总是节日。家庭生活中的忧虑、不安、操劳、苦恼往往多于快乐。家庭生活的快乐，就是对家庭生活目的的理解，为了这个崇高的目的人要经受忧虑、不安、操劳、苦恼。为照亮你领着自己所爱的人走的那条路而耗尽自己，这就是家庭生活幸福的意义。你要同你所爱的人分担不幸、苦难和忧愁，要学会承受命运的打击，保护好你所爱的人，你精神上的高尚、舍己为人的品格就表现在这一点上。要善于勇敢地同可能落到你家庭的不幸和痛苦作斗争。家庭遭受到的最大不幸，就是你所爱的人生病。在不幸的时候，你要做个忠实的人，这要求一个人具有巨大的精神力量，而有时还要做出自我牺牲。要善于去爱，尤其在她体弱多病的时候更要去爱她。

　　在家庭生活中，应当尊重所爱的人的思想、信念、感情和志向。在不失去自己的尊严的同时，应当学会彼此让步。"女人在奴隶出现之前就已是奴隶了。(参见倍倍尔《女人与社会主义》)"要善于克服恶劣的家庭奴隶制。要像防火那样防止自己的独断专行。从你听到自己的孩子哭声那时起，你那最复杂的、最负责任的、最微妙的公民生活便开始了——你要成为父亲。要知道，你的公民生活、你为祖国爱国主义服务的最重要方面就是教育子女。任何一个工作人员(从卫兵到部长)都可以被同等的人或更有才能的工作人员替代，唯独一个好的父亲是不可能用同等的好父亲来替代的。怀抱婴儿的母亲，摇篮旁的她，就如同守卫边疆的边防战士那样，在创造着未来，也在保护着未来。母亲，创造着我们祖国的伟大事业。母亲，是国家的第一公仆。千百万个家庭就是滋养常青大树的千百万个细根，这棵常青大树的名字就是祖国。当了丈夫以后，你的公民责任就加倍了，因为你建立了家庭。

　　在教育孩子方面，在创造和保护未来的过程中，每一个人都可能达到顶峰，即成为真正的大师、艺术家、诗人、哲人、社会活动家。父母的智慧，是我国无价的道德财富。要做个善于培养真正公民的、有智慧的父母，国家应该像珍惜杰出的学者、思想家、艺术家那样去珍惜那样的父母。在校园内就要获得这种智慧，你们要用自己的一言一行去教育自己的子女。孩子刚开始认识世界，父母就给他们展现了关于人的最初印象。孩子的好坏，完全反映了你们的道德水平、你们的公民义务、你们的行为、你们的素养。

　　结婚后的生活，不再是花前月下的幽会，而是一种相当复杂而又快乐的劳动，之所以说快乐，是因为能得到无与伦比的财富的奖赏——繁衍新一代。

　　结婚后，夫妻相互之间的教育和自我教育一刻也不能停止。婚姻幸福的一个方面就在于夫妻的精神世界比较丰富；精神丰富的感受会使夫妻双方感受到生活上的充实与快乐。未来的丈夫和父亲，你要懂得，培养你在婚姻上的精神素养的最重要的方面，就看你对待妇女——你孩子的母亲、自己的母亲的态度上。要善于爱自己孩子的母亲，要善于珍惜她的健康、美和荣誉。要保护她免于生病，不使她过度疲劳，不让她受到不公正的待遇。你的妻子和你孩子母亲的荣誉，就是你家族的荣誉。

酗酒，一向是幸福的大敌。如果你们的孩子是在"醉醺醺的时刻"受的孕，他们生下来可能就是畸形儿。即便有感情的冲动，也要优雅一些，如果没有这一点的话，就更谈不上爱情，剩下的只能是兽欲。

男人对女人的爱，女人对男人的爱，是一种隐私的而且不可侵犯的情感。男女双方都要保守爱情的秘密。把内心的、隐私的东西和盘托出，大肆炫耀自己"爱的成就"，是不道德的。我们口中可以讲些高尚的爱情话语，但也不能滔滔不绝。如果一个人用不堪入耳的话来谈论最美好、最隐私的爱情，那他就相当于侮辱、伤害了自己的母亲。不应该举办有关爱情的辩论会，要珍惜爱的不可侵犯性。

侮辱人格，背叛人类最崇高的情感——爱，是最糟糕的事情。背叛了人类伟大的作为父亲、母亲、丈夫、妻子的天职的人，他在任何方面都不会可靠。

我们认为这些教诲，就是培养未来父母的一种途径。可以大胆地说，高明的教育之道，就是善于把不懂事的小孩子当作明天的父母来看待。乍一看，小孩子当父母似乎是非常遥远的事。但如果您是教师，仔细观察刚刚跨进校门的学生们的眼神，会体会到他们的思想，那么，您就会把他们看作未来的父母，您就会按另一种方式教育他们。

为爱情做好精神准备，就是要培养自身的智力、感情、美学、道德财富，这其中反映出人的复杂的境界，即思想与情感美、充满崇高志向的精神、与他人交往的快乐、与邪恶毫不妥协的斗争。

我认为一个非常细微而又复杂的教育任务，就在于使一个人在童年时代就能去珍惜在各个方面表现出来的美，把美当作高尚的东西看待，努力追求创造美，保护美并确立自己周围和自身的美。爱情的高尚、道德上的伟大和尊严就体现在充满美的高尚精神的同时，并能使人成为对美好的事物温柔的人，对庸俗、丑陋、不成体统的事物严厉和毫不妥协的人。

我们常常跟少年们、男女青年们谈论如何教育子女的问题。

过些年后，你们会从你们爱情结晶身上，也就是从我们教的学生身上看到你们自己。生育并不等于创造。人的创造是从你把自己的智慧、意志和美倾注到你的孩子身上开始的。从你的孩子第一次啼哭时起，你就会接触到他的欲望问题，请你记住这条古代名言：如果你想毁掉一个人，那就给他所希望的一切。能巧妙地控制孩子的欲望，这才是做父母的聪明所在。

道德教育，就是在智慧上加以限制。孩子应当理解三样东西：可以、不行和应该。形象地说，可以、不行和应该就是三盘菜，有些父母正是由于不善于正确地轮换使用这三盘菜，所以才犯下了极其严重的错误。他们对 12 岁以下的孩子，有时对 14 岁以下的孩子，更多的是对 16 岁以下的孩子往往只上一道菜：可以。孩子想要什么就满足什么。印在孩子脑子里的只有一个概念：我就是宇宙中心，周围都围绕着我转。接下来，就会像民间传说的那样：孩子竟然要骑在父母的脖子上。于是心急火燎的父母便更换第二道菜：不行！突然在孩子面前又出现全新的、他尚不了解的另一个世界，即这不行，那也被禁止。小孩子感到自己受了委屈，他会曲解善与恶、公正与不公正的概念。直到现在，他全身的每个细胞都感到他给父母带来的只有快乐，因为他无论干什么，父母都会夸奖他，他甚至用小拳头威吓奶奶，父母也会夸奖：瞧我们的儿子真勇敢！可是突然间他又觉得自己给父母带来的不是快乐，而是不幸和烦恼。这时，他已不是"宝贝疙瘩"，也不是"心爱的乖儿子"了，不时会遭受一阵劈头盖脸的惩罚——打后脑勺，要不就是被抽一顿皮带，替代了之前那温存的空谈。这时，孩子过分的自尊心发作了。父母的每一句尖刻的话语，仿佛都是往孩子自尊心伤口上撒一把盐。怜爱自己已成为一种心理状态，我毫不夸张地把这种状态称为利己主义的根源。千万别让你们的孩子出现这种状态，因为它会使人变得冷酷无情。但愿人对自己怜爱的程度，与他对待别人的友爱程度相当。

有些人说，真正的思想教育是从孩子戴上红领巾的那一刻才开始的，这就大错而特错了，思想教育从孩子能喊"妈妈"的那个时候起就应该开始了。

一个在童年、少年和青年早期就冷酷无情的人，将来会变成一个可怕的人，至于是些小叛徒还是些大叛徒，这要取决于他们的"活动领域"。这样的人成家以后，每天都会出现背叛行为：摧残孩子，虐待妻子，自私自利，对人冷酷无情。

如果一个人在少年时代和青年早期不能以亲身的经验来理解我们生活中最主要的财富是友谊，不能忠实于自己的理想，那他就不可能成为幸福的人。

想成为一个真正的男子汉，就应当在青年早期对他人敞开自己心灵上的友谊财富。爱情的纯洁，决定着你未来家庭的幸福。

友谊是培养爱情的精神准备。我们需要友谊，并不是为了用它去占满时间，而是为了确立自身的高尚品格。为了友谊，我们可以向别人奉献出自己的全部精力，本人也会因此变得更快乐。

没有友谊的爱情是渺小的，假如一个小伙子尊重姑娘首先尊敬的是人，他爱她首先爱的是人，那么，这种崇高的、高尚的友谊本身也跟爱情一样是美好的。不要把友谊建立在性欲上，只有在相爱双方先建立起牢固的友谊时，爱情才可能在道德上证明是正确的。并非爱情本身鼓舞人在道德上的纯洁，正相反，是由于崇高的道德才使人具有爱情的高尚和美。

指望在性欲上能建立精神一致的人，恰恰是不珍惜爱情的。没有崇高精神生活的爱，没有对统一理想的志向，没有为此而建立的友谊，爱情就可能变成肉体上的满足。我们每个青年小伙子都要在笔记本里记下别林斯基的一段话，要经常去读、去思考。别林斯基说："爱是生活的诗和太阳。但不幸的是，我们今天有的人总想把自己的幸福建立在只有爱这一点上，而在生活中，心里总想去寻找完全能满足自己的欲望……。假如我们生活的目的只建立在个人的幸福上，而我们个人的幸福，只放在一种爱里边，那么生活就会变得黯然失色、死气沉沉，甚至麻木不仁。（参见《别林斯基全集》）"

一对恋人精神交往的最大欢乐，就是在智慧上、美学上的相互充实，

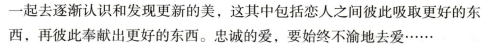

一起去逐渐认识和发现更新的美，这其中包括恋人之间彼此吸取更好的东西，再彼此奉献出更好的东西。忠诚的爱，要始终不渝地去爱……

说来并不存在专门的"爱的科学"，只有人性的科学。凡是准备去建立高尚的精神心理和道德美学关系的人，就得去掌握它的基础知识。爱对人性来说是个严峻的考验。列宁在同克拉拉·蔡特金的一次谈话中强调指出，爱情中必须克己、自制（参见《列宁论教育》）。这里起主导作用的是男人。

要做一个能克制感情冲动的人。要懂得，一对恋人只有在精神上特别亲密，即准备共同生活、生儿育女、教育子女、同甘共苦的基础上，彼此发生性关系，在道德上才是正确的。要知道，在结婚之前，青年小伙子就要求发生性关系，只会使精神世界丰富、聪明、纯洁的姑娘深受侮辱，感到愤慨。青年人最幸福的日子，就是精神世界丰富、纯洁的、理想的、充满爱的日子。

男女青年们，请记住，人在结婚后，不仅要承担法律、物质上的责任，而且要承担精神上的责任。社会上的精神财富往往取决于家庭关系的特性。为什么有些年轻夫妇刚刚共同生活不久，"爱情之诗"就消失了呢？这是因为有些人在结婚时认为：作为对性关系和精神上的亲密完全没有障碍的爱情本身，会带来永不枯竭、永无止境的幸福。不要忘记，爱情之火，形象地说，需要好的燃料，即多方面的精神生活，如果没有这种好的燃料，爱情之火很快就会熄灭，或者只会冒烟、产生毒气，既毒害了自己，也毒害了别人。除了爱，还需要其他的元素来巩固家庭，这时候的爱才能称为真正的爱。如果爱只局限在性欲上，那么，这种性欲的精神外壳会相当软弱无力，夫妻间脆弱的关系很快就会表现出来，这种性关系也会变得令人厌恶。

要教会青少年们懂得，结了婚的青年人要成为爱情的创造者，而不只是爱情快乐的需求者。结婚之后，爱的创造应当胜过爱的需求。如果缺乏对爱情经常性的精神财富储备的创造，到了某个阶段，丈夫和妻子就会感到山穷水尽，再也没有什么可以向心爱的人表露的了，也没有什么可以为家庭的精神生活奉献的了。有时还会发展到这种地步，婚前哪怕是短暂的离别都会倍感痛苦，可现在却一刻也不能容忍对方了。家庭生活变成地狱，最痛苦的是孩子。要做一个在各方面都合格的公民，就意味着首先要关心社会的未来，而社会的未来就是孩子。年轻的男子们——未来的丈夫和父亲们，请你们记住，如果想要建立家庭，那你们就应当好好地去检查一下，你们是否为履行自己的公民义务做好了准备。

年轻的男子们——未来的丈夫和父亲们，你们要善于珍惜自己朋友的女性气质。这种骑士精神和高尚品格，正是男子汉的崇高荣誉。你们要记住，对待女人的态度，一般就是衡量一个人的道德标尺。马克思说："根据这种态度，可以判断出人的一般文化修养的程度。（参见《马克思恩格斯早期著作选》）"对待妇女蛮横无礼的人，在各方面都会表现出蛮横无礼。女性的气质，是人类之美的最高反映。

女性的美，是身体美和精神美的融合，这种美的形成，多半取决于男性。女性的气质，应当成为人类美的主宰。如果女人理解而且珍惜自己在形成新生命中的特殊作用的话，她是不可能不美的。许许多多外表并不惹人注目的姑娘，却有着诱人的魅力，原因就在于她们拥有女性独特的气质，我们认为自己最重要的教育任务，就在于使青年小伙子能看到并珍惜这种女性的美。只有在这种美的影响下，青年小伙子才会成长为男子汉。

51

致未来的母亲：与姑娘们谈爱情

　　姑娘们对待爱情可要严肃认真、严格要求。爱，是一种炽烈的情感，但应当用理智去控制它，对姑娘们来说这尤为重要。你是未来的母亲，本性和社会赋予了你特殊的责任。你是女人，你要知道，真正的女性气质是温柔与端庄、抚爱与不屈不挠的结合。你的智慧、你的持重、你那严格要求的态度，是对青年小伙子强有力的教育。女人的智慧，能培养出男子的诚实。只是由于有了姑娘的端庄和严格要求的态度，青年小伙子才会成为真正的男子汉。社会中总有一些轻浮之徒。如果所有的姑娘们都持有端庄的、严格要求的态度，整个社会道德水准将会高得多。

　　爱情不等于轻率。你如果仓促地、未经深思熟虑就去嫁人，就等于你去冒险做个有可能不幸的人。你委身于自己的丈夫，但不要相信"跟爱人在一起住窝棚也是天堂"的鬼话。

　　如若想做一个被爱的女人，你应当是个聪明的、精神丰富的人。缺乏理智和感情上的无知，在当今会成为一种道德缺陷。

　　只有当你成为聪慧的人时，你才可能会是一位幸福的人。这是我们想向未来妻子和母亲表达的诸多想法中的最重要一条。你们，成千上万个未来的妻子和母亲们，也许都会怀着不安的心情在思考：什么是爱情？

　　我收到过许多封姑娘们和青年妇女们的来信。

　　这些信仿佛是一片片被烧得通红的铁片。信中发出了绝望、惊恐的声音：他爱我，但不尊重我……。怎样做才能使他既爱我，又尊重我呢？

　　在同姑娘们谈论诸如此类的不幸和卑鄙行为的同时，我想告诫她们别犯那些错误，不然的话，是要付出很大代价的。这代价就是她们的幸福、健康，有时甚至是生命。人的爱不仅应当是美的、忠诚的，也应当是理智、慎重而敏锐的。只有理智而慎重，爱的结果才可能美满而幸福。姑娘们应当意识到，生活中不仅有美的东西、高尚的东西，遗憾的是，也有卑鄙、狡诈、自私、蛮横、无知、无情和残酷的东西。姑娘呀，你不能只有坦诚、善良的心肠，还要有端庄、严格要求的态度、不屈不挠的志气、不轻易接近的品格，做不到这些，就不可能具有真正的高尚品格和心灵的坦诚。在人际关系中，任何方面的轻率都是非常有害的，在精神心理、道德美学方面，它甚至是致命的。

有些唯命是从、温良驯服的女人说："即使他打我，我也爱他。"不知这条充满奴性意味的哲学从何而来？当你看到如此侮辱人格的时候，不会没有欺人太甚之感吗？究竟应该怎样向这种现象作斗争，怎样去克服它呢？看来，女人的心将会成为人世间精神奴隶制的最后栖身地。姑娘们，你们要像怕火那样怕这一点，避免成为有教养的、有丰富知识的奴隶。在精神奴隶制中，无知与卑鄙融为一体。"他爱我，但不尊重我……""他打我，可我能忍耐，因为我爱他……"这是无知到家的想法，是在精神心理关系方面严重缺乏修养的表现。仿佛她们认可：这就是爱，这就是尊重……

但这里的问题不仅在于无知和没有教养。近些年来，一些广为流传的有关婚姻问题的图书和文章阐明一种"理论"，它对少年们影响极深。最令人不安的就是爱情消逝论。尤·留里科夫在他所著的《三欲望》一书中和一系列文章中都试图论证一个人的文化修养和知识水平越高，婚后爱的情感就越不持久，即爱情会消逝。

我把这种"理论"称之为令人憎恶的、卑鄙的理论。这种"理论"就是不相信人的高尚品格，认为爱情的消逝是我们社会文化进步的一种规律，实质上，这是把爱情看作是一种兽欲。这种对爱的轻蔑态度，就是否定爱的精神因素。如果赞同这种"理论"，一种爱情的消逝必然导致新的爱情的产生，那么，从一开始就会使年幼的心灵对神圣的、不可动摇的信仰产生不信任。就是说，既然爱情会消逝，我们过上一段时间，然后再分手吧，而社会也会把这一点看成是幸福，因为我们之间没有爱了，没有爱情的婚姻是不道德的……

在"没有爱情的婚姻是不道德的"这一主张中，存在某种有害的因素。年轻人的那种炽烈的爱，那种狂热劲儿不会持久。

近几年来"感情不和"的字眼变得时髦起来。年轻夫妇不善于安排生活，不善于维护彼此间的关系，把婚姻中出现的问题当作观点、性格、习惯不合等来看待。决不许滥用这个概念！"不合"是有其道德、伦理的基础的。只有在人们只企图在爱情中得到满足，而不去创造双方之间的美的地方，才会产生出变化无常的人。

学校的使命，就是培养公民与劳动者、拥有爱和忠诚的夫妇与父母成为和谐的统一的人。教育的目的不是看考卷答得是否漂亮，学校的主要庆典日是否隆重，也不是在于颁发毕业证书的那一日是否激动人心。教育的目的在于培养真正的公民、真正的劳动者、彼此相爱且忠诚的夫妻。学校的主要庆典日，依我看，是在父母（过去是我们的学生）把自己的子女送到我们学校的那一天。而我们，教育工作者们深信，我们的学生们通过学习不仅会再现自己，而且会把自己提高到人类美和道德高尚的新阶段。由此可见，爱拥有巨大的力量，是一种非凡的智慧、无与伦比的艺术，它能创造奇迹——创造人的奇迹。

在同姑娘们交谈的过程中，我常常教育她们：每当青年小伙子在场的时候，当你一想到他心就咚咚直跳的时候，当你想让青年小伙子以惊讶和钦佩的目光看着你，并把你当作世上唯一的爱人来看待的时候，这就是说，你已经是个女人了，有条件做母亲了。从这一瞬间起，你的新生活便开始了。从这一瞬间起，你不仅要对自己负责任，而且要对未来那个与你休戚与共、时刻把你放在你心上的人负责任，这是由于人的本性所决定的。但这本性只是创造美好的——人生的未来的一种建筑材料；而这座人生美好未来的大厦，则需要你去建造，需要你同爱你的人和你所爱的人一起去建造。

姑娘们，请你们记住，你们身上女人意识的唤醒（如同男孩子身上男子汉意识的唤醒），可以比作你们来到采石场挑选精美大理石块的过程。只有当你们把一块大理石看作是你们想要采集、创造、雕刻成小花的那块大理石的时候，你们才会成为因人类伟大的爱而变得聪慧。请你们记住，你们是人。人与动物不同的是，人能抬头仰望群星。人与美丽的扁角鹿不同，尽管它也很美！人不仅追求与自己相类似的东西相结合，而且能以人的深刻的追求去看待与自己相类似的东西，恰恰是这种追求，能把人提高到万物之上。

少年时代和青年早期，就仿佛人生的朝霞。在人生的朝霞阶段，人应当为聪慧的、勇敢的人类的爱去创造精神力量。姑娘，你要考虑到这一点：为了爱去创造自己的精神力量，这种爱你应当终生去珍惜，一直保持到生命的最后一刻。

我之所以把爱情称为是聪慧的、勇敢的爱，是因为这种爱，只有真正的人才会拥有。

女人是爱情的主宰和主人，是培养真正男子汉的强大力量。女人的勇气和勇敢精神能创造男子的精神高尚、美和忠诚。

对人的负责精神，是家庭生活美满的一个重要因素。每当你看到对大事的不负责任的态度是由于对小事的不负责任的态度产生的时候，你会痛心。相爱的结果是孩子！恋人羞答答的目光、拥抱、接吻，这些构成了朝着创造新生命迈出的第一步。孩子的幸福、整个人类世界的命运取决于你如何看待自己爱情的幸福，你在爱中寻找什么和发现什么。令人可怕的是，我们常常能看到一些因父母轻率而生下的孩子们，遇到他们那忧郁的、失望的目光时，我们的心都快要碎了。没有任何爱情，没有任何诞生新生命的思想准备，对他们来说，孩子出生好像只是个意外。这样的孩子是不幸的孩子。我就知道有这么一个不幸的孩子，他心中就充满了愤恨，而最初的信念就是世界上没有真理。

一个阴郁的秋天，下着小雨。汽车场门口站着一个七岁的小男孩科利亚。他到那儿干什么呢？原来他没有父亲。他从妈妈那儿，从别人那儿得知他的爸爸在这里当汽车司机。一天，有人指着一个男人对他说：那个人就是你爸爸。男孩子记住了爸爸的样子，现在他想看看他。在科利亚的内心深处还抱着一丝希望：也许爸爸会停下车，从驾驶室里下来，走到他跟前问："儿子，你最近怎么样啊？"也许，还会让他坐到驾驶室里……。那颗童心一想到这儿就开始发慌。可是，他的爸爸从旁边开过去了。科利亚发觉爸爸认出了自己，然而他却无动于衷……。孩子忍受着痛苦和愤怒回家了。他，一个小孩，现在是对什么都不信任了，对他来说，世界上已经不存在任何神圣的东西了。

姑娘们，未来的母亲们，你们知道吗，孩子内心的痛恨和不信任，对于社会来说该是个多么大的不幸啊！有的孩子了解自己的身世、体验过苦难后，他们认为谁也不需要我，我来到人世间是偶然的，对母亲来说我就是痛苦和惩罚。要教育好这样一个孩子是多么艰难啊。

爱是人类一种高尚的情感。根据一个人怎样去爱人，可以准确无误地判断他是怎样一个人，因为在爱中能最为鲜明地展现出一个人对未来社会的责任，对其道德基础的责任。我们每个人都应当成为积极的社会活动家，不管你在什么岗位上，都要去完成这一崇高的使命。

美是培养善良、爱劳动、热诚的重要手段

　　世界上不仅有人需要的、有益的东西，而且有美的东西。从人成为人那一刻起，从人在观赏到花瓣和晚霞那一瞬间起，他就注视着他自身。人就知道美。

　　美是一种人类所独有的深奥的精神体验，美的存在是不以我们的意识和意志为转移的，但是美可以为人所发现，为人所认识，存在于人的心灵之中。若是没有我们意识的存在，也就没有美。我们来到世界上就是为了认识美，确立和创造美。

　　美是我们快乐的源泉。人之所以成为人，是因为他能看到蔚蓝色的天空、一望无际的草原上的薄雾，粉红色的晚霞余晖，风暴前那火红色的日落，地平线上那若隐若现的海市蜃楼……。人看到了，感到惊奇，他无论走到哪里，都会创造新的美。当你停在一个地方，会面对着美感到惊讶，美会在你的心中盛开出高尚品格的花朵来。在人的面前能展现出生活的欢乐，是因为他听到树叶的沙沙声和鸟鸣，欢乐的小溪那潺潺的流水声和夏日炎热天空中云雀的银铃般的鸣叫声，小雪的唰唰细语和暴风雪的呼吼声，波浪轻柔的拍溅和夜间庄严的宁静，这一切他都听到了，并屏住呼吸在聆听着千百年来生命的奇妙音乐。你要善于聆听这音乐。要珍惜美，爱护美。

　　我们常常反复向孩子们讲这番话。

　　在低年级教学期间，我经常领着自己的学生们到美的发源地去。这里是观察美的课堂。孩子们要学会观察、欣赏、聆听周围世界的音乐，并理解它。

美是滋润善良、热诚的一条小溪。孩子们对长满红浆果、黄叶子的野蔷薇丛，对小槭树和有几片黄叶子的齐整的小苹果树，对被初秋寒夜冻着了的西红柿丛感到惊讶，这些都会唤醒孩子心灵中对有生命的、美的东西的关爱、善良和关心的态度。

▲ 苏霍姆林斯基带领孩子寻找大自然中的美

我认为有巨大教育意义的一点，就是使孩子能看到、理解、感受到大自然中的生命蕴藏着巨大的秘密。第一批春天花朵的开放，幼芽的萌发，第一批嫩草破土，第一只蝴蝶飞舞，第一声蛙叫，第一只春燕飞来，第一声春雷，麻雀第一次春浴，这一切我都当作永恒生命的美展现在孩子们面前。他们受到这种美的感染越深刻，去创造美的欲望就越强烈。

在幼年就去创造美的东西，这是具有特殊意义的。幼龄孩子的劳动，首先要能体现美的物质财富的创造。

我认为重要的一点，就是培养人从幼年起在思想意识里将女性美（姑娘们、母亲们的美）置于崇高的光环之中。

女性美，是人类美的高峰。荷马、但丁、莎士比亚、歌德、普希金、谢甫琴柯、密茨凯维奇都在他们创作出的不朽的艺术形象中体现出对女性美的赞颂。被他们纯洁地赞颂着的生动的女性美，大都是自己爱恋过的女性身上具有的，已成为许多代人的道德纯洁的标准。

内心美和外表美的统一，是道德高尚的一种美的反映。追求美，热爱美，这是人之常情。不过这种追求的实现，要取决于人的道德面貌，也就是取决于人的美同他的创造、活动的本质融为一体到什么程度。当人在从事自己所喜爱的活动时，他的美表现得更为明显，他的外表仿佛由于内在的灵感而现出光彩。

如果你想成为美的人，那就忘我地去劳动吧！劳动能使你感到自己是你所喜欢事业的创造者、大师和主人。劳动能使你的目光反映出人类伟大的幸福——创造性幸福的崇高精神。外表的美是来自内在、源于内心的道德美。创造性劳动往往给人的脸上留下痕迹，使他变得更清秀、更富表现力。

内在的创造性的生活，给外在的美留下最清晰的印迹，这不只是新的财富的创造。这同样要善于观察周围世界的美，凡是细心地观察和感受到美的人，他自身就会成为美的人。相反，内心空虚的人，只会表现出迟钝、冷淡、毫无表现力外表。

如果内在的精神财富能创造这种美，那么，不尽职现象，尤其是不道德的行为便会断送这种美。

不道德的行为会使人变丑。养成撒谎空谈的习惯渐渐会使人的目光变得游移不定，他会常常躲避别人的眼睛。人们很难看出他的眼神中有思想，那是因为是他把思想掩藏起来了。

人美的理想，同时也是道德美的理想。全面发展的和谐，也就是身体、道德、美学和谐的统一。决不能出现这样的情况：我们的生活是美的，而人都不能成为美的人。人美的高峰，就在于我们千千万万个成员中的每一个人，形象地说，都能闪耀着内在美的光亮。

53

在当今做个革命者意味着什么

应该懂得，你一诞生就是世界上第一个社会主义国家的公民。应该懂得，你享有人类最大的幸福——自由劳动的幸福。应该懂得，在你面前展现出了丰富的精神生活，以及精神上成长、发展、完善的道路。应该懂得，你要把对吃、穿、住的关怀放在头脑里的第二位，而放在第一位的是对智力和情感、创造和美、图书和音乐的关怀，这一切你应感谢伟大十月社会主义革命。

是革命拯救了你的祖国，使之免遭外国奴役的威胁。是革命拯救了人民、你的祖辈，还有你和你的后代，使你们免遭贫穷、苟且度日、精神空虚和愚昧无知。是革命把你的祖国在全人类面前抬高到光荣的高峰。

要珍惜伟大十月社会主义革命的成果。要珍惜共产党的思想和原则，是党引导你的祖国走向强盛和幸福的顶峰。做个忠实于我们伟大革命和共产党的思想、原则、法律、传统的人。做个革命者和共产主义者，这不仅使你肩负祖国的命运的重任，而且使你的生命有着深刻的意义。

这是一段最复杂的道德上的教诲，它包括思想、事件、现象、事实的巨大世界——从古罗马在斯巴达克率领下的第一次奴隶起义起，直到17岁的列宁在母亲得到大儿子亚历山大被处决的消息而悲恸欲绝时说出"我们不能走那条路"这句预言为止；从阿芙乐尔巡洋舰一声炮响起，到少先队员从集体农庄已收获的田里捡来的麦穗打成一把小麦为止。这里，无论在集体和个人的口头上也好（而崇高、鼓舞人的话语——是少年心灵上燃起的火花），实际行动也好，最主要的内容是什么呢？就是在集体和个人的智力生活和思想生活中应当充满解放的——自由劳动的列宁思想。人要站起来去反抗压迫者，永远为自由劳动而斗争。在当今做个革命者，意味着不仅要做一个新的——自由的、创造性劳动的主人，而且要做一个创造者。对待劳动、粮食和人的品格的态度，永远是衡量一个人革命修养的一把尺子。无论在田野里、在畜牧场、在锅炉、在机床旁，还是在社会主义祖国的边防哨卡，革命都在继续进行。

在教育孩子们忠实于革命和共产党的思想时，我极力使小公民们在童年时代就能用自己的心去理解并用心去认识社会主义世界同资本主义世界的天壤之别。这里有大量报道美国存在饥寒交迫现象的书信和照片。在那个社会里，有些思想家们把自己的世界称为自由民主的象征，可那里有千百万人在忍饥挨饿，孩子们由于贫困和饥饿挣扎在死亡边缘。我给孩子们读了美国一位女教师叙述四个小姐妹悲惨遭遇的信。信中说，几个月来，她们一直过着忍饥挨饿的生活，正当孩子们一点吃的也没有的时候，她们的父亲又失业了。几个小姑娘都饿成了皮包骨，一动也不能动了。最终死在医院里。孩子们渐渐懂得，是伟大十月社会主义革命拯救了他们，使他们远离痛苦和灾难。

我认为，在对苏维埃学生们进行道德教育的过程中有一个非常严重的不足，那就是我们很少教自己的学生们去思考幸福——思考全体苏联人民的幸福，思考每个家庭的幸福，思考我们的社会主义制度在每个人面前展现的真正的宏伟蓝图。现在，教育的智慧和技巧，在于首先使儿童们、青少年们思考幸福，并去珍惜它。我们所教育的这种精神、智力生活的方向对孩子的世界观和信念的培养起着非常重要的作用。我正在把我们人民走什么样的道路才能得到自由劳动的幸福，用什么代价才能获取有关衣、食、住、温暖的第二位的幸福的这种思想，一点一滴地渗透到自己学生的头脑中去。关于这种思想，孩子们应当思考、思考、再思考。借助于这一思想，孩子们应当不断地去开辟我国社会主义生活的新领域；教师应从这一思想出发去启迪孩子们进行自我教育的最初愿望，让孩子们体验忧虑、担心和良心的谴责，这是更为重要的。

54

怎样培养年轻一代在伟大卫国战争英雄面前的责任感

许多年前，在你还没有出生的时候，我们苏联人民曾遭受到巨大的灾难——法西斯德国侵占了我国。法西斯匪徒妄想消灭我们的社会主义国家，夺取我国的财富。他们制定了一个要消灭俄罗斯、白俄罗斯、乌克兰民族的魔鬼计划。他们的工程师们在被占领的国土上、在德国本土上建造了一些巨大的杀人工厂，在那里，每个昼夜都有数千名苏维埃人被毒死在瓦斯室里，然后被丢进火炉里焚烧。

记住吧，孩子们，永远不要忘记，也不要让自己的后代子孙们忘记，是法西斯分子企图彻底消灭我们的民族，而后消灭其他民族，从而统治世界。假如全体苏联人民没有在伟大的卫国战争中奋起抗击法西斯侵略者的话，法西斯分子就有可能霸占世界。在这次战争中，有两千万苏联士兵和军官为社会主义祖国的自由和独立而献出了宝贵的生命，你要记住这一点，让你的儿子和孙子记住这一点，也让你的子子孙孙永远记住这一点。法西斯分子已经犯下的和企图犯下的罪行，我们决不能忘记，也决不能饶恕。如果我们忘记了这点或者饶恕了这点，那我们就会在死去的孩子们、兄弟们、父辈们、祖辈们的墓碑前感到羞耻。

从斯大林格勒到柏林、布拉格，从白海到黑海——处处都有墓碑，这样神圣的英雄墓碑有两千万座。如果没有这两千万英雄用自己的生命保卫我们的社会主义祖国，如果没有 19 岁的亚历山大·马特洛索夫在严冬的早晨用胸膛堵住敌人的枪眼，如果没有飞行员尼古拉·加斯捷洛驾驶燃烧着的飞机去冲击敌人的坦克群，如果没有 17 岁的姑娘卓娅·科斯莫杰米扬斯卡娅走到绞刑架前高喊："消灭法西斯！"（这句话如同炮弹，因为它号召人民起来去斗争），或许你不会来到世上，即便你生在这个世上，也有可能像奴隶那样苟且偷生，像牲口那样被拴在牛棚里，吃着发臭的猪食，睡在麦秸上。

记住吧，孩子们，永远不要忘记，也不要让自己的后代子孙忘记，是谁拯救了你，拯救了你的家，拯救了我们的祖国、我们的民族、我们的精神财富、我们的历史，使我们幸免于毁灭。伟大的共产党，正是党鼓舞我国人民投入了这场神圣的战争。

我认为最重要的教育任务，就在于使孩子们能在过去的英雄事迹中领悟到共产党的思想。

教育的意义，实质上就在于使崇高的思想成为个人的志向和理想，因为这种志向和理想在使人充满崇高精神的同时，又能展现出他自身的美。当崇高思想通过战士的光辉形象展现在少年公民面前的时候，信念便从为人民的自豪感中产生出来，理想便会变成期望的、诱人的高峰。进行思想教育，培养信念，首先就要使一个人能正确地去对待神圣的祖国——即正确地对待亲爱的国土、她的自由和独立、荣誉和尊严，以及人民英勇的历史和壮丽的现在。做一个思想上有教养的人，就意味着拥有忠诚的爱和毫不妥协的恨，意味着要把对祖国的爱和对敌人的恨融合在一起。

55

怎样培养孩子们的共产主义理想

在我们的生活中有些极为神圣的东西，即共产主义理想，社会和人民的财富。这些财富是用宝贵的生命、鲜血和斗争换来的。我们伟大革命的红旗、少先队员的红领巾、少年列宁主义者少先队员的称号，对我们的社会制度、人民、共产党的爱国主义的忠诚，这都是我们应当去珍惜的神圣的东西。提到这些神圣的东西时，决不能把它变为漂亮的词句到处去说。决不能把神圣的东西变为辅币。

这是一段相当微妙的、聪慧的而又有着相反作用的教诲，也就是说，这条教诲实行起来在颇大程度上取决于我们这些教育者们如何对待孩子。在这个非常娇嫩、细腻的相互关系范畴之中，教育者们的错误会导致严重的后果。

四年级有个黑眼睛的男孩子，名叫帕夫洛。他的爷爷也叫帕夫洛，在前线牺牲了。奶奶把爷爷的勋章、奖章、奖状、嘉奖书珍藏在匣子里。每当节前，孙子总要来到奶奶跟前，请求打开那个绘有花纹的古老的匣子，久久地欣赏着里面的物品。

胜利节前，有人画了一张帕夫洛爷爷的肖像，挂在教室里，当然是挂在孙子学习的那个教室里了。当黑眼睛的男孩帕夫洛看到爷爷的肖像，胸前戴着勋章和奖章，帽子上闪着红星，眼里盈满着微笑时，他的心情非常激动，高兴极了。

课后，大家都回家了，帕夫洛却留在教室里，他走到肖像跟前，仔细端详着爷爷。在这一瞬间，男孩帕夫洛仿佛觉得爷爷在问他："孙子，你怎么样？"

可是过了一段时间，快乐就被忧愁代替了。不只是在四年级里，甚至在全校，帕夫洛都被认为是最爱吵闹、最淘气的孩子了。女教师娜杰日达·依万诺夫娜常常在下课后叹着气说："这个男孩真够呛……"当有人把那张爷爷的肖像挂在离孙子书桌不远的地方时，老师高兴极了。她想："帕夫洛应该不会把麻雀装在口袋里了，也不会在教学试验园地干活时往女孩子脖领上扔青蛙了，若是再淘气，他会感到羞耻的。"

娜杰日达老师万万没想到，这个男孩，用她的话说，变得"更糟了"。从前他淘气还是无恶意的，可是现在帕夫洛成了容易抱怨的人、好发脾气的人，常常用粗鲁的态度对待别人。有一次，他没有完成作业，甚至连语法本都忘带了。

"你怎么就不感到害羞呢？"娜杰日达老师责备说，"你的爷爷是位英雄，你就坐在他的肖像旁边……"

男孩帕夫洛脸红了。

过了几天，帕夫洛又把一面镜子放在书桌上，镜子反射出太阳的光——多有意思啊！明亮的太阳反射光随着镜子转动，也在天棚上旋转起来，吸引着孩子们。

"上课的时候你怎么能这样？"女教师问道，她想再提孩子的爷爷，可又止住了。

在星期六，两堂课后，娜杰日达老师对孩子们说：

"现在我们到森林去。你们快回家，放下书包，带上食品和水。我们要在森林里待到傍晚。"

孩子们个个兴高采烈起来，一齐涌向教室门口，都想赶快回家，快点返校。帕夫洛一看，若是一个个按顺序出去，自己就是最后一个了，于是他窜到打开的窗户跟前，跳了出去，就要往家跑，就在这时候，突然从教室里传出娜杰日达老师严厉的声音：

"帕夫洛！你回来！马上回教室来！"

帕夫洛回来了。这时教室里已经没有一个学生了。女教师坐在桌旁，帕夫洛低着头站在她的面前。

"少先队员能这样做吗？"娜杰日达老师痛心地说。

帕夫洛感到老师很伤心，他甚至有一点可怜娜杰日达老师了。假如谁也不知道这件事，尤其是没看到这件事，而帕夫洛又像怕火一样害怕这件事，他会走到老师跟前，拥抱她，安慰她。帕夫洛当时猛地抬起头，为的是看一看窗外，有没有人看到他那因为心情激动而变得夸张的表情……，可他看到了有的学生带着手提包和水壶已往学校院里走来了。这时，老师发现男孩的眼里充满了懊悔，他是在用自己的方法解释心情的激动。

"他感到害羞了，"娜杰日达老师想了想，"这可好了……"这时男孩子低下了头，尽量使自己的脸上露出若无其事的神情，更不能让第一个返校的学生尤尔科从窗外看到他的"难为情"。女教师没有发现男孩心理活动的剧烈变化。想到帕夫洛已懂得了自己的举动是不体面的，女教师的心肠也就软下来了。她既激动而又善意地对男孩说：

"你想想，若是大家都跳窗户会成什么样子……。你是少先队员，应当珍惜红领巾的荣誉。少先队员这样做是不能容许的。还有一点你也要想一想，"女教师放低了声音，拉着帕夫洛的手继续说，"要知道，你爷爷的肖像就在你旁边！他可是英雄。要以他为榜样。去问问你奶奶：你爷爷到学校里，什么时候跳过窗户？要知道，他就在这个班里学习过。"

娜杰日达·依万诺夫娜同帕夫洛高高兴兴地分别了，她的心情也平静多了。过了五分钟，帕夫洛提着装满食品的提包跑来了。

森林里的活动既有趣又快活，给孩子们留下了生动的回忆。星期天过去了。到了星期一，第一堂课刚刚开始，帕夫洛就举起了手。老师很久没看到他举手了，也很久没看到他那双快活、敏锐的眼睛了。帕夫洛想起了自己的事：

"娜杰日达老师，您让我问奶奶……"

"什么事来着？"娜杰日达老师使劲去想，可怎么也想不起来了。

"问爷爷在学校学习的时候，跳没跳过窗户……"

"怎么，你问了吗？"

"问了。"

"奶奶怎么说？"

"她说，爷爷有一次因往教室里带麻雀，课后被留下了……"

"是吗？"娜杰日达老师感到有点不妙，便戒备起来。

"他是由烟道管爬到屋顶，又从屋顶跳到地上跑回家的。"

教室里一片寂静。孩子们以赞赏的目光看着爷爷的肖像。

"奶奶还说，"帕夫洛继续讲着，"爷爷的语法也得'两分'——她说，我大概跟爷爷一样……"

帕夫洛眼里闪出喜悦的目光。他微微一转头，看了看爷爷的肖像。这时，吃惊的女教师似乎透过孩子眼里那欢乐、喜悦、胜利的眼神，看出深藏在心里的得意感：爷爷都能从烟道管爬出教室，而他只不过是跳了窗户。

我没有讲娜杰日达·依万诺夫娜的感受和感想。但是我为什么要讲学校生活中这件小事呢？如果在这件事里边，就像在一滴水里边，没有反映教育上的一种重大问题的话，那看起来这件事不过是个滑稽可笑的事情而已。

娜杰日达·依万诺夫娜犯了一个错误。从事情一开头，她就指望爷爷的肖像能成为对孩子的特殊约束力。错误还在于对儿童的心灵、行为的观察本身。决不允许一看到有的孩子用镜子射出太阳的反光、往教室里带小麻雀、向同班女学生的脖领上扔小青蛙，就用爷爷——英雄的事迹加以联系和对照。这岂不是用高射炮打蚊子吗？

只要有的学生没带笔记本，没有完成作业，上课迟到了，在课桌上乱画，就会听到：你像个少先队员吗？难道真正的列宁主义者能这样干吗？

难道列宁会这样干吗？列宁学习成绩都是"5"分，可你的考勤簿上记的是什么？难道你配称"真正的列宁主义者"吗？

我认为，这是轻率的态度，这与聪明地运用我们最细致的教育工具相差太远了。

个别教育者无论如何都不会理解，孩子或者少年得了"2"分这件事，不应当与他的少先队工作、少先队的荣誉、少先队的尊严有任何联系。"2"分与少先队员列宁主义者称号是完全不同的两件事。我们从来不在少先队集会上谈学习成绩。

请您珍惜少年心灵中我们共产主义的神圣的东西，这就是我想要向每个教育者、每位父母提出的建议。您应当敏锐地关注我们的儿童们、青少年们的理想和信仰，使他们对这种理想和信仰决不动摇，用马克思的话说，就是不要去撕裂他们自己的心（参见《马克思恩格斯全集》）。共产主义教育的核心，就在于使我们每个学生都能生活在我们神圣的东西、我们的理想的世界之中，要珍惜它们，信仰它们，理解并感受到自己与它们有关——这是非常重要的啊！一定要像珍惜自己的尊严、公民的荣誉那样去珍惜这种关系。

56

怎样培养忠于社会主义祖国的情感

在我们的生活中，有可以度量的财富，也有不可以度量的财富。同样，还可以讨论什么是最好的——是组织家庭好，还是单身好；是热衷于所选定的理想好，还是对什么都漠不关心好……。但有的东西是任何东西都不能与之相提并论、不能与之相比拟的，那就是对祖国的忠诚、对生你并使你长大成人的那片土地的忠诚、对哺育你成长的人民的忠诚、对伴随你从生到死的欢乐与忧愁的忠诚。

"祖国"一词的字根，也就是"父母"一词的字根①。当你成为一个有思想、有觉悟的公民，一个劳动者，一个为真理和幸福而奋斗的战士，一个由于你是人民的儿子而顾家的人，这才意味着你成为一个真正的人。在你身上，如同一滴水反映阳光一样，反映出人民悠久的历史、它的伟大和光荣、它的爱和希望……

母亲只生下你的身体，祖国却产生你作为人的公民的灵魂。没有什么比祖国更宝贵的了。为了祖国的独立、强大和昌盛，一个真正的人要毫不动摇地奉献出自己的生命，因为没有这些，我们的生活，不仅是痛苦的，而且是可耻的。"俄国没有我可以生存下去，我若是没有俄国——一钱不值。（参见《屠格涅夫全集》）"我们的祖国伟大而辽阔，这是我们的先辈一手创造的苏维埃社会主义共和国联盟。你是世界上第一个社会主义国家的公民，为此你应感到自豪。你生长的这块土地，正是全世界劳动人民的领

---

① 俄语"祖国"（родина）和"父母"（родителб）的字根相同，都是"род"。——译者

袖和导师、我们党的缔造者、我们可爱国家的创建人、伟大的思想家、世界上最人道的人弗拉基米尔·伊里奇·列宁诞生的地方。要为你是列宁的同胞而感到骄傲并去珍惜这份荣誉。

一个人对自己祖国的认识和理解，爱国主义思想核心在我们心灵中的形成，在童年、少年和青年早期的爱国主义教育，一个爱国者在精神上丰富的、充满活力的、忘我的生活，这些最细微的、最复杂的东西就存在于称之为爱国主义教育的那些思想、行为、信念、思维、志向等极为错综复杂的交织之中。爱国主义情感、思维、信念、行为教育的复杂性和无与伦比的独特性，就存在于在普通的生活中、在日常劳动中，生活不会给人们测量爱国主义这个很难理解的品质的尺子。却把这个委托给我们教育者——父母、教师，只有在艰难的考验年代，在祖国面临生死存亡关头才去使用。对爱国主义情感和信念的真正的考验，就是战争。只有在生死存亡的冲突之中，忠实、忠诚的真正本质才能完全显露出来。

关于这一点，我们做教师的一刻也不能忘记。学校的爱国主义教育，是心灵与肉体上的一种锻炼，为准备同万恶的敌人——帝国主义进行残酷的毫不妥协的斗争的一种锻炼。我们最高的使命，就是培养精神上强大、勇敢的人，彻底忠于理想的人，准备为苏维埃多民族的祖国的幸福、独立、强大、荣誉和尊严在战场上献出生命的人。

爱国主义教育是多方面的。其中首要的是认识世界。在一个人面前展现出他有意识生活的最初几步，即从他会思考和感受时起，他不仅应当去观察和理解世界，而且应当去热爱和珍惜世界，认为世界是属于自己的，感到自己是世界的一分子。要关心把个人与祖国连接起来的上千条细线，这就是在爱国主义教育方面向父母、教育者提出的首要的建议。

在意识和情感中确立无与伦比和不可比拟的东西，并不是为了让人消极地去欣赏美。真正地珍惜美，就意味着保护美、爱惜美，并成为关心祖国命运的人。小公民一想到可能有人来侵犯那可爱的、不可侵犯的国土时，就应当义愤填膺。

战争年代，在第聂伯河岸边一个大村子里曾发生过这样一件事。法西斯分子占领村子后，一些法西斯军官进入了学校。校园里美丽的天竺牡丹吸引了他们的注意。这群军官谈到明天他们要开晚会，想用这些花装饰大厅。他们的谈话被五年级学生沃洛佳听到了。要知道，这些花可是他照管的，就在昨天晚上他还给花浇了水。法西斯分子的话激起了沃洛佳的愤怒。他在夜深人静的时候来到了学校，把花摘下来放到教室里列宁的像前。在讲这件事时，我不去做评论和总结，让学生们自己去做。由于憎恨侵犯我国神圣领土的敌人，他们的小拳头会攥得紧紧的。

对祖国敌人的憎恨，是一座高峰，孩子登上这座高峰就能看到世界。正因为有了这种情感，祖国，作为无与伦比和不可比拟的化身展现在孩子面前。只有对祖国的敌人有一种强烈的恨，不妥协的斗争精神（这是一代接一代保存和珍惜的那种阶级意识和高尚心灵的怀念），才会在少年公民面前展现出衡量有价值的东西的真正尺子：即祖国的命运会比个人的生命更崇高、更珍贵。憎恨使孩子从小就渗透着这种思想：对敌人顺从、在敌人面前屈膝，对敌人的恶意无动于衷，这对我、对我的家族、对我的母亲来说，就是一种永久的耻辱。憎恨的情感会把思想变为个人的信念。

从孩子们入学的最初几天起，我就跟孩子们一起到为了我们祖国的伟大、荣誉、光荣和独立而建立的功绩世界里去旅行，到英勇顽强、艰苦斗争和自我牺牲的世界里旅行。我极力使孩子们的心里对那些企图消灭我国，使我国人民屈膝的奴役者和征服者永远怀有劳动人民的那种强烈的阶级仇恨。由于怀有这种阶级意识和具备高尚的心灵，我的每个学生，祖国大地未来的主人，在今天、在童年时期就要开始过公民生活，他会变成劳动人民的一分子，体验到劳动人民的命运，会把祖国的欢乐与忧愁贴在心上。我力求使我国的英雄业绩、人民的光荣史册，永远以灿烂之光去照亮学生们现在和未来的道路。

有经验的教育工作者极力使孩子忠诚于崇高的思想，能在光辉行为中、人的激情中反映出来。我认为非常重要的一点，就是使一个人在童年时就能对忠于祖国的行为感到赞叹。一个孩子只有在他对攀登上道德品格高峰的人深表敬意的时候，才会真正地受到教益。孩子应当去仰望人的高峰，而不应当低着头去凝视坑洼和沼泽。让少年公民的头永远仰望着闪着崇高思想的高峰，只有在这种条件下，他才会体验到对祖国的高尚情感，在祖国面前的责任感。善于向少年公民指出人的高峰，是教育技巧和教育艺术的一个细微的方面。要对孩子们讲述英雄业绩美，使他们的目光永远向着高峰。

在我们的列宁纪念室里有一本剪报。里边都是有关俄罗斯、白俄罗斯、乌克兰村庄被毁时发生的英勇而悲壮的故事，打开这本剪报读一读，少年公民就会感到惊讶：成千上万的人在面临死亡时手挽手，决不屈膝，发出了不妥协和仇恨的呐喊，这才是人最光辉的高峰。这是忠于祖国的苏维埃人的道德美，它可以使人的英勇、意志、毅力增加千百倍。

宁愿站着死，不愿跪着生。人的生命是极为宝贵的，但有比我的生命和你的生命更宝贵的东西，那就是祖国永恒的生命。我们的祖国将永存下去，是因为有千百万个英雄为她的生存、荣誉和尊严而牺牲了自己。当祖国面临严峻考验时刻，有人为了活命背叛祖国，躲避危险，这是可耻的，也是令人极端厌恶的。在所有语言中，"叛徒"一词，都会使人对背叛人民者产生一种愤怒的蔑视。一个人要有在战场上英勇牺牲的思想准备。大无畏的精神，具有忠于祖国的崇高思想，这些都是你最强有力的武器。即便去死也要死得其所：就是说要善于以你的死去换取胜利，使敌人乱作一团，在你面对死亡时能仇恨敌人，这就是你的胜利。假如这个人只有一种抉择——以自己的身体去挡住敌人的枪弹，那么，他就没有白来人世。（参见《列昂诺夫全集》）勇敢地面对死亡，这并不意味着在战斗前就准备死，而是意味着在蔑视死的同时，准备去胜利。

我常常向未来的公民们、劳动者们、父母们、战士们渗透一种教育思想，让他们从小就去蔑视变节者和背叛行为。思想教育一个最重要的任务，就在于使人能看到人在精神方面的高峰，使人忠于祖国、使信念充满崇高精神，使生活对崇高的真理——人民的不朽充满欢乐和信仰。我极力使小公民们理解和感受到，有真正的人的生活，也有被收买成为叛徒、践踏理想，过着奴颜婢膝、奴才般的生活。对奴颜婢膝行为的憎恨的态度，就是一种伟大精神的道德基础。我极力使我的学生们在童年和少年时代就能去赞美那些敢于去蔑视苟且偷安、敢于英勇赴死的英雄们。

我接二连三地在孩子们面前展现人的精神的新高峰。就拿一位英雄的雕像来说吧。孩子们看到了那受伤的，但显得高尚的脸和英雄的眼里闪出人的高尚的美。这是一位真正的人，他的功绩使他的名字不朽。在伟大卫国战争年代的一次战斗中，他，苏军战士阿列克谢·别秋克在执行战斗任务时，被法西斯分子抓住了。他们把别秋克带到德国军官面前，让他交代出军事秘密。面对法西斯分子所有的提问，阿列克谢·别秋克只回答："不知道。"当时，一个希特勒分子割下他一只耳朵，战士别秋克痛得钻心，但他仍没吐露一个字。发了疯的希特勒分子又割下了另一只耳朵，然后割下他的鼻子。苏维埃战士咬紧牙关一声不吭。他们便用刀子割开他的嘴，拉出舌头用钉子钉在桌子上，然后又割掉他的舌头。这位鲜血淋漓的俄罗斯英雄昏迷过去，倒下了。法西斯分子认为他已经死了，所以在我们部队的攻击下撤退时，就把他丢下了。现在阿列克谢·别秋克还活着，在顿巴斯工作。这位英雄的名字在城里居民中家喻户晓。

孩子们，这是一位活着的烈士。这位英雄的名字在全国人民中间鲜为人知，只是因为在生死考验的年代，英雄的人民中出现了成千上万个为祖国的荣誉和光荣而献出自己宝贵生命的人。

未来的公民们和战士们，你们要记住，你对死亡采取蔑视的态度，对待背叛行为就像对待卑鄙无耻的东西那样，你就能战胜敌人。憎恨和蔑视可恨的奴颜婢膝行为，是战士强有力的武器。你们要知道，这武器曾经千百次地化为强大的力量，在伟大的卫国战争年代，敌人的士兵亲眼目睹了这种力量，并使他们思考一个问题：我为什么打仗，我的对手又为什么打仗？请你们记住，凡是在蔑视死亡、背叛行为和变节行为的地方，那里就会有不放过贪生怕死念头的英勇壮烈的行为，那里也会有两种思想、两个世界、两种信念的冲突，而最后的胜利定会属于我们共产主义世界、属于我们共产主义的意识形态。

我极力使我的学生们懂得，爱国主义的一个功绩，就是对死亡的蔑视，这是公民最高觉悟的反映。一个人在建立这种功绩的时候，内心仿佛在品评自己的生活。在对世界进行爱国主义的观察时，主要在于去理解我是人民的一分子、为了人民的永生我应当在死亡面前成为英勇不屈的人。思想属于人民，与人民生死与共——这是我要通过所有蔑视死亡的英雄故事所要达到的目的。英雄依万·苏萨宁、卓娅·科斯莫杰米扬斯卡娅、亚历山大·马特洛索夫的英雄业绩，在我的那些故事中占有特殊的地位。这里特别重要的，就是要使少年们对愿意为祖国献出生命这一点有精神准备。

如果一个人只想成为一个真正的公民，一个英勇不屈的爱国者，不知疲倦的劳动者，忠实的丈夫和父亲，他就应当拥有一种高尚的品格——不吝惜自己。不吝惜自己，是世界上最值得骄傲、最美好的品格。不吝惜自己的人万岁！世界上只有两种生活方式：腐败与燃烧。胆怯的人和贪婪的人会选择前者，而英勇的人、慷慨的人会选择后者。凡是爱美的人都清楚，辉煌壮丽的事业在哪里（参见《高尔基全集》）。

这里所谈及的正是培养不吝惜自己的品德。这一道德品质的基础，就是英勇与无畏。父母们、教育者们，你们要像怕火那样怕孩子怜悯自己。为一点点小疼痛而哭鼻子抹眼泪，这正是利己主义、胆怯、变节和背叛的长久存在的种子。

我认为一个非常重要的教育任务，就是使每一个人都能在童年时代表现出英勇与无畏。决定性的一步可以直接改变心灵，应当帮助那些畏葸不前的孩子迈出这一步。

教育者们，为每个畏葸不前的、爱哭鼻子的孩子感到不安吧。你有责任让他成为一个顽强的、英勇无畏的人。

57

用追求理想的方法培养思想

祖国，就是你的家，你的摇篮。在你那可爱的家里，不是一切都那么甜甜蜜蜜的，也会有不幸和痛苦。在谈到这点时，你们要记住，你所谈的是你可爱的家中的不幸和痛苦。为了有道德权利去谈本国人民的不幸和痛苦，就应当十倍地为巩固自己的祖国去做些具体的事。要蔑视蛊惑宣传和说空话。你所想和所做的一切都是为了使善良和正义得到胜利。不仅善于去看，而且要仔细地去观察，对世界应有自己的观点。为了能有自己的观点，就应当留心去观察你周围的和你身旁的那些东西。只有当你在生活中观察到并创造出对你来说是珍贵的东西时，正确的世界观才能形成。

在 14 岁那年，你就应当自觉地向自己提问：我活在这个世界上是为了什么，而且要以公民的身份予以回答。

在 14 岁那年，你要加入共青团了。团证，是属于志同道合者——列宁主义者战士的政治组织的第一个证件。

在 14 岁那年，当你回首往事时，应当看到自己劳动的成果，并对自己的公民生活做出初步的总结。

共产党员——列宁主义者的崇高称号，是我们道德、行为、生活的理想，也是我们为了苏维埃祖国的幸福、伟大和独立而劳动的理想。

祖国、爱国主义和世界观，是三块基石，在这三块基石的基础之上，应当去培育忠于我们列宁主义理想的共产党员和战士，他们要时刻准备在生活中、和人的相互关系中为理想抛头颅洒热血。

究竟应该怎样去培养智慧、正确的世界观、思想性和追求理想的志向呢？

达·芬奇写道："智慧是经验之女。好铁不用会生锈，清水不流会发腐或在严寒时冰冻，而人的智慧不用则会凋萎。"（参见《达·芬奇选集》）

智慧的勇敢和诚挚，是集体思想生活中的一根红线，人借助于这根红线去追求理想。我力求使少年们和男女青年们勇敢地、诚实地去思考最艰难、最复杂的问题，这些问题的根本，就是爱国主义情感和信念的根源，对理想忠诚的根源，也是思想不坚定、变节和背叛的缘由。

请你们记住，男女青年们，一个人要是与他人相处时表现出冷酷无情的态度，那他就不可能有一点神圣的和高尚的东西。祖国的实质就是母亲的心。对祖国和对人们的爱，是两条急流，一旦汇合，就会形成爱国主义的大江。不要忘记，少年公民，在你的生活中，有时候会需要你有勇气，坚定地准备投入到紧张的体力和脑力劳动中。一方面你将得到欢乐、满足、利益；而另一方面，你也可能痛苦，可能自我牺牲，甚至为了他人的生命和幸福需要献出自己的生命。要有所准备，在必要的时刻去攀登高尚品格的高峰，并争取胜利。

在我们校内的光荣榜上，贴着一个18岁青年列奥尼德·谢甫琴柯的肖像。他是在垦荒的最初年代自愿到哈萨克去的垦荒者，他在那儿当拖拉机手，他在保卫社会主义财产时，牺牲在战斗岗位上。他的肖像下边有一行字："人的生命好似铁，如果用它干事业，它会磨光闪亮；如果不用它，它会腐蚀生锈。"让你的心燃起明亮的火焰吧，让它照亮你，也照亮你孩子前进的道路，生活的幸福就体现在这一点上。谁的心被无所事事所锈蚀，谁就会过着可怜虫般的生活。列奥尼德·谢甫琴柯认为燃烧总比腐蚀好。在1956年的腊月天，他和同志们一起到50里外的地方去拉干草。在返回的途中遇见了暴风雪。本来，他可以丢下拖拉机，到路边不远一个养畜的土窖去避一避，但谢甫琴柯没有丢下拖拉机。他对同志们说：

"你们快走，去避一避暴风雪，我留下来，给发动机加加热，要是丢下它不管，那就再也发动不起来了。"暴风雪越来越大，变成了可怕的飓风，严寒更加剧了，这时人已经不可能走近拖拉机了。一昼夜过后，同志们在驾驶室里发现了谢甫琴柯，他身体已经冻僵了，那只冻僵了的手还在抓着驾驶盘。

列奥尼德·谢甫琴柯的母亲曾这样教导自己的儿子："你是生活在人们中间的，要记住，你最大的欢乐，就是给人们带来欢乐。回想起列奥尼德的童年和少年，他也跟千千万万个其他孩子一样很普通。他在休息时也常常淘气，跟同学打架、打弹弓……"母亲教育自己的儿子，为了别人要不吝惜自己。

58

怎样培养学生当军人的道德准备

你不仅是未来的劳动者，而且是未来的战士。从小就要有服兵役的准备。要做一个能吃苦耐劳的人，不要惧怕困难。从童年起就要做个信守诺言的人。信守诺言，是道德上的一种高尚品格，你应当在自己身上发展这种高尚品格。

"宁肯牺牲自己，也要去救同志"，这句民谚之中含有一种深刻的道德含义。朋友之交，要有高尚的情操。丢下不幸之中的同志、朋友不管是可耻的。如果你的朋友犯了错误，便去跟他断绝友谊关系，这是不正直的。

为保卫祖国而奉献自己的生命，这是青年人的荣誉。

有时，你会碰见手拄拐杖、胸前佩戴奖章的人，要向伟大卫国战争的残疾人点头致意。他曾用胸膛保卫了你和你的孩子们。正因为他，你才能在这个世界上幸福地、自由自在地活着。当你碰见了苏军官兵，要向他们点头致意，是他们在保卫着你的生命，是他们在捍卫着我们的安宁和幸福。军队是我们祖国强大的盾和剑。盾应当永远坚固，剑应当永远尖锐。我们不打算侵略任何人，但是，如果有人胆敢侵略我们，那我们就应当还击。

要珍惜伟大卫国战争中遗留下的珍贵遗物：你祖父，曾祖父的书信、奖章、勋章、照片等，这是你家族的光荣和骄傲。

要珍惜与敬仰历史古迹。我国人民的历史，就是你的精神财富。要把自己家族的传说以及祖辈功绩的故事传给你们的子孙。

当军人的道德准备，是从对友谊忠诚、诚实，对恶势力毫不妥协，准备捍卫自己的信念开始的。

培养真正友谊的情感，这是人心灵上一个最细微的活动之一，在接触这一活动时，教育者应特别敏锐、有分寸、深思。应当记住，青少年有自己的友谊和忠诚的法则，如果老师想成为孩子聪慧的心灵的主宰者，那他就不应当破坏这些法则。

为祖国忠诚地服务，履行军人的天职，严格纪律和责任，这一切，如果没有真诚的、忠实的友谊是不可思议的。我想向教师进一言：你们要像珍惜最骄傲、最脆弱的花朵那样去珍惜青少年的友谊。友谊是培养高尚情操的一种方法。忠于友谊，忠于朋友，能激起儿童们、青少年们自我牺牲的行为举止。

培养每个学生那种高尚的、严格的、忠诚的、慷慨的友谊所必需的精神财富，这是在教育上最细微地触及学生个性最敏锐的一角。我们力求使集体中青少年都能树立由许多届校友所制定的友谊法则。这些法则本身，就是集体在道德上的巨大财富。

下面就是这些法则：

1. 不能丢弃身处不幸的朋友。在友谊方面做个忠诚的人，这意味着与朋友不仅要同甘，而且要共苦。你的朋友可能有错、有困难、受到了考验。如果你看到朋友有困难，你要去帮助他。在朋友遇到困难的时刻离开了他，这意味着在道德上背叛了朋友。

2. 要关心你朋友的为人。友谊使人在道德上更加充实。有一位可靠的朋友，你会精力倍增，会变得更纯洁、更丰富、更美。要知道，有一位忠实的朋友，你会每时每刻不仅看到自己，而且会对自己信得过的朋友坦诚相见。

3. 友谊首先是对朋友的信任、严格要求和奉献。这三者的和谐，会给你与在精神上、理想上亲近的人进行交往时增添无与伦比的幸福，你对朋友的信任越深，就应越严格要求，你的奉献也就越大。

4. 友谊与利己主义是不可调和的。友谊教人要奉献精神力量、财富和关怀。当你有一位忠实可靠的朋友的时候，你会变成这样的人，即一个对世界上所发生的事都相当感兴趣的人，比如：你周围都是什么人、他们神圣而珍贵的东西是什么、他们为什么活着、他们认为欢乐的东西是什么、他们爱什么、恨什么……

5. 友谊教你去忠诚地爱，也教你无畏地去憎恨，成为毫不妥协的人。我把友谊称之为一个高峰，借助于这个高峰，能在人面前展现出各种高尚的、美好的东西，也有卑鄙和丑陋的东西。友谊使人能敏锐地注意到善与恶。交朋友，这意味着你要在严格要求的学校里当个勤奋好学的学生。

6. 友谊要在不幸与危难中经受考验。最大的不幸和危难的考验就是战争。你应当在精神上有所准备，要经得起这种考验。友谊是忘我、英勇和刚毅精神的强大和无穷无尽的源泉。一个人在最艰难的条件下表现出必胜的信心，主要是因为他感到有战友在身边。

7. 要善于使你和你的朋友在精神上和理想上取得一致。忠于思想、理想和斗争，是人在精神活动方面最明显的表现。共产主义教育和自我教育之道，就在于使人们能在少年和青年早期就善于为了具备忠诚、不屈不挠和夺取胜利的坚强意志而把自己的力量连接起来。只有当友谊是理想的幼芽，并从这幼芽长出生活目的的强大幼林来，友谊才会强大而高尚。没有未来的共同理想，真正的友谊是不可思议的。

8. 少年时代没有忠实、忠诚的友谊，就会贫乏而空虚。不善于交朋友，你就会成为孤单的人。

9. 友谊能培养出忠于崇高的、理想的东西，是因为为友谊而奉献出的东西要比得到的更多，而且必须因为奉献才会真正得到，最慷慨的人才会成为最富有的人。为了理想，时刻准备奉献自己最宝贵的东西，哪怕是在为人类的幸福的斗争中抛头颅洒热血，这一巨大的道德财富，只有那种把生命看作比一块面包和舒适的小窝重要得多的人才能得到。真正的友谊能抵制利己主义，教人蔑视自私。

10. 在友谊中，你会得到真正的无私的教育。友谊能在你的奉献之中给你带来无与伦比的欢乐。友谊，从本质上说，给我们带来生活的真正意义。

11. 如果你建立的是真正友谊，朋友应成为你本身的一部分。如果你从朋友身上看到某种不好的东西时，你应当坦率地告诉他这一点。互相负责，会给你们的友谊增添光彩，是你们忠诚的最重要的源泉。

12. 缺乏忠诚的、严格要求的、具备奉献精神的友谊，集体就是不可思议的。只有在使友谊忠于理想，生活目的鲜明，对邪恶进行毫不妥协的斗争而大放光彩的地方，才会有最坚强的、思想上最牢固的集体。

13. 做个对友谊严格要求的人。如果你的朋友背叛了构成友谊的某种东西的话，你要有勇气去中断这种友谊。如果你们没有精神上、理想上、观点和信念上的一致，如果你们不善于齐心地去爱和恨，如果你们彼此之间只有苦闷和孤独，那你们就会丧失友谊或者根本就没有友谊。

14. 我称之为集体的道德力量是由牢固的、思想丰富的友谊之砖砌成的。集体面前的义务感和责任感，是与羞耻感密不可分的。只有想看到自己成为无愧于道德高尚和美好的人，才会特别关心人们对他的议论和想法。

我们教育工作者坚信，以上这些友谊法则，就是培养未来军人的重要的原则。培养保卫祖国的人，不仅要给他掌握现代强大武器所必需的教育，不仅要在教育中树立对敌人毫不妥协的情感，还要看到，在思想上、战斗中，连队的友谊和团结精神的培养会起到巨大的作用。

从小就应当培养学生的勇敢精神，这是培养保卫祖国的精神的一个最明显的方面。我们的父母、教师们应当记住，在家庭生活和学校生活中都会有危害孩子心灵的致命"暗礁"。这些"暗礁"有时是漠不关心，有时是市侩作风，大人们通常有的"这不关我的事"的想法，以及常常有的不善于教育等。

说空话，言行不一，这对培养英勇精神是个极大的危险。一切虚假的、摆样子的东西都会损害心灵，会产生出可耻行为、变节行为和其他低级下流的东西。学校神圣的法则应当是：不许说一句空话，不许把诺言当作漂亮话来谈，不许有一件虎头蛇尾的事，不许对孩子们的劳动有言过其实的过高评价。

不该教儿童和少年们去说漂亮话，而应当教他们去做漂亮事。

　　我们认为有特殊意义的一点，就是使我们每个学生的头脑中在少年和青年早期就形成一个坚定的信念：每个公民，无论在何处工作，无论他的兴趣和爱好是什么，永远是自己祖国的忠实保卫者，时时刻刻都要准备拿起武器去同敌人作战。军人的勇敢意识，争取胜利的无畏勇气，是我们培养的人所应具有的爱国主义精神的核心。英雄主义精神照亮我们学生的童年、少年和青年时代，不仅是为了赞美过去；我们的学生们在赞美革命先辈并以他们的光荣为骄傲的同时，从思想上向往着未来——这是最主要的。我所说的军人的勇敢意识，是这样的思想状态和思想目标：当我们祖国处于艰难的时刻，人应当准备用自己的全部精力倾注到唯一的活动中去——同敌人战斗。这种思想、情感、志向状态的显著特点，就是在人考虑祖国命运时，不要把自己看作是微不足道的沧海一粟，而要把自己看作是一股巨大的力量。

　　我们苏维埃的教育者们，丝毫不隐藏自己的思想目的。我们就是要培养学生对敌人的憎恨。如果我们忘记了这一点，等于背叛了自己的理想，就会变成乡村和城市中冷漠的居民，而不会成为忠于祖国的爱国者。我们需要憎恨，就像祖国的心脏需要护卫盾牌那样。我们的憎恨不是去侵占别国的领土，而是保卫自己。

　　只有用手中永远燃烧的火把去点燃少年心灵中对敌人仇恨之火的人，才是培养少年爱国者的真正教育者。我认为，自己的教育使命就在于精心细致地用这种火把去触及每个少年的心田，并在他身上点燃起这勇敢的仇恨之火，这也就是培养对祖国的一种忘我的爱。

59

怎样教孩子们理解和运用苏维埃国家法律

要尊重和履行苏维埃国家的法律。我们国家的法律是公正的和人道的。这些法律集中了我国人民许多世纪以来的智慧和对善良与公正的追求。法律保护的首先是你、你的家、你的幸福、你未来的孩子们。

如果我国法律对邪恶现象表现不出强有力的威力和震慑作用的话，那我们的法律就不可能是公正的、人道的。我国法律的强大武器，不仅是千百万劳动人民的意志，而且还有法庭、警察、监狱。我们的制度和我们的相互关系最高的人道主义表现，就在于用法律惩处罪犯。

要善于尊重世世代代以来在劳动人民中间所形成的、由社会主义法律巩固下来的人的相互关系的准则。如果破坏这法律，你就会因不公正地对待自己的同胞而受到谴责。表面看来，这似乎是轻微的违法行为，但再往前迈一步就是犯罪了。

要学会遵纪守法，遵守秩序和社会主义社会生活的规矩，这是高度自由的表现。违反苏维埃法律就会受到严惩。你是社会主义国家的自由公民，但自由是一种巨大的力量，应当审慎而理智地去使用。失去理智的人手中的自由会变成不幸的根源。公民教育和自我教育之道，颇大程度上在于学会拿起和使用这一强大的、有效、柔弱而同时又是危险的力量——自由的力量。

在破坏法律现象面前不能充当袖手旁观者，要找到积极的方式来反映你对违反者不容忍的态度。

法治教育，预防违法和犯罪，是我们社会最尖锐的社会问题之一。在许多不幸的父母的信中（这些父母因儿子，有时是女儿，被关进监狱而陷入苦恼）常常问道："怎么会发生这种事呢？这种事怎么能发生在我的儿子身上？我和他爸爸够关心他的了，为他而活着，一切都给了他……"

可怕的精神空虚，可怕的不理解这种生活的伟大价值，就是导致犯罪的原因。应当进行专门的教育工作，目的在于能使我们社会没有犯罪分子和违法的人。

这项工作的意义何在呢？实际上应当做些什么和怎样去做才能使我们社会里没有一个犯罪分子，没有一个违法者呢？这在我们的教育体系中已形成一系列准则，我将一一陈述如下。

1. 孩子们和少年们具有天然的性情直率的特点：要清清楚楚而不模棱两可，要准确而无任何条件地对他们说明什么是好，什么是坏，哪里是白的，哪里是黑的。对他们就得这样公正，非此不可！他们把整个人的世界划分为善与恶，好与坏。不仅一刻也不能忘记这一点，重要的是，而且要以他们生活的初步经验为基础去充实孩子的思想。

要爱护和发展孩子们暂时所特有的天然直率的性格，而后它会变成战士的勇敢意识。孩子会按照自己的性情直率的童心世界去行事，有时会过火，但你不要怕这一点，也不会有什么危险，迟早一切都会改正过来的。

蓝眼睛的一年级女生迈娅跑到我跟前，抱怨地说：

"维佳弄了一根棍子，在草丛中乱打，草丛中有各种花，有金黄色的蒲公英小花，多像一棵小向日葵啊，他为啥要打它们呢？"这孩子跑到我跟前不是为了去抱怨维佳。假如我在此时此刻处罚了维佳，迈娅会感到为难的，心灵本身也会受到刺伤。她是为了寻求真理来到我跟前的。我应当首先说：这是坏毛病！同时她在期待着我眼里充满愤怒之火，这就是她跑到我跟前来的目的。我当然表现出对维佳的过错而愤怒的情绪，女孩高兴了，于是我们一同走到维佳跟前，一为保护花，二为使男子汉感到害羞。这两者都是善良与公正的胜利。但两者同时又是磨刀石，靠这磨刀石可以使孩子对邪恶现象的不宽容、不妥协、蔑视、憎恨的刀锋磨快。

千万别让孩子的思想和心灵受到邪恶的、不公正的影响，那样孩子会变成冷漠无情的人。我再一次强调，在孩子的道德发展方面，从低级到更高级、更艰难一级的阶段上，这尤为重要。

你们应当这样去教育孩子，让孩子们看到善良可以胜利，让他们感到自己参与了这种胜利，非常关切个人的欢乐和个人的忧愁……这是非常重要的!

让孩子在童年时代成千上万次地感受到公正的胜利吧。

2. 我们跟自己学生的父母们一道认为我们长期工作的目的，就在于使孩子们懂得和感到世界上还有卑鄙无耻的行为。

对这些东西感到厌恶、愤怒，表现为道德上的高尚品格。而在某种程度上染上了恶习，就是卑鄙和背信弃义，就是变节和背叛。

在我们这里被认为是卑鄙无耻的行为，列举如下：

当着人的面做事一个样，背着人独自做事又是一个样；

懒惰、游手好闲、为人懒散、好吃懒做；

把本来是自己应该做的分内事说成是高尚品格和功劳；

伸手向父母索取不是靠自己劳动所得的东西；

贪婪、自私、不好客；

轻视父母所从事的简单劳动；

侮辱老年人；

口是心非，说的不是你所想和你所感受的话；

奉承比你强的人；

说空话，说话不算数；

对同志进行诽谤、告密；

遇事胆怯，对自己的行为不负责任；

对别人的不幸、痛苦、绝望表现出漠不关心的态度，用自己软弱、无能为力来搪塞；

用自己的力量、体力上的优势去作恶；

该说话的时候沉默，该沉默的时候说话；

贪图安逸，在危险面前退缩；

用同志的艰苦来换取自己的轻松；

侮辱少女、姑娘、妇女；

不听父母的话，欺骗他们；

崇拜圣名；

嘲笑残疾人；

不爱惜动物并去欺辱它们。

我力求使孩子们从小就能用理智和心灵去对待他们眼前这些卑鄙无耻的行为，激起他们对这些行为的蔑视、愤怒和厌恶。

3. 我们教自己的学生从小就珍惜生命和自由，珍惜那朴素的，同时又是贤明的真理的认识，生命和自由是反映人本质的最伟大的价值。只有在这种认识成为教育的红线的情况下，人才能增强避免走上违法和犯罪道路的免疫力。没有这种认识，对卑鄙行为采取不容忍、不妥协的态度就是不可思议的。对于理解什么是生命和自由的人来说，卑鄙行为就会变成个人不能容忍的东西。凡是以自己心灵的全部力量去爱生命和自由的人，他才会真正地蔑视和憎恨恶，真正地起来为善良而斗争。

只有在童年就理解自己的自由和欲望是有限制的人，他才会珍惜生命和自由。这种有限制，就是一种最精细的教育手段。轻率地对待自由，不会控制欲望，形象地说，会使孩子成为一匹"野马"。这种任性的"野马"是相当危险的，它蕴藏着低沉的、抑制不住的、到适当时候会爆发出的一股力量，这力量乍看起来似乎会"突然"地把人推向犯罪。

4. 为了防止滑向违法犯罪的道路上去，我们认为不让可耻行为在人身上滋长是非常重要的。可耻行为是心灵上的危险恶习；可耻的人起初对别人如何看待他采取无所谓的态度，然后发展到连对自己的命运也采取无所谓的态度了。

一个犯有严重罪行的、16 岁的青年人在回答法官问他从事什么职业时，他回答："流氓……"对于这种下流货，还能找出比这更恰如其分的词来吗？厚颜无耻、卑鄙下流、背信弃义、变节背叛，这些恶习中的任何一种，都是无耻行为和心灵空虚的产物。

应当怎样做才能预防产生这些恶习及其精神上的祸根——无耻行为呢？

学校里严禁说空话，无聊乱侃。要珍惜你的话语，让它落地有声。这是我想对教师们提的一个建议。你们在启迪孩子们讲出自己的想法时，一定要非常小心谨慎。不要借孩子之口说出孩子还不能理解的话。决不允许将崇高的、神圣的话语，特别是热爱祖国的话语变成辅币。真正的爱是不用语言来表示的。

您应当教孩子们去爱，而不是去教他们谈爱。教他们学会感受和珍藏自己的情感，而不是教他们去寻找话语来表达虚无的感情。要知道，虚伪就是这样产生出来的。一般地说，学说话是重要的，但学会不用语言来表示同样重要。

无耻行为是从不履行诺言中产生的。不要逼迫孩子乱发诺言，因为孩子对这种诺言，在精神上是没有准备的，心灵上也没有足够的力量和刚毅精神。如果他自己许下什么诺言，你要去倾听，要给予信任，但同时你也要说：要认真考虑一下自己的诺言，如果做不到就不要轻易许诺。你要记住，常常去许下诺言，赌咒发誓，这是不好的习惯，因为忘记自己的诺言会产生心灵上的僵化和麻木不仁，它还会使人感觉不到谎言的卑鄙。

让学校里（同样在家中）大家都说真话，都相互信任吧。让在学校里所讲的每一句话都能结果，不要做"谎花草"。

这就是为预防违法与犯罪的那种心灵工作的意义所在。

译后记

    《怎样培养真正的人》一书于 1989 年由苏联教育学出版社出版，是伟大教育家瓦·亚·苏霍姆林斯基的不朽遗作。在这里值得一提的是，本书是由作者的女儿奥·瓦·苏霍姆林斯卡娅整理而成的。她对作者的手稿进行了大量的整理、删节和编选工作，将全书分为 59 节，并为每一节添加了标题。

    本书作者瓦·亚·苏霍姆林斯基是苏联杰出的教育家，俄罗斯联邦教育科学院和苏联教育科学院的通讯院士。他一生虽然短暂，年仅 52 岁，却在教育事业上燃烧、奉献了 35 年。尤其在帕夫雷什中学期间，他呕心沥血、兢兢业业，放弃高官厚禄，却把整个身心献给孩子。他的一生可以称得上是一个大写的人的一生。他曾在本书中写道："人生下来并不是为了像无人问津的尘埃那样无影无踪地消失，人生下来是为了在自己身后留下痕迹——永久的痕迹。一个人首先要使自己留在人的心中。我们常说的不朽就在于此。"而苏霍姆林斯基本人就是一位深受人们尊敬和爱戴的真正的人，是一位留在人心中的人，也是一位在自己身后永久留下痕迹的人。

    瓦·亚·苏霍姆林斯基留下了许多的痕迹，除了他的教育活动之外，最主要的还在于他写有大量的教育专著，统计起来足有 40 部之多。他的许多著作已被译成多种文字，在世界各地出版。我国也出版了他的大部分著作：《给教师的建议》《帕夫雷什中学》《和青年校长的谈话》《我把心给了孩子们》《要相信孩子》《给儿子的信》等，而《怎样培养真正的人》一书，则是他晚年完成的一部杰作。

    瓦·亚·苏霍姆林斯基在 1967 年就构想要编写一部关于培养真正的人的著作。他认为每一个人都应有自己的主题，而他，苏霍姆林斯基的主题，就是培养真正的人，这也是他生活的主旨。为了编写这部《怎样培养真正的人》，他不顾自己患了严重的心脏病，抛开了与他工作无关的一切，远离了生活琐事的干扰，在他生命的最后两年，全身心扑在这部新著上，殚精竭虑地去创作。他期望看到自己的这部著作能与《道德文选》一起得以发表。但是非常遗憾，疾病无情地夺去了他的生命，这一愿望未能实现。

作者去世后，基辅的苏维埃学校出版社曾根据他的手稿出版了一个缩编本，后收入《苏霍姆林斯基选集》（5卷本）的第2卷里。此次出版的是一部较完整的著作，用奥·瓦·苏霍姆林斯卡娅的话说，本书"是教师向正在成长的一代进行道德教育的一部教材"，是教育工作者、父母以及广大读者必读的一本好书，读了这本书后，可以从中领略到许多有益的道德教诲、人生哲理；它能使人的品格高尚，使人的心灵得到净化，使人更具有培养下一代的才华。当然，更多的还靠读者自己去品评、去实践。

在此书的翻译过程中，曾得到乔立良同志的关心和帮助，以及原社长程仁泉和陈之定老师的支持，特此表示谢意。尤其今年，教育科学出版社将此书精心打造后再次出版，我深知此举是祖晶老师睿智构想的实现。同时，几位编辑认真打磨推敲，也为此书付出了心血，我作为译者奉上心之谢意。

蔡 汀

出 版 人　郑豪杰
策　　划　祖　晶
责任编辑　石　静
版式设计　郝晓红
责任校对　贾静芳
责任印制　叶小峰

图书在版编目（CIP）数据

怎样培养真正的人 ／（苏）B.A. 苏霍姆林斯基著；
蔡汀译 . — 北京：教育科学出版社，2022.7（2024.10 重印）
（苏霍姆林斯基教育经典丛书）
ISBN 978-7-5191-3123-4

Ⅰ. ①怎… Ⅱ. ① B… ②蔡… Ⅲ. ①苏霍姆林斯基
（Suhomlinskii, Vasilii Aleksanlrovich 1918–1970）– 德
育 – 教育思想 Ⅳ. ① G40–095.12

中国版本图书馆 CIP 数据核字（2022）第 088168 号

苏霍姆林斯基教育经典丛书
怎样培养真正的人
ZENYANG PEIYANG ZHENZHENG DE REN

出 版 发 行　教育科学出版社
社　　　址　北京·朝阳区安慧北里安园甲 9 号　　邮　　编　100101
总编室电话　010-64981290　　编辑部电话　010-64981294
出版部电话　010-64989487　　市场部电话　010-64989009
传　　真　010-64891796　　网　　址　http://www.esph.com.cn

经　　销　各地新华书店
印　　刷　保定市中画美凯印刷有限公司
制　　作　北京浪波湾图文工作室
开　　本　720 毫米 ×1020 毫米　1/16　　版　次　2022 年 7 月第 1 版
印　　张　17.5　　印　次　2024 年 10 月第 4 次印刷
字　　数　247 千　　定　价　46.00 元

图书出现印装质量问题，本社负责调换。